"十二五"职业教育国家规划教材
经全国职业教育教材审定委员会审定
普通高等教育"十一五"国家级规划教材

数字版

21世纪高职高专规划教材
市场营销系列

公共关系原理与实务

第五版

主　编/蒋　楠
副主编/谢红霞　牛陇安　王　湜

中国人民大学出版社
·北京·

图书在版编目（CIP）数据

公共关系原理与实务/蒋楠主编. --5版. --北京：中国人民大学出版社，2020.7
21世纪高职高专规划教材. 市场营销系列
ISBN 978-7-300-28228-2

Ⅰ.①公… Ⅱ.①蒋… Ⅲ.①公共关系学-高等职业教育-教材 Ⅳ.①C912.3

中国版本图书馆CIP数据核字（2020）第105277号

“十二五”职业教育国家规划教材
经全国职业教育教材审定委员会审定
普通高等教育“十一五”国家级规划教材
21世纪高职高专规划教材·市场营销系列
公共关系原理与实务（第五版）
主　编　蒋　楠
副主编　谢红霞　牛陇安　王　湜
Gonggong Guanxi Yuanli yu Shiwu

出版发行　中国人民大学出版社
社　　址　北京中关村大街31号　　邮政编码　100080
电　　话　010－62511242（总编室）　010－62511770（质管部）
　　　　　010－82501766（邮购部）　010－62514148（门市部）
　　　　　010－62515195（发行公司）　010－62515275（盗版举报）
网　　址　http://www.crup.com.cn
经　　销　新华书店
印　　刷　北京密兴印刷有限公司
规　　格　185 mm×260 mm　16开本　　版　次　2006年3月第1版
　　　　　　　　　　　　　　　　　　　　　　2020年7月第5版
印　　张　13.5　　印　次　2021年12月第2次印刷
字　　数　312 000　　定　价　39.00元

前言

2006年春《公共关系原理与实务》第一版问世。历经14年，这本教材的第五版即将与读者见面。回顾十多年的历程，我们内心满是感慨与感激。

2010年经过全体编者的努力，《公共关系原理与实务》第二版荣幸入选普通高等教育“十一五”国家级规划教材，之后我们继续努力，不断创新，把提升质量作为教材建设的核心，2014年《公共关系原理与实务》第三版荣幸入选“十二五”职业教育国家规划教材。成绩的取得既是每一位编者的严谨与认真付出，也是出版社各位编辑严格把关、精心打磨的结果。我们决心继续用心经营，与时俱进，努力提高教材质量，更好发挥教材对教学与人才培养的作用，以回报这份厚重的信任。

公共关系在中国即将走到“四十而不惑”的节点。按照国内比较认同的看法，1982年公共关系以一种全新的管理理念和手段闯入中国企业管理的视野，并在短短几年之内迅速被全社会周知和热捧。在40多年的改革开放过程中，公共关系作为新生事物尽管经历了一些波折，但已经稳稳地扎根在了这片极富魅力的热土上。公共关系是来自美国的舶来品，但在这个有着深厚文化土壤的国度，她如种子般快速而自然地融入现代中国的经济、政治、文化生活中，开花结果，逐渐焕发出具有中国特色的崭新容颜。

一、各类企业公共关系：勇于担当社会责任

公共关系最早被一些合资的大酒店所引入，一批专业的公共关系人员开始在中国的职场出现。公共关系在企业的普及与应用经历了由简单模仿、初步理解到被迫接纳、主动把握的过程。20世纪80年代企业公关部开始设置，90年代CIS被传播，进入21世纪更多企业接受公共关系危机的洗礼，学会运用公共关系以应对危机。经过20年时间，更多企业开始主动拿起公共关系工具，传播自身，影响舆论；面对危机积极沟通，面对质疑勇敢坦陈事实，以合作的姿态接受社会监督，创造了很多成功地转危为机的案例。今天，越来越多的组织深刻地认识到，组织的生存与发展必须有赖于社会公众的了解、理解、认可与支持，组织要靠自身的努力才能营造适于自身生存与发展的环境，否则寸步难行。面对社

会的需要，组织必须主动担当，勇于承担必要的社会责任，以增进社会公众对组织的了解，获得社会公众的好感。这些年有更多的企业关注国家的贫困问题、教育问题、社会突发的灾变问题等，有更多的企业家开始带头从事社会公益、社会慈善，为全社会树立了一个全新的形象，企业不再是唯利是图的代名词，而成为社会文明和新风尚的参与者，甚至引领者。

二、大国公共关系：平等对待所有国家

20 世纪的最后二十年，中国从社会主义初级阶段的探索中艰难崛起，开始了史无前例的社会变革，这场变革不仅带给了那个时代每一个人的命运变化，也带给了全世界一个完全不同的中国印象。中国从一个被西方世界排斥的、远远落后于西方发达国家的弱国，一跃而成为走到世界舞台中央的大国、强国。中国的形象变了，中国需要告诉全世界自己真实的样子、真实的想法和真实的声音。以国家领导人为首开展的国家公共关系多年来效果显著，成果卓著，全新的中国形象令世界刮目相看。从改革开放的总设计师邓小平，到后继者的各位领导人，他们主动走出去、走进去、走上去，让全世界更多国家的人民看到了中国、理解了中国、接纳了中国、喜爱了中国。中国国家公共关系展现出不论大国小国一样尊重、不论穷国富国一样对待的平等风格，这种深浸中国文化的独有思维和手法，辅之以现代公共关系的全新手段，体现了恢宏气度、博大气派的中国式公共关系，大大超越了西方人眼中所谓的公共关系技巧。

三、政府公共关系：将信息公开进行到底

公共关系在政治领域普及运用的过程，正是政府各级部门在管理理念、管理手段、管理过程中不断去旧纳新、不断进步、不断赢得社会公众信赖的过程。信息公开是其中最亮眼的改变。2003 年非典型性肺炎传染病的流行与应对，极大提升了政府应对公共关系危机的能力，推动了中国新闻发布制度全面建设，公众对政府的信任度从低点缓慢回升。2007 年《中华人民共和国政府信息公开条例》发布，将政府事务的公开与透明法制化、规范化，极大地提振了人心，提高了政府在社会公众中的公信力。之后政府各部门出台一系列的政务、党务公开意见或条例，使政府与党的各级部门的工作水准稳步上升，重大事项新闻发言人的出镜，重要事项的公开、公示成为各级党政部门管理流程的正常环节，“最多跑一次”“众人的事情由众人商量”的真正落实，说明公众（包括网民）的意见被高度重视，公众的社会地位受到真正的尊重。

四、各类文化机构：用心讲好中国故事

公共关系来到中国，并不仅仅活跃在企业或政府领域，在各级各类的文化机构中，竞争的冲击也带来了文化传播方式方法的变化，公共关系让教育机构、艺术和文艺团体等更加主动地俯下身体、贴近社会公众，既要做好，也要说好。面对世界环境的新变化、面对互联网带来的信息技术的大变革，公众的文化需求与生活有了多元的选择，核心价值观的确立与传播具有更加紧迫的现实意义。公共关系的开放理念与主动沟通特性带给各级各类文化单位以共同的价值认同——用心把中国故事制作好、传播好、践行好。伴随着公共关

系理念的深入，中国文化的传承变得更加生动而鲜活，传播的形式变得更加丰富和多样，传递的速度变得更加快捷和即时，传输的内容变得更加清晰和精准。中国是一个文化大国，文化传承是一个生生不息的事业，每一个时代都有每一个时代的传承方式。今天，结合公共关系的手段，文化机构的工作显得更加积极和卓有成效。

生活在这样的时代，见识和欣赏着中国公共关系的发展和进步，完成《公共关系原理与实务》的每一版教材，记录国家公共关系发展的每一个进步步履，我们感到十分荣幸。

参加第五版教材修改的仍然是四个小伙伴：中国计量大学的蒋楠老师负责第一、二、三章，陕西职业技术学院的牛陇安老师负责第四、九章，山西省财政税务专科学校的谢红霞老师负责第五、六、八章，河北承德旅游职业技术学院的王湜老师负责第七章，蒋楠老师对全书予以修改、统稿。第五版的修订我们做了如下一些调整：把一些冗长的理论进行了删节，把章内的“职场链接”调整到章后作为“职业实训”的内容，每章增加了两个二维码内容：章前的思维导图和章末的在线练习，以期更加适应高职高专学生的“思中学、学中做”；更新了几乎全部的旧案例，增添了一些最新的公共关系信息、观点，在第四章“公共关系客体——公众”中，增加了“网民公众”，删去了“社区公众”和“名流公众”；章后的作业进行了更新；原来每章最后的有关公共关系与市场营销的比较内容调整到章末，以二维码形式呈现出来，为读者对公共关系在市场营销领域的深入研究提供了小窗口。另外编者们专门制作了数字资源，编制了教学大纲、每章教学指南、知识点与关键词，提供了完整的教学课件及与教材配套的试题等，可登录人大芸窗数字平台进行学习。所有这些，只为一个目的，让教材好用、够用、管用。

都说好教材的背后一定有位好编辑，衷心感谢本教材的编辑老师的悉心指导和用心设计！

期待使用教材的老师们和同学们提出宝贵的意见，我们愿与你们在公共关系学领域共同进步，携手前行。

编者

公共关系学概述

本章学习目标

本章思维导图

通过本章的学习，你应该能够：

1. 了解公共关系的定义。
2. 明确公共关系的要素和特征。
3. 认识公共关系学的发展历程。

课前思考题

1. 公共关系与社会上的“拉关系”有什么本质区别？
2. 为什么说平等沟通是公共关系学的核心概念？
3. 公共关系学的发展阶段体现了这门学科怎样的进步性？

导入案例

2019 华侨城文化旅游节“50 城唱响中国欢乐颂”整合营销活动

项目主体：华侨城集团

项目执行：中青旅联科（北京）公关顾问有限公司

执行时间：2019 年 7—9 月

项目背景：

华侨城文化旅游节是华侨城集团携旗下 150 余家文旅企业，跨越春夏秋三季，在全国范围内策划开展的旅游节庆活动。作为中国文旅行业最大的企业级节庆活动，华侨城文化旅游节在为国人带来欢乐记忆的同时，更在推动国民经济发展方面发挥了重要作用。

“50 城唱响中国欢乐颂”整合营销项目正是依托 2019 华侨城文化旅游节，与网易云音乐合作打造的创意营销活动，以“旅游 · 音乐”的形式，联动 50 城共奏欢乐颂，向新中国70周年华诞献礼。

项目目的

为提升2019华侨城文化旅游节的产品与品牌关注度，展现华侨城文化旅游节“为中国·造欢乐”的使命，中青旅联科以音乐为媒介，聚集和歌唱欢乐，并通过全媒体渠道，将华侨城的欢乐与“欢乐在一起”的理念传递给更多人，形成全民参与、全民互动的欢乐盛宴。

项目策划

欢乐作为一种轻松愉快的情绪，是解锁时代焦虑的钥匙，而华侨城作为城市的欢乐特区，在全国各地拥有丰富的文旅产品，为无数国人带来了欢乐记忆。“诗言志，歌咏情”，音乐的“乐”和欢乐的“乐”是同一个字，人欢乐的时候就会想唱歌，而唱歌也最容易激发人内心的欢乐。

一首歌一座城。汪峰的《北京北京》，赵雷的《成都》，黄渤的《去大理》……当我们从音乐的纬度去关联城市时，歌声便成了城市故事与欢乐生活的载体。因此，创意活动将音乐与城市欢乐生活场景融合，通过歌声构建华侨城和50座城市的情感纽带，用音乐的纬度、欢乐的场景达到个人与城市之间的欢乐共情，也让音乐为文旅融合打开新局面，促进文旅消费。

传播执行

征集期：万元大奖征集，50城联动打造专属欢乐

网易云音乐作为知名音乐平台，拥有大量的原创资源，其“音乐生活王国”概念也与华侨城文化旅游节所倡导的“欢乐在一起”理念高度契合。因此，本次活动与网易云音乐跨界合作，围绕华侨城文化旅游节“欢乐在一起”主题，向全国的独立音乐人、歌手、各大音乐院校学生、音乐创作爱好者等发出邀请，为新时代蓬勃生长的中国城市创作一首欢乐的专属歌曲，在音乐中感知城市历史文化，向社会传递无限乐观、正能量。

在传播过程中，为让华侨城的欢乐形象更加深入人心，中青旅联科打造了一个有灵魂的IP“欢乐橙子”，它代表着华侨城（cheng）及其自有电商平台橙卡，同时，它也代表着本次活动的主题——“乐球”，以＃50城一起欢唱到乐球（华侨城）＃为传播核心贯穿活动，不断强化华侨城带来的欢乐记忆。

传播期：音乐为媒，全媒体多渠道传播

除网易云音乐自身渠道和华侨城官方矩阵传播外，中青旅联科还邀请了《光明日报》《中国青年报》等主流媒体和思想聚焦、环球音乐榜等资深“大V”，以及音乐类垂直KOL（Key Opinion Leader，关键意见领袖）“耳帝”为本次活动站台发声……越来越多的音乐人用自己的作品来诠释欢乐的多样性，真挚细腻的音乐唤醒、激发了大众的欢乐感知，成功地将华侨城文化旅游节从小众的线下体验，扩展到线上的全民欢乐潮流。

为进一步加强大众对歌曲、对华侨城、对本次文化旅游节的辨识度和好感度，中青旅联科特邀优秀原创音乐人为华侨城全国九大重点城市定制“有故事”的歌曲，并落地开设巡回发布会。现场还邀请当地KOL、城市媒体在体验区开展特色活动，并同步开设

"欢乐一唱到底"创意挑战环节，在过山车等惊险项目高空花式开唱，感受华侨城的欢乐氛围。

高潮期：50城一起唱，一首歌点燃一座城

随着活动进入白热化阶段，中青旅联科通过多方资源，邀请到编曲作品多年登上中央电视台的知名音乐制作人关天天作曲，《往后余生》演唱者马良、《山下》演唱者方拾贰等六位实力派歌手共唱华侨城文化旅游节主题曲《欢乐在一起》。自9月9日主题曲上线以来，通过banner位、个性流、热搜榜、乐签等网易云音乐官方渠道及微信、抖音等互联网平台发布歌曲信息，播放量迅速突破百万大关。同时利用歌手们自身影响力，分享自己与华侨城的神奇缘分，推动更多游客到华侨城打卡体验。

同时，联合去哪儿网发起"带着花橙去旅行"主题活动，来自全国各地的欢乐体验官赴华侨城50城旗下热门景区、主题酒店、旅游演艺、艺术生态等文旅项目打卡，体验花橙旅游卡等花橙产品。中青旅联科还将征集到的优秀城市歌曲制成H5，邀请网友"为城市打榜"，并随机抽选"欢乐锦鲤"，送上"一家人免费城市旅游"大礼，真正实现"欢乐在一起"。

收官期：9位文化推广官邀约欢乐再出发

文旅节节庆的宏大叙事有了温度和情绪的支撑，更能引发公众的共鸣和共情。收官期间联科邀请到佟大为、大鹏、费启鸣、杜淳、胡夏、胡兵、刘敏涛、阚清子、马薇薇等9位知名人士分别担当华侨城文化旅游节创意、欢乐、生态、艺术、音乐、时尚、历史、民俗、美食等文化推广官，通过手绘海报和创意视频的方式在全国华侨城景区进行线下宣传，旨在美好收官和预告明年新节庆。活动收官期间，中青旅联科产品团队根据欢乐体验官体验攻略梳理出10条优选线路，供更多游客选择，让文旅节更加落地。

项目评估

在华侨城集团以及中青旅联科共同策划下，围绕本次2019华侨城文化旅游节"50城唱响中国欢乐颂"整合传播，多媒体、多渠道共同发力，传播覆盖7亿人次。活动短短一个月就收集到近300首优秀作品，收获百余次播放量，40万余次投票。主题曲《欢乐在一起》歌单播放量超500万次。截至目前，#欢乐在一起#微博话题已近3亿次点击量，点赞转发10万+！2019年文化旅游节期间，华侨城旗下主要旅游企业实现接待规模同比增长19%。

注：该案例获第15届中国最佳公共关系案例文娱体育传播与公共关系类金奖。

资料来源：国际公关，2019（6）：82-83.

今天，每一个组织都要考虑自身的生存、发展与对外影响的进一步扩大等问题，特别是在开展重大活动时，更需要努力与可能面对的公众建立友好关系。因此，如何与外界建立相互了解、相互支持的关系成了一门必须学习的科学，这就是公共关系学。公共关系学到底是什么样的科学呢？公共关系在现代社会中发挥着怎样的作用呢？

第一节　公共关系的含义

一、公共关系释义

“公共关系”一词是舶来品，英文为“Public Relations”。从字面意思上理解，公共关系是指一种共同的、公共的关系。但“关系”一词，本身具有相互性、私人性及排他性。因此，按其英文的本义理解，应该翻译成“公众关系”更为准确，即主体针对公众所建立、发生、进行的一种关系。由于公共关系的叫法在中国已经约定俗成，故而也就称之为公共关系。在职场上，公共关系常被简称为“公关”。

我们可以从以下几个方面来理解公共关系。

（一）公共关系学研究的是一种社会关系

公共关系学研究社会中与组织有密切依存性的周边公众的存在、表现倾向及其变化的过程。组织在成长的过程中，必须注意研究公众的心理与行为表现，要妥善处理与各类公众的关系，通过自身的恰当表现，与公众建立良好的关系，赢得公众的关注与认可，以实现组织的发展目标。因而，从组织的角度来说，公共关系学不是泛泛地研究全社会的人群，而是有针对性地研究与组织有密切相关性的那部分公众。公共关系学是社会学范畴的一部分。

（二）公共关系表现出一种公开关系

公共关系是与个人关系相对的关系。与个人关系的隐私性不同，公共关系具有公开性或开放性。组织倾向于更多使用大众传播媒介，以公开、开放的姿态与公众对话、沟通。公共关系是一项阳光下的工程。虽然公共关系活动中也会包括大量个人间的交流活动，但其出发点与表现方式都是体现集体利益和公开透明的，拒绝开展私下交易或隐秘性行为。组织针对公众开展的公共关系活动，越公开越好。因此，公共关系与传播学有密切关系，非常重视运用传播手段。

（三）公共关系体现一种集体关系

公共关系是一种以组织集体的名义来处理与公众关系的活动。它的运作、实现过程与成果体现，展示了一种集体行为，代表了整个组织；同时，公共关系针对的对象——公众是具有某种共同利益或取向的集体或人群，他们看似人数有限，但实际上，他们代表的公众在数量上往往难以计数。如果组织不慎得罪了公众，它所遭遇的可能是灭顶之灾，所以公共关系是一种管理活动。组织必须善于运用管理学理论开展内外的公共关系工作。

正因为如此，公共关系从其诞生时起，就受到了众多组织的极大关注，其对组织的重要意义和独特作用，令人刮目相看。

二、公共关系的定义

在学习公共关系的定义之前，首先要明确以下几个问题。

（一）公共关系是组织的一种主动行为

公共关系是一种动态的社会活动，是某一组织发出的主动的社会行为，不是静态的关系状态。对一个组织来说，只有主动地、有计划地与自身的公众开展沟通活动，公共关系活动才能有效展开，才能说组织有公共关系行为。组织与公众的公共关系不是无缘无故自然建立的，而是组织的一种主动行为。

（二）公共关系的对象是目标公众

组织开展公共关系活动针对的是什么样的公众，这是一个十分重要的问题。公共关系的对象是公众，但并不是漫无目标的，对一个组织来说，在开展公共关系活动时，必然有一个主要目标和重点，针对的对象只能是目标公众，而不可能是任何公众。只有针对目标公众，组织的公共关系活动才能具有针对性、有效性。因此，组织在开展公共关系活动时，首先要确定的是目标公众。

（三）公共关系的传播是双向交流

组织开展公共关系活动，从本质上来说是传播活动，即通过大众传播媒介或人际传播的形式，向自己的目标公众进行信息传播。从表面上看，这是一种单向的信息传输活动，实际上，这一传播活动要进行和维持下去，必须依赖于公众的反馈。因而，真正意义上的公共关系活动是一种双向交流（Two-way communication），双向沟通是公共关系活动的基本手段。

（四）公共关系的目标是营造环境

对于任何一个组织来说，其周围都存在不同的组织或群体，它们与组织构成了相互依存的社会状态。组织要想生存，必须与这些组织或群体处理好关系；组织要想发展，更需要这些组织或群体的支持。这些组织或群体实际上就是组织生存与发展的环境。因此，公共关系的目标是营造组织生存与发展的良性环境。这是组织开展公共关系活动的内在动力。

（五）公共关系学是系统的科学

公共关系学在今天早已被认定为一门独立的学科，但其鲜明的实用性、跨学科的边缘性和综合性特点，容易使人们对其产生诸多误解，如有些人把公共关系看成一种达到组织或个人私利的手段或技巧，更有人将它视为进行神话宣传以愚弄公众的工具。其实，经过近百年的发展历程，公共关系学已经成为严密的科学，具有系统的知识体系和逻辑架构。要正确理解和运用公共关系，就必须掌握其科学体系；否则，就会导致片面、偏颇，甚至走入误区。

（六）公共关系是组织的战略管理

组织运用公共关系手段来营造其生存与发展空间，这是影响组织未来发展的战略性活动，公共关系的成功会极大地帮助组织快速地发展，而公共关系的失败则可能导致组织陷入难以自拔的困境，甚至永无翻身之日。因此，在现代社会，任何组织都需要密切关注自身的公共关系状态，进行有效的公共关系管理，从战略的高度重视公共关系活动的开展，为组织的生存与发展开拓广阔的领域。

（七）公共关系的运用是高深的艺术

公共关系的对象是目标公众，是社会关系中的某一特定群体。在开展公共关系活动时，需要针对不同人、不同时间开展各种各样的信息交流活动。这一过程复杂多变，要很好地实现这一任务，对组织公共关系人员的素质要求很高，不仅要求其掌握一定的沟通技巧，而且需要其具有缜密的思维、宏观布局和恰到好处的应对谋略。优秀的公共关系人员，应当能够以艺术的手法去运用公共关系。

综上所述，公共关系的定义可以归纳为：组织为了营造有利的生存发展环境，针对目标公众，运用传播手段，开展双向沟通交流的战略性管理活动。

公共关系学是研究组织开展公共关系活动的基本理论与普遍原则，探讨公共关系对组织有效性的规律，提高组织生存与发展能力的科学。

三、公共关系学的核心概念

每一个学科均存在自身的核心概念。所谓核心概念，是指贯穿于该学科最中心、最本质的内容，它基本等同于“纲”，纲举目张。因此，把握住学科的核心概念，也就抓住了这一学科的实质。

公共关系学的核心概念是什么？学者们对此见仁见智。纵观公共关系学的发展历程，分析公共关系实务的内涵，可以看出，公共关系学的核心概念是平等沟通。

（一）平等沟通是公共关系活动的基本手段

从表面上看，公共关系活动是组织主动开展的传播活动，似乎是一种单向的信息传输。实际上，公共关系活动必须是一种双向的信息交流活动。因为组织在针对目标公众开展沟通活动时，无论其形式上是人际信息互动，还是通过各种媒介表现的信息传播，如果没有实现双向之间的平等沟通过程，那么这样的公共关系活动就无法实现公共关系的目的，也就不是真正意义上的公共关系。对于组织来说，每一次公共关系活动都是一种真正的沟通活动，因此平等沟通是公共关系活动的基本手段。

（二）平等沟通体现了公共关系活动的内在目的

为组织营造有利的生存与发展环境，这是组织针对目标公众开展公共关系活动的根本目的，因此，组织不论以什么样的方式与目标公众进行交流，其要达到的最终目的都是实现双方的了解、理解以及彼此的认可。只有完成平等的沟通，才能对组织的生存与发展环境产生积极的影响，也才能体现公共关系的价值。

（三）平等沟通体现了公共关系的实质

组织在开展公共关系活动时，针对公众进行信息的传播，不是简单的告知，也不是自我粉饰，而是与公众平等的沟通活动。通过双向的沟通交流，意在增进双方的了解和理解，促进组织及时调整自我计划，以更有效的方式寻求与公众的合作，使组织的生存环境更加安全、良好。因此可以说，在公共关系活动中，平等沟通体现了公共关系的实质。

（四）平等沟通体现了公共关系学的学科特色

公共关系学是一门综合性、边缘性学科。它研究的是组织利用各种媒介与目标公众开展交流与沟通的活动。平等沟通恰恰体现了公共关系学的学科特点。在相近的学科中，市场营销学着重研究组织通过商品的交换来实现对顾客或客户的了解；传播学是研究传播者为实现其传播目的，对传播手段的有效运用等。对于公共关系来说，如果失去了平等沟通的主旨，公共关系所进行的活动就失去了根本，组织的公共关系活动也就没有了意义。

第二节　公共关系的要素与特征

一、公共关系三要素

要素指构成事物完整性的主要成分。对公共关系学来说，要素是公共关系学中重要的学科要件。公共关系的要素有三个，简称公共关系三要素，即主体——组织、客体——公众、手段——传播。三者间的关系如图 1－1 所示。

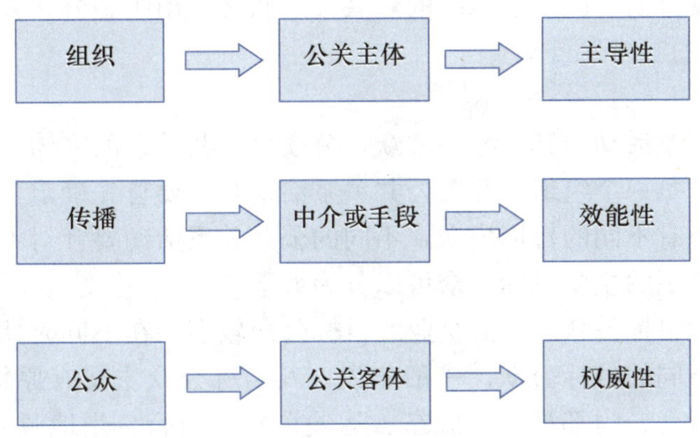

图 1－1　公共关系三要素间的关系

（一）公共关系的主体是组织

1. 组织的范畴

组织，指按照一定宗旨与规则建立起来的企业、事业、机关、团体等社会机构的总称。组织是一个十分宽泛的概念，它包括了社会上几乎所有的机构。组织是公共关系的主体，其成员在开展公共关系活动时，被看成组织的代表。

从公共关系学角度、从目前中国逐渐成熟的市场经济状态看，组织可以分为以下几大类：

（1）主动与公众沟通的组织。指各类工商企业，又称为经营性组织。它们由于自身经济利益的驱动，必须积极地与自己的目标公众进行沟通，其目标公众主要有顾客、客户、消费者、政府、银行、媒体、社区等。工商企业的经营者与管理者对公共关系有内在的需求，愿意尽快了解公共关系，主动运用公共关系技巧，努力构建组织良性的生存环境，以使组织发展得更快更好。

（2）必须与公众沟通的组织。主要指各级政府，又称为公共管理机构。在现代社会中，政府为有效实施社会管理，必须将有关信息主动、及时、全面地告知自己的工作对象——国内或国外的公众。政府是国家政权的掌握者与实施者，又是各项公共事务的管理者，这种特殊的职能地位使其对公众的公共关系工作带有居高临下的强势姿态，某种情况下与民众的沟通具有一定的体恤下情的色彩。

（3）不必与公众沟通的组织。指尚未真正引入市场机制的公办学校、医疗机构等事业单位和具有某种垄断性质的、提供社会公共服务的国有大公司（如电信、铁路、供电、供气、供水、供暖等公司）。这些机构仍然享受着一定程度的市场保护，没有太大的积极性与自己的公众进行沟通，即使公众对其不满意，甚至投诉，也不可能危及其生存和发展，因而，它们对开展公共关系活动抱有观望的态度。在竞争压力逐渐增加的情况下，有市场意识的组织管理者开始注意主动地与公众进行沟通，并适时开展一定的公共关系活动。

此外，一些社会公益性、宗教性的团体，则会在需要的时候与公众沟通。

2. 组织是公共关系活动的主导者

公共关系活动的开展是组织的自主行为，不论发出这一行为是主动的还是被迫的。组织公共关系活动的效果直接影响组织的生存质量。更进一步说，组织的生存环境如何，不是别人造成的，而是组织自身形成的。组织是公共关系活动的发出者与执行者，它规定了组织的公共关系活动方向，决定了组织的公共关系状态。组织是公共关系的主体。

（二）公共关系的客体是公众

1. 公众的外延

组织开展公共关系活动，其对象是公众，公众是公共关系的客体。一定的公共关系活动的公众是确定的。每一个组织在开展公共关系活动时均要首先确定其针对的对象，即目标公众。不同的组织有不同的目标公众，不同的公共关系活动要针对不同的目标公众。根据对组织的分类，组织的主要目标公众可以分为如下几类：

（1）工商企业的目标公众。工商企业的目标公众较多，在不同时期，根据组织不同的工作目标，会确立不同的目标公众。一般来说，其目标公众主要有原料供货商、销售商、投资商、顾客、消费者、内部员工、股东、运输公司、银行、当地政府、市场管理机构、社区、报社、电视台、广告公司、网络公司、服务公司、竞争者、行业协会等。

（2）政府的目标公众。政府面对的公众既比较简单，又比较复杂。说其简单，是因为政府最主要的公众是机构内部或所辖区域的民众，另一部分公众是外部公众，即其他国家、地区的同级政府；说其复杂，是因为政府的公众包罗万象，各具特点，进行传播沟通的手法也会有很大差异。如对于国内公众而言，按职业分有工人、农民、军人、警察、教师、企业主、政府工作人员等；按经济收入分有少数富有者、大多数中等收入者、少数贫困者等。国外公众也十分复杂，除联合国外，各国政府也是其外部公众。它们由于宗教、语言、习俗的不同而具有特殊性。如果同时面对国外、国内不同公众开展大型公共关系活动，常会令政府有疲于应付之累。

（3）文教、卫生等事业单位和国有垄断性企业的目标公众。虽然这些组织并没有开展公共关系活动的内在要求，但在面临潜在竞争的情况下，这些组织也会开展一些信息沟通的公共关系活动。它们主要针对的是外部公众，如大学针对的是政府主管部门、社区、高考学生、学生家长等；医院针对的是政府主管部门、患者或潜在患者、政府监督部门、医药公司、社区等；国有垄断性企业主要针对的是其服务对象，即成千上万的用户等。

2. 公众不是被动的对象

公众作为公共关系的对象，不是被动的信息接收者。在双向沟通的条件下，公众会进行积极的反馈，并引发进一步的行动，对组织发出的信息表明自身的态度。在市场经济逐渐完善的条件下，面对买方市场及逐渐成熟的消费者，公众成为市场实际的主宰者，他们在公共关系活动中具有权威性的作用。也就是说，组织不仅要通过信息传播引导或影响公众，而且更多情况下，组织必须尊重或配合公众，通过实际行动使公众更全面地了解、接纳组织及其产品。因此，组织在沟通活动中必须认真对待公众，通过自身真诚的努力，赢得公众的信任和合作；否则，组织的生存与发展迟早会面临危机。

（三）公共关系的手段是传播

1. 传播是组织与公众发生关系的中介

在组织开展公共关系活动时，将公共关系对象联系起来的是传播。组织针对公众开展传播活动，公众也会以传播的方式将自身的反应反馈给组织（见图 1－2）。通过这样的方式，组织与目标公众建立起联系，实现双方的沟通。

图 1－2　传播的作用

虽然组织与目标公众均是通过传播来实现沟通的，但具体传播手段在运用时却有很大差异。首先，组织往往选用大众传播媒介向公众发出信息；其次，组织会选择恰当时机采用人际传播方式与公众进行直接的交流；再次，组织会利用其他传播方式（如户外广告、社区公告栏、海报传单等方式）来与公众进行一般性交流。而公众对组织的反馈，则往往首选个人传播，即对组织发出的信息进行审慎的甄别与了解；其次，会通过人际传播（如电话、网上聊天等方式）在自己的社交圈内进行交流；再次，会通过大众传播媒介与自媒体（如微博、微信等）反映自己的看法或问题；同时也可能使用直接沟通的方式与组织进行对话交流。组织与公众传播方式的差异见图 1－3。

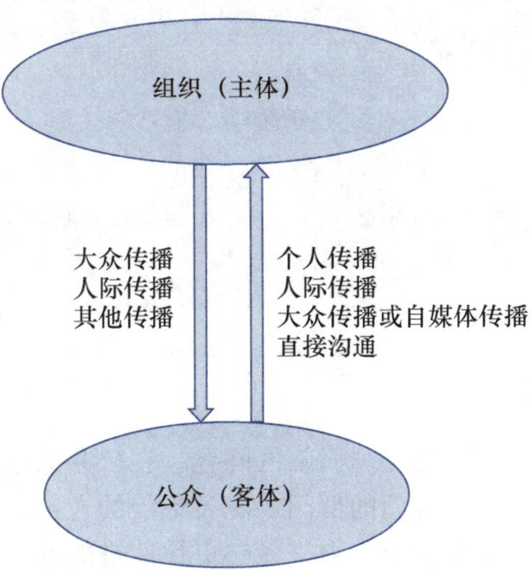

图 1－3　组织与公众传播方式的差异

2. 传播讲求效能

传播要讲究传播效果。从组织来说，如果利用大众传播媒介对公众开展公共关系活动，费用不菲；利用人际传播开展活动，人力、财力、物力都会有较大的耗费；利用其他传播手段与公众进行信息沟通活动，也需要有较大的投入。如果在传播的内容、表现手法、媒体选择、传播时间等方面把握不好，传播效果就会打折扣甚至还会产生负面影响，造成劳而无功的结果。因此，组织在传播过程中必须考虑效能性问题。从公众的反馈来看，也有效能性问题。如果选择恰当的传播工具和传播方式，公众的反馈会快速获得有效的回应，能够推动组织及时调整传播的内容与步骤，提高公共关系活动的效果。

从图 1－1 和图 1－2 中还可以看到，组织、传播与公众这三要素是一个不断循环往复的过程，在一个具有良好公共关系管理工作的组织中，这三要素的有效互动会令组织处于一个良性的生存环境中，有利于组织快速、顺利成长。

总的来看，在这三要素中，组织决定公共关系状态，在公共关系活动中起主导性作用；公众具有积极的反作用力，有着令组织高度重视的权威性作用；传播则成为主体与客体联系的中介，发挥着效能性的作用。组织要实现与公众的顺畅沟通，必须积极、巧妙地发挥传播的效力。

二、公共关系的特征

公共关系是一种对组织具有重要意义的战略管理，它与其他管理活动有明显的不同，其主要特征如图 1－4 所示。

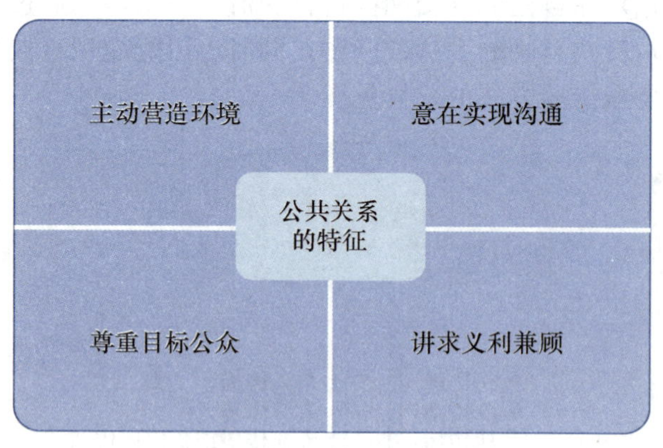

图 1－4　公共关系的特征

（一）主动营造环境

生存环境的营造是每个组织都必须面临的问题。在公共关系学形成之前，组织也有生存环境营造的任务，但不会设立专门的部门、配备专门的人员去实现它。公共关系学是研究如何使组织的生存发展遇到更少的阻力、能够更快前进的学问，从这个意义上说，公共关系也是生产力。有人说，塑造形象是公共关系的最大特征。当然，组织为了使自身发展得更快、令更多的公众对之关注，会注意塑造形象，增加媒体的曝光度，激发公众对组织的好感。但是，塑造形象仅仅是组织对公共关系认识的初级阶段，形象的塑造只是为了通过表面的粉饰短时期内在公众心中留下好印象，使组织有一个看似热闹的人气环境，塑造形象不是组织开展公共关系活动的目的。营造组织生存与发展的社会环境，奠定组织持续发展的基础，才是公共关系的根本目的，也是公共关系的重要特征。

（二）意在实现沟通

为了营造适宜组织生存的周边环境，组织要主动利用各种手段与公众进行交流沟通，以赢得周边公众的了解及接纳。在现代社会中，高度发达的大众传播媒介充当了组织信息发布的生力军。但是，无论是大众传播还是人际传播，无论传播的速度快还是慢，最终要实现的是组织与目标公众的真正沟通。公共关系为现代企业开启了一扇通向社会的大门，它使现代各种组织（尤其是工商企业）认识到，封闭自我、将自身独立于社会之外或试图逃避社会的监督是十分愚蠢的行为，主动、积极地传递信息给公众是组织顺利发展的明智之举，利用大众传播媒介、人际传播及其他传播手段，从各种渠道将组织需要公开的信息快速传播出去，会使组织较快实现与公众的沟通，赢得公众的了解、理解和认同，减少发展障碍，最终有助于推动组织顺利发展。这是公共关系具备的独特使命，因此成为公共关系的重要特征。

（三）尊重目标公众

现代公共关系产生于组织的平等观念。对公众的尊重是公共关系的特殊之处。对一个组织来说，不同时期、不同任务会确定不同的目标公众。目标公众就是组织当前面临的最重要的环境。与过去相比，现在的组织不能只关注组织自身的事情，不能在决策时我行我素而不顾及周围的情况。组织要营造环境、实现与公众的沟通，就要真正地尊重公众，认真研究与审视公众的利益，将自我真实的信息情况及时告知公众，以赢得公众的了解、支持与配合，方可实现组织的发展目标。同时，要注意对公众进行区分，确定真正的目标公众，认真研究目标公众的特点，真诚沟通，认真审视和高度重视目标公众。这是公共关系带给现代组织管理工作的重要启示。

（四）讲求义利兼顾

“以义生利”始终是企业经营的最高理想。在现代市场经济条件下，公共关系可以为组织实现这一点。所谓义，即社会公益，亦即社会长远利益；所谓利，即组织自身之私利，抑或以满足消费者需求而短期获取的利益。公共关系不是为直接创造组织自身经济利益服务的，它的宗旨是营造组织有利的生存发展氛围，为组织的长远发展提供铺垫。但是公共关系又是可以为组织创造经济效益的，它在为组织营造良好环境的条件下，必然带给组织真正的实惠，且有可能超过那些直接创造经济效益的工作。公共关系关注的是努力实现与目标公众的相互沟通，因此它会为赢得公众的了解、理解和认同而以实际行动予以表现（如投身社会公益事业等），但不希求目标公众的现实回报。它的沟通活动是公开的、明朗的，获得的直接利益是无形的、远期的，从表面看是非功利性的。实际上，组织开展的公共关系活动既为社会承担了其应有的责任，传播了一些新思想、新观念、新信息，填补了社会的某些缺失或不足（如济困救残），又宣传了组织的名声，展示了组织的实力，体现了组织的诚意，拉近了组织与公众的距离，为组织经济利益的实现打下了基础，最终结果是实现了组织的义利双赢。因此，一个成熟的组织绝不会小觑公共关系。

第三节　公共关系学的发展历程

一、公共关系的产生

公共关系产生于美国，第二次世界大战之后传播于全世界。公共关系的产生具有深刻的社会历史背景。

（一）诞生于政治需要

1. 最早的公共关系活动

1641年，为了筹集建设哈佛学院的资金，由美国三个传教士组成的祈使团前往英国。抵英后，祈使团要求哈佛学院编辑一份适合于完成任务的宣传资料。很快，小册子《新英格兰的第一批成果》(*New England's First Fruits*) 在马萨诸塞州完成，并于1643年在英国伦敦印刷，“这就是日后无数公共关系小册子和宣传折页中的第一个”[①]。通过这本宣传手册，祈使团成功地影响了英国议院，为哈佛学院筹集到了发展基金，这是较早记录的有意使用宣传手段实现组织目标的典型事例。

2. 独立战争时期的宣传活动

独立战争之前，由于受到英殖民主义者的压迫，美国的政治独立与经济发展受到严重羁绊。为了实现推翻英殖民主义者的愿望，一些革命家进行了大量的政治宣传工作。他们利用各种手段进行反英宣传，逐渐造成强大的社会舆论。这些早期革命家的主要做法是：

(1) 建立相关的组织机构。如1766年成立“自由之子”社；1775年组建通信委员会，用于发动群众、宣传理论，制造声势。

(2) 设置容易识别和能够引起共鸣的象征性标志——自由树，便于广泛宣传，扩大影响。

(3) 将宣传的宗旨变成好说易记的标语口号，加速其传播的速度，从而形成舆论，其口号是：“没有代表权的征税就是暴政。”

(4) 安排一些公益活动，吸引公众参与，借此进一步开展宣传，扩大影响，如定期举办波士顿茶会等。

(5) 把握事件的优先解释权，对已发生的事件抢先在第一时间予以解释、宣传。

(6) 利用一切可以使用的渠道开展宣传，如讲台、笔、符号、活动等，持续向公众渗透反英新思想、新观念。

正是上述积极主动的宣传，为美国独立战争的爆发营造了一个极为有利的舆论环境，使“莱克星顿的枪声”成为值得宣传家讴歌的事件，同时，也为今后的政治宣传活动提供了经验。

---

① [美]斯各特·卡特里普，等. 公共关系教程：第八版. 明安香，译. 北京：华夏出版社，2001：84-85.

3. 立宪宣传活动

美国独立后，为使宪法在全国得以通过，1787—1788年，政治宣传家亚历山大·汉密尔顿等人努力使85封联邦主义者的信件得以在报纸上发表，以此来鼓吹立宪，影响舆论，最终赢得全国性的认同，使宪法获得批准。美国历史学家阿伦·内文斯评价说，这是“历史上最成功的公共关系工作”[①]。随后通过的宪法第一个修正案《权利法案》明确提出，“法律不应该削弱演讲和新闻自由、人们和平集会的自由以及为了获得对不幸遭遇的补偿而向政府请愿的权利”[②]，由此，以说服和利用大众传媒影响他人为目的的行为受到法律的保护，公共关系实践活动从法律地位上被予以捍卫。

4. 总统美誉活动

在19世纪总统公开竞选与执政中，新闻记者出身的宣传家阿莫斯·肯德尔为总统安德鲁·杰克逊的良好声誉做出了十分出色的贡献。他创建了政府自己的报纸《环球报》，利用娴熟的报纸编辑能力，不断转载普通媒体的新闻稿，而这些被转载的新闻，大部分是肯德尔自己将所撰写的演讲稿、国情报告和讯息等变成新闻，然后“泄露”给新闻界的。这些方式使杰克逊总统在任上始终拥有无可挑剔的口碑。

美国早期政治宣传家们的这些活动，为后来企业界的运用提供了十分有用的样本。

（二）发展于经济要求

公共关系能够在美国产生与发展，与该国的经济环境密切相关。独立战争取得成功以及南北战争之后，这个具有薄弱封建基础的国家，在资本主义制度下获得了极快的发展。到19世纪末期，美国经济进入到高度垄断、寡头分割市场的阶段。一些垄断资本家无视公众利益，公开巧取豪夺，广大普通工人的权益受到肆意践踏，劳资之间的矛盾日趋激化。同时，以报纸为代表的大众传播媒介在这一时期蓬勃兴起。报纸价格十分低廉，发行量很大，社会上出现了一批专门的报刊宣传员（即新闻代理人）。报纸成为大资本家牟取暴利的宣传平台，也很快成为公众舆论监督的重要工具。这一时期，涌现了一位操纵舆论的典型代表人物——菲尼斯·泰勒·巴纳姆（Phineas T. Barnum）。

巴纳姆是一个马戏团的老板，为了牟求票房暴利，他利用报纸大肆制造一连串的谎言，诱使公众上当。例如，宣称马戏团里有一个叫海斯的女人已有160岁，小矮人拉马车曾觐见英国维多利亚女王。他的名言是“凡宣传皆好事”。有人评论他“能够做到大众想得到什么他就给什么，而且他有能力指使他们去渴求他认为他们应该需要的东西”[③]。巴纳姆的谎言使他的马戏团火爆了很长一段时间。

在这个时期，公共关系表现出如下特点：

（1）大企业主动利用大众传播媒介为自身服务，以获取暴利。

（2）专门的新闻代理机构出现，有些人成为职业的新闻代理人，如巴纳姆雇用了查理德·F. 汉密尔顿（Richard F. Hamilton）作为自己的新闻代理人。新闻代理人的出现为公共关系的职业化奠定了基础。

---

① ［美］斯各特·卡特里普，等. 公共关系教程：第八版. 明安香，译. 北京：华夏出版社，2001：84-85.

② ［美］弗雷泽·P. 西泰尔. 公共关系实务. 梁洨洁，等译. 北京：机械工业出版社，2004：22.

③ 同①88.

（3）对公众的愚弄和不尊重。企业为了获取私利，公然雇用专人，役使媒介，制造骗局，形成舆论。

因而，这一时期被称为前公共关系时期或公共关系黑暗时期。

（三）形成于公众的觉醒

19 世纪末，美国很快赶超了英国与法国等资本主义国家，成为资本主义经济发展中的后起之秀。进入 20 世纪以来，美国政府限制高度垄断，规范市场秩序，连续颁布有关反不正当竞争的法律，为市场经济的完善创造了较好的条件。同时，由于大资本家的垄断与对工人的剥削，工人与雇主之间的矛盾激化。在工人团体领导下，大规模的罢工和示威游行连续不断，争取基本的工作、受教育、休息权利成为广大民众的共识。大众传播媒介也在这一时期对资本家的丑陋行径进行了揭露，发起了“扒粪运动”，报纸大量披露那些大资本家蔑视公众利益、疯狂掠取暴利的真实内幕，使广大公众逐渐开始觉醒。

公众认识到：无论是作为普通消费者还是作为雇员，都应该得到基本的尊重，应获知真实的信息，不应该被置于知情范围之外；应该与企业平等对话，而不是被放于忽视的地位；团结起来的公众力量是强大的，具有对有关事情的决策权；公众不是沉默的羔羊，而是有着发言权的真正主宰；等等。

公众的觉醒使政治家和企业主们开始注意调整自身的工作动机和态度，转变了原来对公众的不正确看法；他们所雇用的新闻代理人也在工作方法方面发生了转变，努力使其提供的信息及时而真实；他们对公众的重要地位予以认可，公众赢得了应有的尊重，公共关系由此开始步入正常、健康、快速发展的道路。

由此可见，作为现代公共关系，必须具备以下四个基本条件：

（1）组织重视大众舆论并自觉地加以影响，它们认识到，控制社会舆论可以获得更大的利益。

（2）社会上出现了一批专业的从业人员，当时称为新闻代理人。他们善于使用大众传播媒介，建立公共关系公司，成为社会上最早从事公共关系工作的职业人员，由此标志着公共关系职业的诞生。

（3）现代传播媒介的出现。报纸、杂志等大众传播媒介在社会的普及为公共关系的商业化运用提供了技术基础。

（4）广大公众开始受到应有的重视与尊重，他们的地位有所提高，这为公共关系的健康发展奠定了社会基础。

从中可以看出，公共关系在美国产生的经济社会文化基础是：

（1）美国的资本主义制度虽然建立得比较晚，但其基础牢固，没有冗长、沉重的封建制历史拖累，经济发展速度快。在 20 世纪初，一系列的法律、规章颁行之后，其市场经济的成熟度较高，企业间的市场竞争相对规范。这为公共关系的健康发展奠定了坚实的经济基础。

（2）美国的大众传播媒介较其他国家发达。在“一便士运动”中，报纸极为廉价，发行广泛，而广播、电视也最早在美国被发明和使用，这种便捷的媒介手段，使新闻代理业得到了良好的发展，为公共关系的职业化奠定了推广的基础。

（3）由于美国的封建制度历史短，在美国独立战争和废奴运动中，“天赋人权”的民本思想得到了广泛、深入的宣传，人权思想的确立、对人的尊重和等级制度的淡化等都远甚于西欧和世界其他国家。因此，各类组织与社会公众的平等沟通交流成为可能，这为公共关系的形成与广泛运用奠定了重要的社会基础。

二、公共关系学的发展阶段

从20世纪初至今，在一百多年的历史过程中，公共关系学经历了不断进步、不断完善的更迭，涌现了一批公共关系操作专家和公共关系理论工作者，公共关系实践与公共关系学体现出明显的阶段性。

（一）公共关系思想初创时期：艾维·李的《原则宣言》

艾维·李原是一家报社的记者，从1903年开始从事专门的新闻宣传代理工作。他曾经多次处理企业的劳工纠纷，特别是成功地调解了宾夕法尼亚铁路公司和洛克菲勒公司的罢工事件，因而名声大噪。艾维·李不是第一个使用公共关系名称的人，却是第一个大规模运用免费宣传品将企业信息向新闻界公开的人。他最早提出了“说真话”“公众需要被告知”的理念，其著名的“原则宣言”，不仅“对于新闻业务代理向新闻宣传的演进，以及新闻宣传向公共关系的演进带来了深刻的影响”①，而且标志着艾维·李成为职业公共关系人员的先驱。由于他在公共关系职业化方面作出了巨大贡献，因此被尊称为“公共关系之父”。

❖观点链接

原则宣言

这不是一个秘密的新闻机构。我们完成的所有工作都对外公开。我们致力于提供新闻。这不是一个广告公司，如果你认为我们的任何一条新闻（matter）与你的生意相关，请不要用它。我们提供的新闻力求清晰准确。我将迅速提供更多与此话题相关的细节，从而为所有编辑提供帮助，让他们乐意直接验证我们所提供的事实陈述是否真实。在调查之前，我们都将以当事人的名义提供与他们有关的所有信息，以满足那些关注于此的编辑们的兴趣。简言之，我们的计划是，诚实和公开地代表企业和公共机构关心的利益，及时和准确地向美国人民和新闻界提供关乎公共利益、对公众有价值的信息。企业和公共关系机构发布了许多信息，却在其中找不到任何的新闻点。毋庸置疑，公众是否接受这些信息，同组织是否传播这些信息同样重要。我为所发出的信息提供所有的细节，以帮助编辑亲自查证。我随时准备为您服务，目的是让您能够获得更加完整的信息，这些信息的指涉对象在我的文本中已经提及。

资料来源：［美］雷·埃尔顿·赫伯特．取悦公众．胡百精，等译．北京：中国传媒大学出版社，2014：65-66.

① ［美］斯各特·卡特里普，等．公共关系教程：第八版．明安香，译．北京：华夏出版社，2001：95.

艾维·李对公共关系理论的贡献主要表现在以下几个方面：

（1）最早意识到新闻宣传工作必须建立在企业的真实表现和努力之上，企业表现决定新闻宣传的内容。

（2）认为企业应建立专门的新闻宣传部门（即后来的公共关系部），宣传顾问需进行训练和培训。

（3）认为新闻宣传不是纯粹的新闻代理，而是企业智囊团的重要组成部分。

艾维·李为公共关系的职业化进程作出了巨大贡献，这使他成为这一时期最具代表性的人物。

（二）公共关系理论成型时期：爱德华·伯内斯的《舆论的结晶》

爱德华·伯内斯是整个20世纪在公共关系领域极有影响的一个人物。他不仅与艾维·李一样较早地从事新闻代理工作，而且是第一个将公共关系付诸理论著述并引入大学课堂的人。1923年，他的著作《舆论的结晶》出版，这是公共关系发展史上第一本专业的公共关系学著作。在这本书中，首次出现了“公共关系咨询”一词，并对公共关系人员有了一个更高的职业要求。伯内斯在他的开创性的著作中强调，影响公众舆论的公共关系人员，其能力的发挥应建立在比他的客户范围更大的社会职业道德之上。这在今天看来已是老生常谈，但在早期却是革命性的思想。伯内斯是第一位在大学开设公共关系学课程的人。1923年，他首次在纽约大学讲授公共关系学。他一生持续发挥著作者、演讲者、倡导者、评价者的多重作用，美国《生活》杂志在1990年的一期专刊中，将他列入“20世纪100位最重要的美国人”名单。

伯内斯对公共关系理论的贡献主要体现在以下几个方面：

（1）第一个将“公共关系咨询”从原始的新闻代理中区分开来，确定公共关系顾问的作用是劝告其客户在公共关系领域中取得积极的结果，并使之从不利和受伤害的状态中脱身。

（2）认为公共关系具有两方面特点：一方面，公共关系人员要将其客户介绍给公众，把组织积极的形象传递给公众；另一方面，公共关系人员也要把公众的意见反馈给客户，告诉他们公众的需要和要求，并改变公司各部门的不适行为。

（3）认为公共关系人员不仅仅需要智能和直觉，也需要了解心理学、社会学和其他能深入了解客户与公众的知识，以便掌握客户做事的方法和推动公众产生不同的行为。

在20世纪二三十年代，关于新闻宣传和舆论的书籍很多，但是，最具影响力的还是伯内斯的理论著作，这使他成为这一时期公共关系理论水准的代表。

（三）公共关系理论系统化时期：卡特里普与森特的《公共关系教程》

随着20世纪上半叶公共关系实践的蓬勃发展，公共关系形成严谨、有序、系统的科学理论的条件渐趋成熟。1952年，《公共关系教程》（又译《有效的公共关系》）出版，其作者是斯各特·卡特里普与艾伦·森特，后来又加上了格伦·布鲁姆。这部著作自出版之日起，每隔几年就修订一次，截至2012年，已修订至英文第十一版。该书的影响力贯穿于20世纪整个下半叶。《公共关系教程》一书对公共关系实践进行较为完整的总结，并在基础理论上对公共关系学体系进行了全面的构建，其系统性、完整性、严密性达到了公共关系学研究的顶峰，因而被尊称为“公共关系圣经”。

《公共关系教程》一书对公共关系学的理论建设与发展作出了巨大的贡献，其具体功绩有：

（1）在总结前人的基础上，对公共关系学的理论体系进行了完整的构建，使公共关系学具有了系统、全面的学科体系，为公共关系学的进一步发展奠定了重要的基础。

（2）在公共关系学理论上，其突出的功绩是提出了公共关系的管理程序（工作方法）工作的四个步骤，即调查（确定问题）、策划（制订计划或方案）、实施或传播（采取行动）、评估（效果监控）（见图 1－5）。这一工作方法的提出，廓清了公共关系工作的思路，明确了公共关系工作的具体步骤或路径，对公共关系实践具有极大的指导作用，把公共关系理论和实践推入一个程序化的轨道，具有划时代的重大意义。

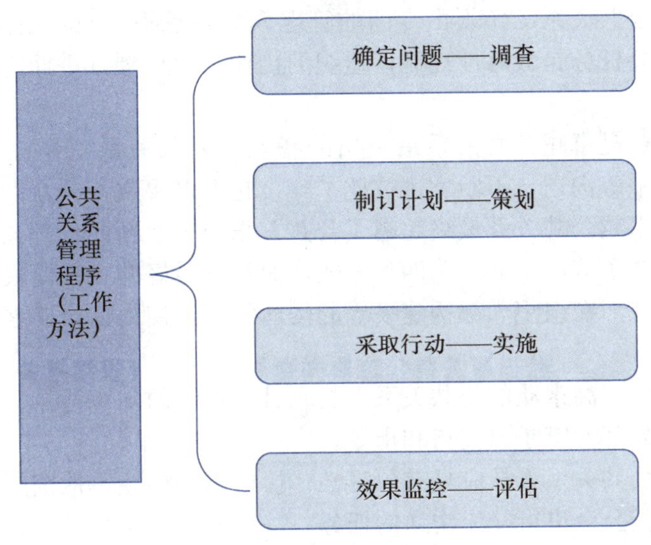

图 1－5　公共关系管理程序

（3）对公共关系实践进行了全面的概括、总结，提出了一系列具有经验性的实务信条，其对实践部门的理论阐述，给予公共关系理论工作者与实践操作者以极大的启发。

该书的广泛传播使公共关系的正确思想得以深入人心，为教育与培养社会需要的合格的公共关系人才作出了贡献。

（四）当代公共关系新理论：格鲁尼格的卓越公共关系思想

詹姆斯·格鲁尼格出生于 1942 年，1964 年毕业于美国艾奥瓦州立大学技术新闻学专业，1968 年在威斯康星大学获得大众传播学博士学位。1969 年詹姆斯·格鲁尼格开始在美国马里兰大学新闻传播学院任教，其间曾在美国国家科学基金会、美国农业部工作。格鲁尼格从事公共关系学教学 30 多年，他曾获多项美国公共关系教育和研究奖，也是美国公共关系协会一年一度颁发的“杰出公共关系教育奖”得主之一，为当今美国公共关系学术界的代表人物。2005 年格鲁尼格与其夫人从马里兰大学荣誉退休。

20 世纪 80 年代中期，詹姆斯·格鲁尼格承担了国际商业传播者协会的研究任务，提出了“卓越公共关系”的新见解。这一思想的提出将公共关系学提升到了一个新的高度，也使格鲁尼格成为美国公共关系学界的领军人物。

格鲁尼格在理论研究方面的成果主要包括以下几个方面：

（1）战略性。组织的公共关系人员应参加组织的战略管理，帮助组织了解那些影响组织目的与任务的环境。公共关系工作应成为组织战略计划的一部分。

（2）直接性。公共关系人员在组织的决策层中有发言权或向组织最高管理者报告的权力。高级公共关系人员应属于拥有实权的决策层或可以随时接近这个群体。

（3）整合性。公共关系部门具有将组织营销整合的协调职能，使该组织更具效率。

（4）独立性。如果公共关系部门从属于其他管理部门，公共关系工作就不能发挥其战略管理的作用。公共关系具有有别于其他管理功能的独立性，如此才能发挥其支持其他部门工作的作用。

（5）专门性。公共关系工作须由专门的管理人员来承担，而不是由技术人员来承担。公共关系工作的首要任务是战略性地制订组织的传播沟通计划，进而完成制作传播沟通材料的技术工作。

（6）平衡性。这是卓越公共关系最突出的特点。公共关系工作应建立在调查的基础上，组织要与公众平等沟通，不断增进彼此了解，它不仅要改变公众的行为，而且要改变组织的行为，这使卓越公共关系最终超越了公共关系历史上新闻代理、公共信息、双向非平衡三种模式，形成了双向平衡的第四种模式，而且是最好的一种模式。

（7）内部民主性。在组织内部构建平等的沟通氛围，使内部员工参与决策，实现组织的高效管理。

（8）专业知识性。高素质的公共关系人员应具有足够的知识背景，系统掌握公共关系理论，同时还需要外部专家予以支持和指导。

（9）多样性。公共关系人员应具有包容性，接纳不同种族、性别等的各类公共关系人员，以此完成与多类公众进行交流沟通的任务。

（10）职业道德与责任感。在工作中坚守职业道德，并且自觉具有社会责任感，同时监测组织对社会责任的落实情况。①

在公共关系发展的一百多年的历史中，不同时期的杰出人物代表了在不同社会经济发展阶段对公共关系学的认识水平，也反映了公共关系理论与实践的进步轨迹。除了上述代表人物外，还有一些为公共关系理论作出了重要贡献的突出人物，如英国的弗兰克·杰弗金斯、萨姆·布莱克等。随着公共关系在全世界的传播与广泛应用，公共关系学理论与实践的内容将会更加丰富、生动。

三、公共关系在中国

（一）古代中国的“公共关系”

在古老的东方大国——中国，从来不缺乏应用主动的宣传手段去影响他人的事例。如民间流传的大禹治水三过家门而不入的故事，对大禹后来的主政治国发挥了重要的作用，夏启、周文王的贤德，夏桀、商纣王的暴行均对王朝的建立或更迭发挥了重要的舆论导向作用。成语“约法三章”与“四面楚歌”在某种程度上对秦末楚汉之争的成败原因作了精

① 郭惠明．关于公共关系学若干基本问题的国际对话．国际关系学院学报，2000（1）：4.

彩的概括。至于主动从事传播活动的准职业人员，则当推春秋战国时期的孔子与纵横家们。

1. 孔子的周游列国活动

春秋时期，在诸子百家之中，孔子是唯一将传播自身的学说思想作为职业的人。孔子早年做过管理婚丧祭祀的小官，中年后曾在鲁国担任地方官，最高曾代理鲁国宰相 3 个月，颇有政绩，但很快对政治失望，辞官离鲁。公元前 497 年，他开始了游说政见活动。他先后到过卫、曹、宋、陈、蔡、楚等国，在 68 岁时仍然未能实现宏图大志而郁郁回乡。孔子回乡后以讲学为业，5 年后病逝。

在 12 年的游说活动中，孔子无疑是将宣传自身的政治理想作为一个职业（也可以说是使命）来进行的。其“克己复礼”的宗旨未能被诸国国君接受，不是因为孔子的学说思想有错误，而是因为这一理论已经不合时宜，难以解决诸侯小国当时的生存危机。孔子游说是由学生出资与相伴的，传播其思想主要靠亲自拜访（见）各诸侯国君主。由于诸侯们的拒绝，孔子最终无功而返，转而潜心修史与从事教育。

❖观点链接

《论语》（节选）

子曰：“学而时习之，不亦说乎？有朋自远方来，不亦乐乎？人不知而不愠，不亦君子乎？”

子曰：“巧言令色，鲜矣仁。”

曾子曰：“吾日三省吾身：为人谋而不忠乎？与朋友交而不信乎？传不习乎？”

子曰：“不患人之不己知，患不知人也。”

子曰：“人而无信，不知其可也。”

子曰：“德不孤，必有邻。”

子曰：“仁远乎哉？我欲仁，斯仁至矣。”

子曰：“上好礼，则民莫敢不敬；上好义，则民莫敢不服；上好信，则民莫敢不用情。”

资料来源：武晓花. 论语通译. 延吉：延边人民出版社，2000：1、2、5、11、26、97.

2. 纵横家的游说活动

进入战国时期后，各国间的竞争十分激烈与复杂，对于优秀治国人才的需求极为迫切，有才学的人也纷纷跃跃欲试，希望一展才智于天下。在这样的形势下，涌现出一批以游说各国、“出售”才智为生的职业说客——纵横家。

其中最典型的人物当数主张“合纵”的苏秦和坚持“连横”的张仪。他们两人的共同之处，均是殚精竭虑地将自己的主张与见解贡献于所服务的国君，在纵横捭阖于诸国之间时，巧施计谋，动用自己的丰富知识和应变才智，求取存身之所。在他们的职业生涯中，常以某一国君主的代理人身份说服另一国君主。在辉煌时，他们确实展示出了令人赞叹的业绩，实现了一定的诸侯格局变化。他们的游说活动虽然充满了智慧和权谋，但常会由于国君对利益的权衡，而使其苦心、努力化为泡影，因此，他们的生活常陷于危险与不稳定之中。纵横家们的一生被后人非议，其行为也不为人所称道。但事实上，他们的主张、见解及努力，对推动秦灭六国、统一天下起到了不可忽视的历史作用。

3. 对中国古代“公共关系”的评价

从前文所述的现代公共关系应该具备的条件看，中国古代所谓的公共关系活动，与真正的公共关系还有着很大的距离。

首先，中国古代不具备现代公共关系所要求的条件。现代公共关系的首要条件是公共关系主体——组织对大众舆论的重视及自觉运用。从春秋战国及以后的封建王朝的情况看，由于奴隶制和封建制度的集权统治，诸侯国君主或封建皇帝根本不会重视大众舆论，更不屑于去主动地利用人力操纵舆论。因为他们处于高高在上的位置，信奉的是“君权神授”，考虑的是王朝或王位是否稳定，根本不考虑民意。如果有影响王位的不稳定因素，就会采取极端手段根除之，如秦朝的焚书坑儒、雍正时期的文字狱等。诸侯国君主或封建皇帝在决策时，一般是随意的或出于单方面的考虑，纵使有些决策是体察民情而作出的，那也是为自身统治考虑。另外，诸侯国君主或封建皇帝是世袭承继的，极少存在明显的竞争者，纵使有也十分短暂。因此，对大众舆论的反应几乎是麻木的，除非面临大规模的农民起义。作为当时组织的代表诸侯国君主或封建皇帝，其决策的随意性，说明这个组织根本不重视社会舆论，也不会主动操纵舆论，其不需要针对公众——当朝民众来营造生存环境，如果有所谓的公共关系活动，那也只不过是为了实现其王朝霸业的临时之举，与现代意义上的公共关系——服务公众是根本不一样的。

其次，中国古代没有职业的公共关系从业人员。古代的职业游说者们并非真正意义上的公共关系从业人员。他们的行为动机，政治意义远大于经济要求。无论是孔子还是纵横家们，都期望自身的政治理想得以实现。其宣传的内容主要是他们的治国方略，这与现代咨询公司的经营活动完全是两个概念。在他们的游说活动中，极少采用当时的“大众传媒”如告示、传单等，主要靠个人的语言才能；传播的内容十分狭窄，或是个人的政治见解，或如纵横家们那样只是适应诸侯之所思所想，使用一些鸡鸣狗盗之术，而不是致力于把国君的思想传达给民众，或反映民众的意见。他们虽然也有自己的下属或谋划小集团（如孔子的弟子）等，但绝大多数情况下，他们是单刀赴会、独步天下的。在他们的心目中只有国君、皇帝，而没有民众、天下，现代意义上的公众的概念是根本没有的。中国古代崇尚的“民为重”的思想，其实质是“民可使由之”“使民有时”而已。

最后，中国古代没有平等意义上的双向沟通。当时民众的觉悟程度很低，社会上只有极少数人掌握文化知识。从春秋的奴隶社会末期到漫长的封建社会，民众的社会地位极其低下，封建君主及其下属官吏掌握着对劳苦大众生杀予夺的权力，民众对自身的命运没有能力掌握，他们中间的优秀分子纵使被“官逼民反”走上了争取生存权的道路，也最终不是被镇压就是沦为与封建统治者一样称王称帝的结果，所谓希求公众被尊重和重视，仅是理想而已，没有追求的基础，也更不会有实现的可能。现代社会公众权威性的体现在古代中国是没有任何现实基础的。

从上述分析可见，中国古代的所谓公共关系活动，并不是真正意义上的公共关系。但是，毋庸置疑，中国古代确实创造了无数杰出的计谋良策，有些活动的策划也体现了一定意义的宣传效果，如汉代昭君出塞、三国时期诸葛亮七擒孟获、各朝代征服异族常用的安抚之策等。中国古代丰富的政治谋略与人际沟通的高超艺术为中国现代公共关系的发展铺垫了极为深厚的人文基础。

（二）现代公共关系在中国

公共关系从20世纪80年代初期传到中国，在中国的发展可以分为三个阶段：一是公共关系的传播与普及阶段；二是公共关系的实践与深化阶段；三是公共关系的水平提升阶段。

1. 公共关系的传播与普及阶段（1981—1990年）

公共关系得以传入中国，有着特定的历史背景。在20世纪70年代中后期，新中国结束了历时10年之久的“文化大革命”，并在1978年召开十一届三中全会之后，改变了自我封闭的发展道路，进入了对内改革、对外开放，以经济建设为中心的快速发展时期。门户的开放使国外先进的技术和学说思想传入国内。

1982年（一说1981年），深圳市（一说广州市）一家与香港合资的酒店组建了公共关系部，随后其他城市的一些合资酒店也开始仿效建立。1984年9月，广州白云山制药厂建立了公共关系部，这是中国首家国有企业学习西方的管理理念建立的全新的管理部门。该举动引起了媒体的极大关注，《经济日报》于同年12月26日在第二版中介绍了这一情况，并配发了社论《认真研究社会主义公共关系》，从此，公共关系及公共关系职业引起国人的关注，公共关系以极快的速度由南向北传播开来。

公共关系的传播通过下述三个渠道完成：

（1）企业渠道。由于南方企业的示范作用，以及大众传播媒介的推波助澜（如1990年电视剧《公关小姐》在中央电视台的播出），许多企业纷纷设立公共关系部，培养公共关系专业人员。但是，由于许多人对公共关系学一知半解、似懂非懂，企业正处于向市场经济转制的变革时期，一些企业领导人组建公共关系部仅将之作为自身思想解放、单位改革开放的外在表现，因而公共关系部的运作处于十分初级的阶段，往往成为接待部、娱乐活动部等，随后就有一部分企业因公共关系部徒有虚名而将之取消。另外还有一些企业，特别是酒店和娱乐业，则把公共关系人员肤浅地理解为接待人员，公共关系的发展一时步入了误区。

（2）院校渠道。公共关系的广泛传播与普及主要是由高等院校完成的。1983年，厦门大学新闻传播系把“公共关系”课程列入本科培养计划内。1985年，深圳大学文化与传播学系创办了全国首个公共关系专业，招收了第一届公共关系专业（专科）学生。1986年，科学普及出版社出版了国内第一本公共关系学教材《塑造形象的艺术——公共关系学概论》。此后，全国各大院校纷纷开设了公共关系学课程，具有明显西方色彩的公共关系学教材大量出版。1989年，北京大学社会学系举办全国公共关系教师讲习班。同年，在深圳大学举办首届公共关系教学研讨会等。20世纪90年代初，一些专门的公共关系学校建立了起来。1994年，国家教委（现教育部）批准中山大学招收公共关系学本科专业学生。几年之后，大批了解公共关系理论、掌握公共关系操作程序的大中专毕业生开始走上了工作岗位。专业学生走上职场，对公共关系起到了正本清源的作用。再加上20世纪80年代国外大型公司如博雅、伟达等在中国的运营，也带动了中国公共关系公司的创建，使院校毕业的学生迅速充实到公共关系岗位，推动我国公共关系行业渐成规模，公共关系全面普及开来。

（3）政府渠道。公共关系的传播与政府的推动分不开。1985 年 1 月，深圳市总工会举办全国首个公共关系培训班。之后，国家一些部委也先后开设了大型国有企业领导干部公共关系培训班，个别省份、市、县还设立了专门的公共关系局，如湖南、山东等。这为公共关系的普及创造了有利的条件。同时，大众传媒的宣传也发挥了十分积极的作用，公共关系在 20 世纪 90 年代已成为一个家喻户晓的名词，学习公共关系、运用公共关系成为人们的共识。中国公共关系的发展开始从低谷走出。

但对普通民众来说，在相当长的时间里，仍然对公共关系存在许多含混不清的认识，容易把公共关系与庸俗关系学混为一谈。

2. 公共关系的实践与深化阶段（1991—2000 年）

经过前 10 年的传播与普及，开展公共关系活动的市场条件和人才条件基本成熟。一方面，一些在竞争中脱颖而出的乡镇企业或个体工商企业开始注意运用公共关系来谋求更好的生存与发展之道；另一方面，一批具有综合素质的公共关系理论研究者开始主动走入企业，运用公共关系为企业服务。公共关系的发展步入实践运用层面。

（1）形象塑造热潮。20 世纪 90 年代初，对公共关系的运用主要是以形象塑造带动了公共关系策划业的发展。由于我国企业从计划经济体制下刚刚脱胎换骨而来，企业领导人绝大多数对公共关系到底是什么还不甚了解，而在理论界，有些人认为公共关系的目的是塑造形象①，企业的形象好了，似乎企业的公共关系就万事大吉了。同时，西方国家的公共关系业正热衷于组织形象识别活动，即 CIS（Corporation Identity System），因此，国内很快形成了以塑造形象为中心的 CIS 热，涌现了一批成功的设计和策划 CIS 的专家，并带动了以策划为主业的公共关系咨询公司的产生。注重形象塑造，虽然有可能给组织带来偏重外在表现、注重短期宣传的副作用，但企业引入公共关系的管理思想较大程度地提高了管理者的经营理念和经营水准。很多企业开始注重对公众的了解和理解，对大众传媒的认识由敬而远之转为主动接近。而策划业的形成与发展，也使企业的一些公共关系活动逐渐摆脱了收买人心的功利行为，企业的社会公益活动变得更加务实，并产生了一定的社会效益，尤其是大量外资企业在中国良好的公共关系示范表现，为国内企业公共关系活动的开展提供了学习的榜样。我国大众传播媒介在这一时期快速发展，"经过改革开放 20 年的发展，一个巨大的传媒市场已经形成"。如 1990 年的电视广告收入为 5.6 亿元，到 1997 年就达到 114 亿元。报业进入"高速成长的跑马占地时期"②，与此同时互联网开始走进人们的生活，媒介服务职能向市场化转变，舆论监督作用的充分发挥激发了社会公众自我意识的觉醒，公共关系实践活动在进入 21 世纪之前，向纵深层面发展。

（2）诚信与公共关系危机。在我国市场经济体制进一步完善、全社会对公共关系的认识不断深化的趋势下，公共关系的实践从经营性企业步入社会的各个层面。在公共关系形

① 关于形象塑造的观点，最早在明安香等主编的《塑造形象的艺术——公共关系学概论》（科学普及出版社，1986 年）中明确体现，之后，在熊源伟主编的《公共关系学》中（安徽人民出版社，1994 年，12 页）再次清晰表述为"公共关系是社会组织为了塑造组织形象，针对目标公众开展的活动"。这样的定义对社会认知产生了广泛的影响。

② 喻国明. 报业市场的发展空间还有多大. 新闻实践，2000（2）.

象热潮的影响下，城市形象塑造工程轰轰烈烈地展开。一些地方政府将很大的精力放在了“面子工程”上，大兴土木、改造城市形象，许多城市的面貌由此焕然一新；一些医院也纷纷增加了导医人员，注意塑造“窗口工程”；而某些学校特别是高等学校，在世纪之交，纷纷举行百年校庆，大张旗鼓地向社会昭示自身的实力。由此，构筑市场经济最核心的内容——诚信问题作为一个十分尖锐的课题，摆在了所有组织的面前，即如何面对公众说真话，怎样实实在在地为公众服务？这一问题将组织公共关系工作引导到更深的层面，即组织应该如何与公众实现真正的沟通，以赢得公众的信任。恰在这一时期，国际、国内危机事件频发，尤其是2003年暴发的“非典”、2004年的“禽流感”等，使政府诚信、信息公开等公共关系危机问题成为全社会关注的焦点。组织如何强化内部信息管理，怎样将公众利益置于首位，如何恰当利用大众传播媒介将真实、正确的消息传播给公众等问题，引起了政府、企业及社会各种组织的高度重视。2004年，温家宝总理在十届全国人大二次会议上的《政府工作报告》中提出，要建立政务信息公开制度，增强政府工作的透明度。政府新闻发布制度开始受到重视，企业、医院、学校等也更注重通过大众传媒与目标公众沟通。

1999年5月，国家劳动与社会保障部（现为人力资源和社会保障部）正式将“公关员”作为一种新职业列入《中华人民共和国职业分类大典》，全国本土公共关系公司发展势头良好，以平均每年50%的增长率快速成长①。

3. 公共关系的水平提升阶段（2001—2010年）

（1）政府公共关系领先。当中国顺利度过“非典”“禽流感”等危机事件以后，政府对公共关系的作用给予了高度重视，尤其是2008年第29届奥运会，极大地彰显了中国政府成熟运用公共关系沟通手段向世界传播中国文化的理念。奥运会志愿者的优异表现，为中国奥运会的成功打下了坚实的基础。许多中国企业也在四川汶川地震、三鹿三聚氰胺奶粉事件中增强了社会责任意识。而政府领导问责制的大力推进，为缔造诚信政府创造了极为重要的制度条件。在2008年年末影响全球的金融危机中，由于社会保障制度的有力推进、政府对大众传播媒介的积极运用，中国社会安定，百姓对政府信赖度高。由此说明，中国政府在公共关系方面已走在了各类组织的前面。

（2）公共外交初试锋芒。进入21世纪，中国国力稳步增长，国际影响力持续攀升，以展现鲜明公共关系特色的公共外交成为对外宣传的主旋律。2009年底，一则30秒的《中国制造》形象片登上北美、欧洲和亚洲的电视与网络媒体。2004年开始创办的孔子学院到2015年已发展到“在134个国家和地区，成立了近500所孔子学院和1 000个孔子课堂，注册学员170万人”②，中国的海外影响力进一步增强。在各界出访人员的积极参与下，中国对外交流更加广泛与深入，自主宣传中国文化的公共关系意识明显增强。中国人民和平友好的形象逐渐深入其他国家人民心中。而大量企业走出国门，在向发展中国家提供先进技术和服务的同时，也开始注意以公共关系手法与当地公众建立良好合作关系。

① 余明阳. 中国公共关系史 1978—2007. 上海：上海交通大学出版社，2007：138.

② 数据来源：国家汉办（http://www.hanban.edu.cn/article/2015-10/23/content_619837.htm.）

（3）互联网展示草根传播力量。进入21世纪，互联网成为传播媒介的重要组成部分，网民——所谓草根的自媒体传播越来越发挥出不可忽视的力量，其作为社会公众的权威性作用正显现出来。来自网络的公众监督对改变社会不良现象起到了重要的震慑作用，而互联网也成为几乎所有组织展示自身信誉的最佳平台。随着互联网管理的不断加强与规范，公众的平等地位也正逐渐得到保障，公众参与社会事务的积极性与建议意见受到相关法律法规的保护和支持。同时，各类组织的公共关系活动也体现出鲜明的社会公益性，对社会的文明与进步产生了十分积极的影响；新的媒介传播手段微博、微信的兴起，对传统媒体的影响力构成强势冲击，公众价值观处于较为混杂的状态，政府公共关系工作面临更大考验与挑战，公共关系正承担着更为重要的社会使命。

4. 公共关系走向国际化阶段（2011—2020年）

经过21世纪第一个十年的发展，中国经济社会发展继续以令世界羡慕的速度推进，国际地位稳步前推。2011年1月，时长60秒的《中国形象》（人物篇）在胡锦涛总书记访美之前于美国时代广场播出，拉开了中国国家公共关系新形象的序幕。2012年中共十八大以来，国家公共关系开始具有高屋建瓴的战略气派，“一带一路”倡议的提出与实践，体现了鲜明的公共关系意义与价值。2013年9月、10月国家主席习近平在出访哈萨克斯坦和印度尼西亚时提出了建设“一带一路”经济带和“海上丝绸之路”的倡议，其主旨是“为了使我们欧亚各国经济联系更加紧密、相互合作更加深入、发展空间更加广阔，我们可以用创新的合作模式，共同建设‘丝绸之路经济带’”，通过共同建设21世纪“海上丝绸之路”，中国愿“同东盟国家各领域务实合作，互通有无、优势互补，同东盟国家共享机遇、共迎挑战，实现共同发展、共同繁荣”。从此，“一带一路”渐由倡议快速推进为全球共同响应的行动，由思路转化为覆盖百余国家的宏大实践。“一带一路”倡议实施以来，中国与亚洲、欧洲、非洲、拉丁美洲等100多个国家在基础建设、经济政策、贸易活动、金融流通、文化交流等各方面开展了一系列广泛而富有成效的合作，与合作国共同取得了骄人的成果，赢得了相关国家的高度赞赏与认同，中国与周边国家的公共关系得到了实质性的提升与拓展，也为彼此构建了稳定、和谐的生存发展环境。

（三）中国公共关系展望

1. 基础薄弱，正在厚积薄发

中国是一个有着漫长封建历史的国家，1992年才开始实行市场经济体制，与西方国家相比，商品经济发展的基础十分薄弱。公共关系是现代商品经济的产物，它的健康发展有赖于良好的市场环境、法律环境、媒介环境和公众环境。这些年来，我国市场管理不断规范，对经济社会的影响更加有效，法律法规的建立建设得到了突飞猛进的发展，依法治国的理念正在成为全社会的共识。与此同时，在社会生活中，各类组织对社会管理、法律管理的不适应、不习惯甚至抵触仍然会长期存在，有法不依、执法不严、监管不力、行政不作为等现象很难在短时期内消除，各类组织开展公共关系活动的社会环境仍然有待完善；在媒介快速发展、深度介入人们生活的新环境下，有效规范传播行为、恰当发挥组织与公众的通畅沟通作用，仍然是一个待解的课题；公众的主体意识还比较薄弱，公众缺乏群体性自信会在相当长的时间里影响组织的公共关系发展水准，而组织对公众人格的尊重和对公众感受的重视，在理念上也需要假以时日来培养。因而，中国未来公共关系发展在市场规范、法制建设、职业道德建设、组织制度建设等方面任重道远；大众传播媒介队伍的职业道德需要进一步完善，社会公众的责任意识与整体素质还有待进一步提高。但是令人欣喜地看到，中国政府与地方各级政府机构、企业、事业单位的公共关系实践也在快速向前推进，越来越多的组织把声誉管理作为组织公共关系工作的重点，开展的公共关系活动更加自觉，公共关系策划的水平更加高明，产生的社会效果更加显著，在国内外公众中造成的影响也越来越积极，中国公共关系事业正在厚积薄发。

2. 底蕴深厚，已然卓有建树

中国是四大文明古国之一，历史文化博大精深，先贤智人为今人留下了大量极为丰富且宝贵的智慧计策，为公共关系的运用积淀了十分深厚的历史文化基础。公共关系是一门具有社会学、传播学、管理学、心理学、人际关系学等方面知识的综合性学科，是一门极具人文色彩的科学。因而公共关系在传入中国后，社会大众接受得快、运用起来得心应手、传播范围广且创新潜力巨大。近年来，各级政府部门、企事业单位运用公共关系的自觉性不断增强，策划各种公共关系活动帮助组织营造生存或发展环境的案例层出不穷，有些案例丝毫不逊于国际一流公共关系公司策划的水准。公共关系在中国的运用表现出极具本土特色的新特点，公共关系已经成为中国沟通世界、世界了解中国的重要手段。特别是"一带一路"倡议的实施让中国企业走向世界，也把中国故事传播到更多的国家，中国亲和而友善、独立而成功的形象令世界刮目相看。无疑，中国的公共关系已经卓有建树，我们相信，随着中国经济持续快速的发展，随着政府、企事业单位对公共关系管理的积极探索，中国必然会对世界的公共关系事业有更大的贡献。

拓展知识

公共关系学与市场营销学

本章小结

在公共关系的定义上，向来是见仁见智。我们认为，公共关系是为了营造对组织有利的社会环境的战略性管理活动，它针对的是目标公众，强调双向传播。组织、传播和公众是公共关系的三要素。公共关系的特征是主动营造环境、意在实现沟通、尊重目标公众、讲求义利兼顾。公共关系有着自身发展的历史轨迹，迄今已走过了100余年的发展历程，它的产生有着特定的背景和社会经济条件，在发展中也经历了职业化、理论化、程序化和卓越性的渐趋成熟的曲折过程。中国古代虽然没有现代意义上的公共关系，但中国深厚的人文积淀，为公共关系的发展铺就了广阔的道路，中国经济快速而稳定的现代化进程必将会对世界的公共关系事业作出应有的贡献。

职业实训

1. 案例剖析

如虎添翼
——记广州白云山制药厂的公共关系工作

（1984年）11月下旬，广州“白云杯”四城市国际足球邀请赛正紧张进行。电视台每晚播放的比赛实况，吸引了羊城和海内外千千万万观众。参赛的3家客队实力雄厚，分别是日本日产足球俱乐部队、新加坡国家队、香港海峰足球队。球赛结果：主队——广州白云山制药厂体协足球队夺得亚军。

一个2000多人的企业，怎么会拥有一支水平如此高的足球队？这是怎么回事？

信誉投资

在宽敞、明亮的厂长办公室里，身穿西服的白云山制药厂党总支书记贝兆汉坐在皮沙发上同我们侃侃而谈。原来，白云山制药厂体协足球队前身是广州市体委管辖的广州足球队。一次，市体委负责同志请白云山制药厂“赞助”市足球队。贝兆汉随口说道：“那你们把足球队给我们算了。”说者无意，听者有心。时隔不久，市体委同白云山制药厂达成了协议：广州足球队改名白云山制药厂体协足球队，由白云山制药厂经济上承包，按月付给运动员工资、营养补贴和奖金。药厂承包足球队后，用经营管理手段抓足球队，制定了考核、奖励制度，使球队面貌焕然一新。在全国首届足协杯中，球队从国家乙级队跃居甲级队，进入前8名。

基于对公共关系的正确认识，白云山制药厂每年拿出总产值约1%的资金来从事公共关系活动，其中包括广告、社会公益活动等。他们把这笔费用称为“信誉投资”。1983年，这笔投资是80万元，今年（1984年）达120万元。我们问：“从经济效益上看，这笔投资值得吗？”回答是肯定的：“树立企业形象，提高企业声誉，在某种意义上就是提高企业的经济效益。我们花了几十万元的信誉投资，扩大了价值成百上千万元的产品的销路，这还不值得吗？”

知名度

知名度，这是白云山制药厂领导在谈论公共关系工作时常用的一个名词；而提高企业的知名度，则是他们开展公共关系工作的一个目标。

知名度提高了，生意就好做了。白云山制药厂为此做了以下几件事：

一是加强同新闻界的联系。厂里有什么新鲜事、新动态，及时告诉新闻单位；召开重大会议或举行纪念活动，盛情邀请新闻单位参加，甚至将体育、音乐、美术界的名流也请来。

二是实事求是、有的放矢，做好广告。白云山制药厂的广告既注意了内容上的实事求是，又保证了数量上的充分及时。比如，一个时期集中介绍“感冒清”，另一个时期重点宣传“痔病痊”，连广告的覆盖地区也有先后之分。

三是积极参加社会公益活动，既可以为社会服务，又能提高企业的知名度。承包足球队就是一例。

现在，广州医药市场上的药品，白云山制药厂的产品占了约 1/3。许多外商也慕名而来，签订合同。当然，白云山制药厂的同志们知道，企业的知名度是以经营管理、产品质量为基础的。基础不好，知名度也高不了，即使一时高上去了，也会跌下来。

转向经营型

“在你们看来，企业的公共关系究竟意味着什么？”贝兆汉没有直接回答。他笑着说：“过去，我们的经济体制是政企不分，企业的产品是‘皇帝的女儿不愁嫁’。经济体制改革之后，企业作为一个相对独立的经济实体，情况就大不一样了，既管人财物，又抓产供销，还必须处理好企业同外界的种种公共关系。不处理好这些关系，企业有再大的抱负也是要落空的，因此，公共关系工作是企业从生产型向经营型转变的必然产物。”

正是基于这样一种认识，白云山制药厂从党总支书记、厂长到办公室、供销科的负责人都很重视公共关系工作。白云山制药厂的公共关系部便应运而生。

我们祝愿白云山制药厂这个现代化企业的猛虎，插上公共关系工作的翅膀，在社会主义现代化建设中展翅翱翔。

资料来源：经济日报，1984-12-26.

（1）从这篇新闻稿中，你看出哪些公共关系的活动？

（2）当时对公共关系的理解与真正的公共关系定义有哪些距离？

（3）登录白云山制药厂官网查阅，找出有关公共关系的信息。

2. 职场模拟

设置一个展销会的场景，请同学们扮演促销活动和公共关系活动。

（1）促销活动：吆喝卖东西。

（2）公共关系活动：把企业的宣传资料介绍给顾客。

（3）分析市场营销与公共关系的区别。

3. 能力训练

（1）上网搜索公共关系案例与市场营销案例，对比一下，看区别在哪里。

（2）到本地一家大型超市调查采访一下，看看其在促销活动中有没有进行公共关系活动。

（3）判断下列行为是否属于公共关系活动：

a. 为孩子上学而给某重点学校的校长送礼。

b. 经常请同学吃饭，期望评先进时获得同学的支持。

c. 单位出资帮助社区建公园并联系报社报道。

d. 商场开展买一赠二活动。

e. 商场设置顾客意见箱。

第一章在线练习

第二章 公共关系主体——组织

本章学习目标

本章思维导图

通过本章的学习，你应该能够：

1. 了解公共关系的主体——组织。
2. 掌握组织内部公共关系部的工作内容。
3. 了解专业公共关系公司的职业道德。
4. 掌握公共关系从业人员的素质要求。

课前思考题

1. 公共关系部为什么是组织不可缺少的部门？
2. 如何充分发挥公共关系公司的优势？
3. 公共关系从业人员需要什么样的素质？

导入案例

公民警校管住了一方平安

项目主体：杭州市上城区公安局

项目执行：杭州市上城区公安局

执行时间：2016—2019 年

项目背景

浙江省杭州市上城区是南宋皇城所在地，毗邻钱塘江，历来是杭州市商贸旅游和文化创意的中心区域。该区所辖户籍人口 30 余万，呈现“一小三多”的特点：“一小”是指占地面积小，只有 18.8 平方千米，是杭州市所辖区县面积最小的；“三多”是指人流、车流、物流多，治安重点区域多，日常接处警多。杭州市区唯一保持古城历史风貌的老街——清河坊，平均每天的游客量在 3 万左右，高峰期达到 12 万，安保和消防安全压力巨大。面对这样复杂严峻的治安形势，杭州市公安局上城区分局却仅有民警628名、辅警900余名，警力十分有限，对此杭州市上城区公安局一直在思考更加有效的治理对策。

项目策划

在2016年迎接G20杭州峰会的大背景下，为了最大限度激发基层活力，发动社会公众积极参与社会治理，上城区公安分局决定创立“公民警校”，营造群防群治的社会氛围。

具体思路是：

(1) 围绕G20峰会法律、法规的培训，通过案例教学的方式生动传达，树立公民东道主的责任意识，全力护航G20；

(2) 对公民进行礼仪和自我防范等技能培训，提升“公民警察”意识及峰会东道主素养；

(3) 实行以护航G20为目标的“公民警察”职业规划，动员一切可以动员的力量，发挥警力有限民力无穷的优势；

(4) 组织优秀学员参与“当好东道主，护航G20”的团队引导、素质拓展训练及公安基础排查大型行动，把平安杭州工作推向深入。

为落实公民警校工作，上城区公安局决定邀请社会上一些知名的法律、公安、志愿机构和团队，如杭州市公羊会、杭州市《都市快报》“律师来了”等参与警校建设，拓展和延伸平安志愿者的力量，组建警校“学生”构成梯队。梯队建设的组成主要有：

第一梯队：银行、学校、企事业单位、街道、社区工作人员；

第二梯队：平安巡防力量、户口协管员、流动人口管理人员、小区物业保安力量；

第三梯队：“黄哨子、红袖章”治安志愿者、送奶工、送报工、保洁员、停车管理员、楼道小组长；

第四梯队：自愿报名公民警校培训的社会力量。

公民警校的课程由基础课、专业课和选修课三大部分组成。基础课主要有法律法规知识、心理辅导等常规课程；专业课针对不同的授课群体选择有针对性的课程；选修课根据学员意愿调研结果设置开展的兴趣课程。

“公民警校”策划工作完成后，实施活动很快就展开了。

项目实施

2016年3月10日，杭州市首家“公民警校”在上城区正式成立，上城区委常委、公安分局局长、上城区公民警校校长秦文，上城区委政法委副书记胡建根为上城区公民警校揭牌。此后不到一个月时间，上城区的56个社区全部成立了分校，120家社会力量以团队名义加入了警校，140多家金融机构组成“反诈联盟”，1家总校54家分校逐步建立，4万名志愿者加入。公民警校动员一切社会力量参与群防群治，形成社会治理合力，成为警民交流的新平台，也是推进警务工作的新载体，并很快发挥出了明显的社会效益。

1. 举办培训班，把普通公众变成知法懂法的治安员

为提升数万志愿者队伍的专业素质，由上城区委政法委牵头，上城区分局携手区教

育局等相关部门建立了“公民警校”师资人才库，为广大志愿者上好岗前培训课。前来上课的导师团成员经过严格筛选，有法律界精英，包括资深法律专家、学科带头人、知名律师、上城公安分局巡特警大队及基层基础管理大队的警务专家等，也有杭州知名的公羊会、湖滨晴雨等社会公益团体成员。“公民警校”的学员除了接受技能培训外，还享有学员积分、学员保险、绿色通道等福利；学员提供重要情报经研判具有线索价值的，将给予一定物质奖励，毕业学员还会收到结业证书。

杭州市公安局上城分局公民警校学员、医院联盟保安员在民警指导下还会开展联合处突演练。他们从实战实效出发，将志愿者学员编组为“反恐、反诈、御街、特业、医院、校园”等平安系列联盟，形成了“警察冲在前，群众做后援”的警务合作共同体。

2. 成立“反诈联盟”，把反电信诈骗作为重点整治对象

“公民警校”成立后，首先把当时的社会治安热点——电信诈骗作为重中之重，快速进行群防群治，精准打击。2016 年初，“公民警校”组织上城区 140 余家金融单位组成“反诈联盟”，快速对这些单位的工作人员进行培训和实战演练，很快收到成效。金融单位成功阻止电信网络诈骗案（事）件 100 余起，为群众挽回经济损失 3 000 余万元。在 2 年时间内，上城区电信网络诈骗发案率同比下降 36.1%，在全市区县中降幅居首位。

不仅如此，“公民警校”还把培训对象涵盖辖区企事业单位、写字楼、网吧场所、街道社区等 1.23 万名志愿者。这些志愿者们组成的“反诈骗联盟”，作用也不容小觑。开班培训仅仅 40 天时的统计数字表明，上城区非接触类电信诈骗发案量同比下降 20%。截至 2017 年 4 月，志愿者们共阻止 50 多起非接触性电信诈骗案，为群众挽回直接经济损失 1 000 多万元。

3. 成立各类组织，把志愿者结成环环相扣的治安网

“公民警校”成立后，为有效推进群防群治，警校串联起许多民间社团、公益组织和志愿者，形成无处不在的治安网。如外卖小哥组成“岳王骑”，高档小区物业组织了“紫阳管家”、南星“鹰眼联盟”、湖滨“千眼卫士”、“小营环卫”、“御林军”、“望江楼道大妈”等，将社会治安工作在基层扎实落地。不仅如此，上城公安分局在“公民警校”54 家社区分校中还建立了“邻里 110”，实行就近报警、就近服务，把邻里矛盾、群众需求解决在家门口。他们实行“1+1=0”，即 1 个社区民警加 1 支邻里志愿队，能将矛盾纠纷化解为 0。社区分校每月都会组织“邻里 110”志愿队培训，提高他们化解邻里矛盾的能力。几年来社区化解邻里各种矛盾，有些社区连续多年实现“零发案”。

“公民警校”还把民警们在实践中总结出的“八步法”，即“一宣二贴三备四携五敲六查七谢八清”传授给志愿者们，并制成卡片发放。原本就人头熟、触角广、信息灵，加上在“公民警校”获得的专业知识技能，平安志愿者们及时行动、犯罪嫌疑人识别的能力不断提升。

4. 警校联合，国际驿站，公民警校处处“办学”

维护校园安全、加强孩子的安全教育，是上城区公安分局、上城区公民警校一直致力并将长期践行的事业。中小学学生天真活泼，打闹、磕碰是常有的事。如何减少因校园学生伤害事故而引起的法律纠纷？责任如何认定？近年来，上城区公安分局不断加强

学校警务室建设，配备法制副校长，做到了“一校一室一长”。强化校园安全建设，24小时在校园周边形成“民警、辅警、社区平安志愿者、110巡车、微警务车、PTU、摩托车”等多位一体的立体防控网。同时，“公民警校”还与企业合作，一同打造良好的校园安全氛围。

由于杭州这些年国际友人越来越多，“公民警校”还在西湖龙翔桥附近设立了国际驿站分校，专门为在杭的外国友人提供帮助。绝大部分国际驿站的志愿者都是来自杭州各大高校的留学生，在经过公民警校的专业培训后，穿上标配的红马甲，为湖滨商圈的外国友人提供帮助。在工作间隙，志愿者们还积极为民警和协辅警开展外语培训，教授日常口语沟通技巧。在近期举行的GS1全球物品编码大会上，外语分校志愿者们热情、高效的服务赢得了与会代表的纷纷点赞。

5. 广泛联络，宣传激励，“公民警校”长盛不衰

“公民警校”成立后，制作了《平安志愿者宣传手册》、志愿者徽章，申请了“公民警校”微信公众号和官方微博，开辟网上公民警校，还联合《都市快报》律师团、杭州市公羊会、北京“西城大妈”、杭州滑稽剧团、大头儿子小头爸爸公司等一批有影响力和知名度的社会团体组成宣讲团，到学校、社区、企业等地开展“点对点”宣传，边宣传边播种边招生，使上城区的银行职员、学校老师、社区干部、楼道大妈们纷纷加入公民警校，志愿者队伍不断扩大。随着办校实践的深入，“公民警校”还突出激励措施，每一名“公民警校”的学员除了享受终身培训外，还可凭参加社会平安志愿行动获得的培训和服务积分享受医疗、保险以及公安机关辅警招录优先等。通过多元、科学和长效的激励机制，上城区公安局决心让辖区每一寸土地都有精细化管理，让每一户人家都享受到心贴心的服务，让每一名公民都成为平安志愿者。

效果评估

通过这些年的努力，“公民警校”的社会效益十分显著。成立以来，“公民警校”先后吸纳政府机关、企事业单位、公益组织、社会团体等共计126家成员单位参与，吸收8万余名来自各行各业的学员，直接培训各类志愿者4.2万人次，开课400多场次，受训者几乎遍及上城区各行各业，有效提升了公民的安全防范意识和对犯罪行为、犯罪嫌疑人的识别能力。开班授课一个月左右，就成功阻止了6起通信（网络）诈骗案。同时成立的“反诈联盟”队伍，发动全区140余家银行职员及各街道社区干部等3万余人参与培训、维稳、防控、管理等工作，传授防诈骗知识，从源头上阻截各类诈骗行为，防止案件发生。成立不到两年，协助上城警方成功阻止1 000余起电信（网络）诈骗，为群众挽回直接经济损失3 000余万元，上城区电信（网络）诈骗案发案率同比下降36.1%，是杭州市下降幅度最大的。

在2016年G20杭州峰会期间，“公民警校”志愿者通过警校学员采集到各类有价值的信息6 800余条，抓获各类嫌疑人员221人；2016年，上城区分局总警情下降12%，其中刑事警情下降52%，侵财类警情下降49.5%；2016年度杭州市3年“零发案”小区评选中，上城区有29个小区入选，数量为全市之最；2018年1季度，刑事警情同比下降了64%，侵财类案件同比下降59.4%；2019年1至2月，全区社会治安状况评估名列

杭州市第一。

2019 年 3 月 19 日，以上城区公安局和苏州吴中区的事迹拍成的电影《爱无痕》在全国各大影院全面上映。杭州 4 位民警本色出演《爱无痕》，演的都是民警工作中的真事，不少情节源于杭州上城和苏州吴江公安派出所的原生态故事和原型人物。该部电影在 2018 年加拿大金枫叶国际电影节上脱颖而出，一举夺得重量级奖项“最佳编剧奖”。“公民警校”也随着电影的播放，传遍国内外。

注：本案例根据中国新闻网、人民公安网、杭州电视台等媒体报道资料编写。

对一个组织来说，让目标公众了解、接受一件新事物或一个新举措，是一件比较困难的事情，必须经过认真思考、用心策划、诚信沟通，并付出艰苦的努力。上述案例中，浙江省杭州市上城区公安局是怎样利用“公民警校”发挥作用的？公共关系的职能是如何发挥出来的？对于公共关系公司、公共关系人员来说在公共关系活动中应该履行怎样的职责？

第一节　公共关系的职能

从第一章的内容可知，组织是公共关系的主体，公共关系是组织的自主行为，其目的是营造组织生存与发展的环境。因此，研究组织，首先必须讨论公共关系在组织中是做什么的，即公共关系的职能是什么。

公共关系的职能主要包括下述几个方面。

一、收集情报，监测环境

为了营造组织生存与发展环境，组织首先要了解自身所处的环境，收集与组织发展有密切关系的其他组织或群体的情报，以便充分了解周边环境。

情报收集的范围主要包括组织内部和组织外部两个方面。

（一）组织内部的情况

组织在经营发展中，内部的情况可能随时处在变化之中，组织必须始终及时了解自身，掌握变化的情况。概括起来，组织内部情况主要包括两个方面：一方面是相对固定的基本情况，如注册资金、机器设备、技术状况、人员数量、财务状况、供货情况、生产状况、销售情况等，这些基本情况虽然处在不断变化之中，但都是显性的，是可以通过直接收集而获得的；另一方面是比较不稳定的情况，即内部成员的思想状况，如领导和员工的观念（态度、心态、看法）、班组的积极性、团队的士气、对组织的信心等，这些都是隐性的，是不容易察觉或明确定性的，却又是较前者更为重要的。公共关系的首要职能就是要随时了解组织内部的情况，及时将组织的变化动态告知决策层，以便组织在决策时参考。

（二）组织外部的情况

收集组织外部情况，主要针对的是与组织的生存和发展有高度相关性的各种外部公众，亦即组织的外部环境。首先要收集的是目标公众的情况，他们是组织当前最重要的环境因素；其次应该收集有可能成为组织目标公众的公众信息。在收集信息时，适当扩大调查范围，以便于应付一些突然的变化。

组织可以建立一个情报库，长期对内部和外部的情况进行跟踪监测，对有关资料及时进行归类分析，便于了解组织所处的环境。在市场竞争日趋激烈的情况下，组织所处的环境往往存在很大的变数，随时掌握这些变化，才可能在竞争中居于有利地位。无疑收集情报、调查研究是公共关系的基本工作。

二、沟通信息，建设环境

在现代社会中，公众对信息具有基本的知晓权，组织必须保证公众享有及时了解信息的权利。同样，对组织来说，如何在复杂的竞争环境中争取公众、赢得公众，一定程度上取决于组织怎样处理信息、如何向公众提供信息。无论是内部公众还是外部公众，组织都应该打开信息通道，及时、恰当、准确地将组织的情况告诉公众，便于公众了解与认知组织，使组织的环境处于被公众信任的状态。公共关系专门承担这一工作。组织在进行信息传播时，主要依靠以下三个途径：

（1）大众传播媒介。这需要组织主动与社会上专门的新闻媒体进行合作。

（2）人际传播媒介。这主要靠组织的对外沟通人员（如组织的领导人、销售人员、采购人员、公共关系人员等）与目标公众建立联系。

（3）其他传播媒介。如组织的产品、宣传单、海报等，通过它们可以及时地向公众传递信息。

组织在传播信息的同时，还应该通过调查了解公众的反馈信息，掌握信息传递的效果。在与目标公众的双向沟通中，组织能够及时发现问题、解决问题，对自身的环境进行积极的建设，构筑适合组织生存与发展的人际氛围，这样才能称得上完全意义上的沟通。只有如此，组织才能在沟通中发展，在调整中前进，最终建立起一个和谐的生存空间。因此，信息沟通是公共关系的基本职能之一。

三、协调关系，维护环境

协调关系对每一个组织来说都非常重要，尤其是现代社会，组织与公众发生关系的机会较过去大得多，彼此之间的错觉与误解也随时可能发生，因此，协调好各方面关系就显得格外重要。公共关系对组织来说，是专门完成协调任务的。协调工作主要依靠公共关系人员的工作能力，同时更要借助于其他一些媒介条件，特别是大众传播媒介等。高质量的协调工作对公共关系人员的素质提出了更严格的要求。

对一个组织来说，公共关系协调工作主要包括三个方面：

（1）利益的协调。这是一切协调工作的核心。无论组织内部还是外部，都会不断涌现大量的利益纠葛，这些矛盾如果不及时解决，就会严重影响组织的工作效率甚至声誉。因此，在开展公共关系工作时，必须注意以公平、公正、公开的方式把利益纷争协调好。

（2）关系的协调。有人的地方就会有关系的产生，良好的内外关系可以为组织带来满意的工作效益与社会声誉，处理不好单位与单位、部门与部门、人与人的关系，则不是带来内耗，就是影响口碑，因此，协调好各方关系是公共关系的重要工作内容。

（3）流程的协调。不论是组织内部还是外部，工作顺序的安排极为重要，得当的工作流程是高效率的保证，不恰当的工作次序只会导致低效。因此，公共关系应高度关注组织内外流程的合理性与流畅性，注意协调各环节的关系。

一个组织的环境能否维护好，与协调工作能否及时、有效地进行有极大关系。有时，看似微不足道的误解，如果公共关系人员不能及时化解，就可能造成较大的隔阂，甚至会蔓延开来，使组织的生存环境迅速恶化。在今天，危机的发生十分频繁，任何组织都不能置身其外。因此，组织必须高度关注内部与周围环境的状况，及时协调各方面关系，以高效率的协调工作维护组织良好的生存环境。

四、出谋策划，拓展环境

公共关系不仅要通过收集情报来监测环境，而且要利用情报为决策提出切实的参考意见或建议，以便为组织现有环境的进一步改善和拓展提出方案或思路。仅仅了解环境，建设、维护现有环境，是难以满足一个组织的发展要求的，组织还应该主动出击，通过一些有的放矢的活动，吸引公众注意，让更多的公众了解组织、认识组织，进而在新的区域形成良好的公众接纳氛围，有利于组织主要工作的开展。

（1）策划日常的公共关系沟通活动。在组织中公共关系的工作是定期或不定期地策划一些沟通活动，让内部或外部的公众对组织加深了解，增进对组织决策的理解，达成共识，赢得支持。

（2）策划大型的公共关系宣传活动。为组织精心策划重大活动，努力通过活动的开展激发社会公众对组织的关注与了解，对组织产生信心及信任。

（3）策划重大危机事件的应对。当组织遇到危机事件时，能够及时进行危机应对，以公共关系的原则与手段，减少危机的破坏力。

公共关系是一项长远的事业，要将组织的事业做大、做强，就需要不断扩大组织的影响力，化解组织发展中的一些障碍，构建顺畅、和谐的环境。为完成这一任务，公共关系人员要积极地为组织出谋划策，选择恰当的时间、地点，以恰当的活动形式，将组织的信息传播出去，这就是公共关系的策划活动。它对组织生存环境的维护与拓展，起到十分重要的作用。

五、教育宣传，培育环境

尽管组织所处的环境是多变的、不稳定的，但是，组织也可以对这个环境进行一定程度的影响。环境是可以通过公共关系工作培育的。环境的培育依赖于长期的教育和宣传工作。一般来说，教育工作更多的是针对内部公众，宣传工作相对较多地用于外部公众。

（1）内部教育。要营造组织良性的生存环境，首先要抓内部员工的教育工作，要对内部员工进行有计划、有目的的公共关系教育，使之形成正确的经营观念、公众观念、沟通观念、环境观念等，从而提高组织全体员工的整体竞争力。

（2）外部宣传。在外部，组织应对目标公众开展各种宣传活动，及时传递组织的信息，主动向社会公众提供必要的科学知识和进步理念，提升社会文明与进步水平，担当社会责任，赢得公众的好感与认同。

组织的环境既有形又无形，对它的监测、建设、维护、拓展和培育是一项十分宏大且艰巨的工作。公共关系的工作就是从点滴出发，通过长期的努力，为组织培植一个适于生存、成长的大环境，使组织发展得更快、更好。这一工作将由公共关系部、公共关系公司、公共关系从业人员来承担。

第二节　组织中的公共关系机构——公共关系部

一、公共关系工作在组织中的战略地位

通过了解公共关系的职能可以知道，公共关系对一个组织来说承担着监测环境、维护环境、建设环境、拓展环境和培育环境的任务，这一任务十分重要。因此，公共关系在组织中处于一个特殊的位置。它不像组织的财务工作主要负责资金的管理、市场营销工作主要考虑产品的销售、人力资源工作主要安排人员的使用等，公共关系工作是负责组织内外环境营造的。公共关系考虑的范围既涉及组织内部全体员工的问题，又覆盖外部多方面公众的问题，其工作的内容既有基础的调查工作，日常的宣传、协调、教育工作，又有重大问题的参谋、特殊活动的策划等工作。因此，公共关系工作不是一个组织中的普通工作。对公共关系工作是否重视，不仅体现了该组织领导人的生存和发展意识问题，还体现了该组织管理者对公众与媒介的态度问题。组织领导人应从战略的高度，对组织中的公共关系工作予以高度重视。

目前，在一些组织中，对于公共关系的认识存在以下问题：

（1）组织营造生存环境的意识淡薄、对舆论反应迟钝。一些从计划经济体制下脱胎出来的组织，市场观念比较薄弱，缺乏长期经营的思想。在市场经济初步建立后，各种组织的市场运作不太规范，每一个组织所面临的环境也极不稳定，因而对于内部环境的营造和外部环境的建设，一些组织缺乏必要的紧迫感和压力，将公共关系工作置于可有可无的地位。特别是在今天组织与个人传播信息便捷、舆论易于喧嚣的环境下，一些组织经营者对不利于组织的舆论反应迟钝，不善于及时进行回应。实际上，如果组织不把公共关系工作放在战略高度，而只作为一般工作对待，则组织的生存环境问题就不可能引起全体员工的高度重视，任何一个环境漏洞都可能导致组织的生存危机。

（2）组织的大部分成员公共关系基础知识薄弱。公共关系在中国已经有将近 40 年的发展历程，但较之西方百年的发展史，还是相当短暂的。社会上的很多人对公共关系仍然似懂非懂，把公共关系混淆于庸俗关系学。例如，一些人把公共关系理解为拉关系、请客送礼等社会不正之风，还有的人将公共关系理解为组织（特别是企业）的促销手段或仅是收买人心的功利行为，更有甚者，一些企业在竞争中利用虚假信息，在网络上大肆污蔑或诋毁竞争对手，以图达到自己的私利，还美其名曰是“公共关系”行为。将公共关系置于组织工作中的战略地位，有助于提高组织全体员工对公共关系作用的正确认识，有利于维护组织在社会大环境中的生存与发展，也有助于整个社会环境的净化、美化。

（3）公共关系工作对组织发展的重要性没有得到认可。公共关系的职能表明，公共关系工作对组织的进一步发展具有不可替代的重要作用。在公共关系传入中国之前，很多组织也在进行着与公共关系工作类似的活动，如监测环境、协调关系、一定的内部宣传等，但这些工作由于没有专门的公共关系部门以及没有系统的公共关系理论为指导，环境的监测、维护、建设等工作比较零碎和随机，缺乏完整性和系统性。在公共关系工作已具备完整的指导理论和系统的操作规范的情况下，运用公共关系对组织进行环境营造就显得十分必要。同时，对公共关系工作的重视并不会淡化对其他工作的倚重，而只会更加强化组织的各项工作，使各部门工作有机协调、配合，各自发挥出最大的工作效率。

所以说，将公共关系工作置于战略高度，会使组织对自身的生存环境问题始终有一个清醒的认识，有利于组织在发展中立于不败之地。

二、公共关系部的位置

公共关系工作在组织中具有重要的战略地位，因而公共关系的职能部门——公共关系部在组织中就应该居于较为重要的地位，有其独特的位置。

（一）公共关系部的重要性应高于一般职能部门

无论是政府部门、事业单位还是工商企业，都有一些普通的职能部门，如财务部、生产部、技术部等。这些部门在组织中发挥着各自不可或缺的重要作用，但毋庸置疑，它们也仅仅是着眼于组织的某一部分职能，不能对组织的发展大局产生决定性作用，而公共关系工作则对组织的生存与发展具有重要的战略意义。组织公共关系工作的成败，往往影响或决定着组织今后能否顺利开展各项工作。因此，公共关系部的重要性要高于其他职能部门。在组织中，公共关系的工作性质决定了公共关系部具有立足全局、统筹分支的地位，公共关系部在职能的发挥上要高于其他职能部门，同时，公共关系部又与其他部门处于相对平等的地位。所以，公共关系部的人员应低姿态地将自身工作完成好，积极地与其他部门协调好关系。

（二）公共关系部居于决策层之侧

对公共关系部比较恰当的定位是居于决策层之侧，这是由公共关系工作的性质决定的。因为公共关系工作的每一项几乎都涉及组织的生存与发展问题。比如收集情报，公共关系部相当于组织的情报部，情报的快速处理对组织的重大决策有十分重要的作用；信息沟通是组织内外和谐发展的重大问题，沟通的内容、沟通的效果对组织的未来发展会产生重大影响；各方面关系的协调对组织的发展会起到润滑的作用，协调工作处理不好，直接阻碍组织工作的向前推进；参谋策划工作更是影响组织决策层的紧要工作，参谋策划恰当与否会影响组织决策层的战略决断，更会影响组织未来的发展步骤。因此，公共关系部居于其他各职能部门之上，置于组织决策层之侧较为得当。

❖观点链接

要取得持续的商业成功，一个公司的声誉显得越来越重要，这种现象在以前是不曾有的。而在现今信息越来越公开的情况下，公司的声誉变得前所未有的脆弱。尽管一家公司的声誉可以远播全球，最初建立却是通过当地的公众和社会关系来取得的。这个说法虽然显得有些一概而论，但是注意培养当地公众对一个公司的兴趣对于公司的成功来说，重要性不亚于这个公司采取的任何其他的活动。

不管一个公司的本质是什么，也不管它是大型企业还是小型企业，它与当地公众之间的良好关系对于建立声誉是必不可少的基础，同时这种良好的关系也会带来长期的商业成功。建立声誉，稳固声誉，从而制定正式的公众关系策略，这样的步骤对于任何一个公司来说，都是一种里程碑式的经历。

资料来源：[英] 安妮・格里高利．公共关系实践：第二版．张婧，等译．北京：北京大学出版社，2008：116.

三、公共关系部的工作内容

公共关系部的工作内容比较具体，主要包括如下几个方面：

（1）在组织内部和外部开展有针对性的调查活动，确定目标公众。公共关系部的基本工作是开展切实的调查活动。没有调查就没有发言权。通过调查，发现组织在运行中的问题，及时确定问题症结，解决影响组织生存与发展的环境问题。

（2）整理资料或建立资料库，监测舆论。公共关系部的调查工作不是临时性的突发工作，而是长期、固定的工作。因此，公共关系部需要建立信息资料库，对日常调查数据进行整理与归纳，形成完整的数据库，以备需要时查阅。同时，在传播媒介极为发达的时代，对公众舆论的监测也是公共关系部的重要工作内容。

（3）将调查、舆论监测结果和建议报送决策层，并提出下一步行动的策划方案。公共关系部在调查研究的基础上，形成翔实的调查报告，提出有建设性的意见或建议，并且针对问题，提出改进的办法，必要的情况下，完成改变现状的重要公共关系活动的策划方案。

（4）负责接待反映意见或投诉的内部与外部公众。公共关系部的一项重要工作是听取意见和投诉，并对意见反映者或投诉者做好解释与安抚工作，代表组织虚心接受批评，并及时告知上级部门，改进问题，矫正错误，赢得公众的信任。

（5）迎来送往组织的重要客人。公共关系部是组织对外接待的窗口，来往组织的宾客主要由公共关系部来接待，公共关系部应该认真对待每一次接待活动，精心设计与策划，给宾客留下良好的印象。

（6）编辑组织的宣传资料、对内对外刊物，制作专题片，建设组织网站等。公共关系部负责组织内外宣传资料的编辑与发布，在一定时期制作宣传组织的专题片，并负责组织官网的信息发布。通过这些工作，实现组织与内外公众的通畅沟通，构建组织健康的生存环境。

（7）策划、实施组织重大的公共关系活动，将实施效果的评估报告提交决策层。在组织重大活动时，公共关系部负责策划活动的开展，通过筛选创意，形成策划方案，安排人员实施，并监控活动效果，以评估报告形式对活动过程进行分析总结。

（8）进行内部职工的日常培训教育。对内部职工进行日常性的公共关系培训教育，是公共关系部的主要工作之一。通过长期的教育，增强员工的沟通意识、品牌意识、长远经营意识、社会公益意识及民主意识等，为组织的持久经营打好基础。

（9）布置特定的内部环境宣传氛围，对内部公众施加长期的影响。公共关系部还应该负责组织内部环境的布置，设计安排必要的宣传张贴物等，有条件的还可以布置雕塑、盆景等，以构建富有特色的组织文化，对组织员工施加长期的影响。

（10）撰写新闻稿、专题报道等，安排记者招待会或新闻发布会等。面对重要事件，公共关系部负责接待新闻媒体，接受新闻记者的采访，召开新闻发布会，代表组织回答新闻媒体的问题等。

对不同的组织来说，公共关系部的职能会有所差异，公共关系部的组建也会根据组织的性质、业务的不同有不同的模式，一些组织会将公共关系部冠以其他的名称，如信息部、新闻中心、传播部、对外联络部等。只要适应组织工作要求，能够圆满完成组织的公共关系任务，叫法并不重要。不过，有些生产企业将公共关系部与广告部或者销售部合二为一，部门名称为广告公共关系部或营销公共关系部等，就容易将公共关系的工作附属于企业的广告或者销售工作之下，使公共关系工作的宽泛内容大大缩减，结果必然会使公共关系的独特功能难以发挥作用，对组织的未来发展带来不利影响。

总之，公共关系部是组织的一个十分重要的部门，组织所处环境的好与坏，很大程度上有赖于组织决策层对公共关系的理解、认识及重视程度，有赖于全体员工公共关系意识的提高，更有赖于公共关系部工作人员的素质和专业水平。

四、公共关系部的工作原则

公共关系部的工作，对于组织来说十分重要，在开展工作时要注意把握好如下几个原则。

（一）求实而严谨原则

公共关系部无论是做组织调查工作，还是开展公共关系活动，都需要遵循实事求是的原则，不能造假，不能因怕苦而偷懒，在工作中要严谨而认真，提交的调查报告、评估报告要经得起推敲与验证，不能自欺欺人、粗制滥造。

（二）主动而坦诚原则

公共关系部的工作，不是消极坐等工作找上门来，而是要主动开展工作。面对组织内外复杂多变的环境，公共关系部要随时主动出击，积极开展公共关系工作，以坦诚的工作态度，积极的工作姿态，代表组织向公众释疑解惑、沟通信息，消除隐患和可能的危机。

（三）尊重公众及媒体原则

公共关系部是组织面对公众及媒体的主要部门，在应对公众的质疑或媒体的提问时，公共关系部要本着尊重公众及媒体的姿态，认真解答问题，说真话，不说假话，讲实情，不隐瞒真相。

（四）快速反应原则

公共关系部承担着组织对内对外环境监控的重要任务，公共关系部的工作人员在工作中要具有快速反应的素养，随时准备应对各种问题。这就要求公共关系部的工作人员在平时要练好内功，有周密的准备，对组织环境保持高度的警戒状态，工作不懈怠，遇事才不慌乱。

五、公共关系部的组建

公共关系部的组建会根据不同的组织，形成不同的建制。

（一）工商企业公共关系部门

对于工商企业来说，一些经营者认为公共关系部的组建主要服务于企业的市场开拓、市场销售和售后服务，在一些重要或特殊的时期，还要处理与媒体或政府等特殊公众的关系。其实，企业公共关系部的工作范围还远不止此。

1982 年，深圳竹园宾馆成立公共关系部[①]，主要以开展一些节庆、体育竞赛活动等来扩大影响，产生了开先风的社会影响力。1983 年，中外合资的北京长城饭店成立公共关系部，因 1984 年成功策划接待美国总统里根访华的宴请活动而名扬海内外。1984 年，广州中国大酒店等一些内地与香港合资的酒店也设立了公共关系部，一些公共关系部人员的突出表现引起社会关注，以他们为原型拍摄的《公关小姐》电视剧在 20 世纪 90 年代初期引起轰动，并推动了全社会的公共关系热[②]。1984 年 9 月，广州白云山制药厂也成立了公共关系部，很快我国一些国营企业、乡镇企业也都纷纷热衷了解学习公共关系，摩拳擦掌成立公共关系部，开展公共关系工作。但是，很多企业对公共关系的职能认识并不清楚。在企业开展促销活动时，公共关系工作会比较重视，平时则认为公共关系的存在可有可无。有的企业在设置公共关系部门时会称为广告公关部、公共事务部等；对公共关系工作的开展也不会常态化，会认为在遇到突发事件或舆情时才需要开展公共关系工作。

在今天，一些大型跨国制造企业会设立专门的公共关系部来处理与政府、媒体、供应商、消费者以及网民等的关系，公共关系部的内部机构往往比较完备，如新闻报道组（科）、对外关系组（科）、网络舆情组（科）、售后服务组（科）等，也有按照企业在海内外市场的发展情况，成立公共关系分支机构，如北美组、南亚组、欧洲组、非洲组、东北亚组等，在每个地区的内部，公共关系分支机构全权处理该地区的公共关系事务。还有一些大型服务型的商业企业，会设立公共关系部专门处理与消费者、当地媒体以及社会公益组织等的关系，它们的公共关系部在人员配备或工作职能方面也会很健全。

（二）事业单位公共关系部门

事业单位主要指文教卫生机构，如前所述，它们不是主动愿意与公众沟通的组织。在我国，事业单位的公共关系意识普遍不够强，专门设立公共关系部的机构不多，遇到重大突发（公共）事件时，往往临时抱佛脚，依靠党委宣传部门来替代公共关系部的职能。事业单位重视对上的信息汇报，轻于对下的及时回应，对社会公众的舆论反馈不够及时和到

---

① 吴有富．中国公共关系 20 年报告．上海：上海外语教育出版社，2007：20．

② 同①21．

位。现在很多事业单位设立了新闻发言人，专门用于对公众的沟通，在重大舆情面前这样的部门设置是十分必要的。

但是，我国事业单位新闻发言人的设置一般都是兼职的，发言人往往是一个人，而不是一个部门，新闻发言人一般只在面对重大问题时才发声，平时事业单位公共关系作用的发挥几乎没有。在面对重大事件如院庆、校庆，或者遭遇重大危机时，新闻发言人的作用发挥常常需要通过组织反复的研究才能做出，因此就会显得迟滞和太过谨慎。结果往往延误最佳与公众的沟通时机，对舆论的引导难以发挥应有的作用。

（三）政府公共关系部门

政府公共关系部门的设置，在我国的行政机构中基本没有，只有个别基层公安机关设有公共关系部门。如山东省济南市公安局可能是我国政府机构中最早设立公共关系专门部门的基层组织。2011 年 2 月济南市公安局成立宣传处警察公共关系办公室，专门负责全市公安系统的舆情引导、警媒合作、新媒体应用、警民互动等工作。2012 年 12 月，宣传处开始加挂警察公共关系处的牌子，并增设公共关系科，同时全市各基层宣传科也加挂了警察公共关系科的牌子①。但是我国政府对公共关系职能作用的发挥丝毫不落后，而且是走在全社会的前列。最典型的就是新闻发言人制度的建立。1983 年 3 月 1 日，外交部新闻司司长齐怀远成为外交部第一任新闻发言人，4 月，中国记协向中外记者介绍国务院各部委和人民团体的新闻发言人，正式宣布我国建立新闻发言人制度②。到 1995 年中央和国家机关大部分部委均设立了新闻发言人。2003 年“非典”事件之后，国务院各部门和各省市纷纷设立了新闻发言人。之后，我国政府对信息公开与新闻发布进行了法规化建设，将政府与公众的公共关系工作以法规的形式落到了实处。2007 年 4 月《中华人民共和国信息公开条例》发布，2016 年 2 月《关于全面推进政务公开工作的意见》公布，2017 年底《中国共产党党务公开条例（试行）》颁行。这一系列的举措将政府的公共关系工作从法律层面、制度层面建立了起来。尽管各级政府部门没有设立公共关系部，但公共关系工作的开展已经按部就班地推行了。这为社会治理的民主化、正常舆论环境的营造提供了强有力的保障。

六、公共关系部的局限性

作为组织内部设置的专门的公共关系部门，公共关系部具有了解组织情况、熟悉组织成员、懂得组织行业特点、把握问题准确等优势。但是，对于大部分组织来说，公共关系部也具有自身难以克服的局限性。

（一）专业能力与经验不足

很多组织的公共关系部主要是由内部人员选拔组建的，虽然随着专业院校毕业生的加入增添了新生力量，但整体来说，在专业能力与素养、专业经验及专业精神方面，与公共关系公司还有一定的差距。在遇到重大公共关系活动时，公共关系部往往显得捉襟见肘，难以招架，需要请公共关系公司帮忙。

---

① lxxx0531 的博客：济南公安微博三岁了. http://blog.sina.com.cn/s/blog_470dc1120101oa79.html.

② 潘知常. 你也是“新闻发言人”. 北京：中国人事出版社，2011：36-37.

（二）媒体运作区域有限

在公共关系活动中，媒体的参加是重要的内容。公共关系部在与媒体联系中，常常遇到的困难是，无法请到高级别的媒体参与，它们的媒体运作范围比较有限，能够影响的媒体基本限于本地媒体。而公共关系公司则在这些方面具有更大的优势。

（三）活动设备缺乏

在举办大型公共关系活动时，公共关系部会感到缺乏专业的活动设备，这直接影响活动的效果。但组织如果为此而购买新设备，会感到投入过大，成本过高；如果使用自有设备，则又难以派上用场。因而，开展大型公共关系活动时，公共关系部会为场地、费用而困扰。

（四）活动主旨受到干扰

在公共关系活动中，公共关系活动的主旨会被组织眼前的利益问题所干扰，公共关系活动可能成为组织其他活动的陪衬，如公共关系活动掺入产品促销、广告宣传、人情送礼等，模糊了公共关系针对公众进行沟通的主旨，影响公共关系活动的效果，令公共关系部的工作成效打折。

（五）因人情而致非客观性

作为组织内部的部门之一，公共关系部在工作中自然会受到组织一些不良文化的影响，在问题的发现与处理上，会为人情所累，难以保持客观性。比如公共关系调查及评估报告等，都可能因为顾及面子而对问题轻描淡写、隔靴搔痒，最终导致问题依然存在、错误不断重复，当危机来临时，可能晚矣。

随着越来越多组织管理的正规化，以及大量公共关系活动的开展，组织公共关系部的专业能力也会逐渐得到增强与弥补，它们与专业公共关系公司的距离将逐渐缩小。

第三节 专业公共关系机构——公共关系公司

一、公共关系公司的类型

公共关系公司是专门从事公共关系活动的经营性组织，其雏形早在1903年艾维·李创办宣传事务所时就出现了，公共关系公司历经了百年历史，其类型大致有公共关系顾问公司、专业公共关系公司、综合公共关系公司三种。

（一）公共关系顾问公司

公共关系顾问公司，又称为公共关系咨询公司或公共关系咨询事务所等。今天，大部分的公共关系公司都属于这一类型。其主要职责是：为组织提供公共关系事务方面的指导，帮助其更好地制定公共关系活动的方案，协助处理组织面临的一些公共关系危机事务等。在社会上，有些公共关系专家以公共关系顾问的身份为一些组织提供有关服务。公共关系顾问公司可以长期代理客户的公共关系业务，也可以提供短期服务，服务范围广泛，形式也比较灵活。

（二）专业公共关系公司

专业公共关系公司是指提供某一方面服务的公共关系公司，如公共关系调查公司、公共关系策划公司、公共关系实施公司、公共关系设备制作公司、公共关系评估公司、公共关系传播公司等。专业公共关系公司往往从事公共关系职能中某一方面的工作，具备较为雄厚的技术力量，能够较高质量地完成某一方面的公共关系业务。比如公共关系调查公司可以提供较为全面的社会信息；公共关系传播公司可以为客户营造较为满意的公众舆论氛围等；公共关系策划公司可以为组织策划并协助实施大型的公共关系活动，如大型庆典、重大会议等。只是目前由于行业的庞杂和社会评判标准的不一致，专业的公共关系评估公司发展较为迟缓，而普通的公共关系公司也难以提供有效的评估报告。

（三）综合公共关系公司

综合公共关系公司是指提供全面公共关系服务的公司。这种公司一般实力较为雄厚，信誉比较可靠，能够完成客户的多方面任务要求，公司规模也相对较大，公司内部分工比较细致。现在，国际综合公共关系公司发展迅猛，纷纷登陆中国，这也带动了中国的综合公共关系公司的发展。1985 年，美国博雅公共关系公司与中国新闻发展公司合办中国环球公共关系公司。之后，一些大型综合公共关系公司纷纷落户中国，如希尔诺顿公关公司、伟达国际公关顾问公司、福莱灵克公关咨询有限公司、奥美公关国际集团、安可顾问有限公司等。自 1993 年中国环球公关公司独自经营开始，一批较为优秀的本土公共关系公司涌现出来，如时空视点公关顾问有限公司、海天网联公关顾问有限公司等。但目前综合公共关系公司的发展相对集中于北京、上海、广州、重庆等大城市，相信将来综合公共关系公司必定会在中国更广大的区域快速发展。

二、公共关系公司的优势

公共关系公司与组织内部公共关系部比较，具有一定的优势。

（一）公共关系公司具有相对客观的视角

公共关系部是组织内部的公共关系机构，其成员都为本组织的员工，他们与组织领导和其他部门的员工之间关系比较密切，往往还有一些利益关系，因此他们在看问题、提建议等方面，容易“不识庐山真面目，只缘身在此山中”，带有某种“见怪不怪”、感情因素的主观色彩。而公共关系公司身处局外，眼光专业，对存在的问题敏感，没有人事纠葛，因而自然“不畏浮云遮望眼，只缘身在最高层”，可以做到“旁观者清”。相比之下，有时公共关系部的建议有隔靴搔痒之感，而公共关系公司则能一针见血。但是，从另一角度来说，由于公共关系部的特殊地位，其对内部问题的认识更加深刻，看问题更加细致，提出的建议更加慎重和具有可操作性；公共关系公司则可能对问题的根源不甚了解，提出的建议较为武断，有时缺乏可操作性。

（二）公共关系公司具有一定的经济性

就预算而言，一项公共关系活动如果由公共关系部来完成会比较省钱省事，如果由公共关系公司来进行，则花钱较多；但从最后的效益来看，公共关系部完成的活动，其效果往往不如公共关系公司的好，特别是从社会效益和长远效益来看，更是如此。从这个意义上来说，公共关系公司更具有经济性。在决定聘请公共关系公司为组织赚钱还是动用公共关系部为组织省钱上，基本原则是：一般日常公共关系工作可由公共关系部完成，而大型公共关系活动则可以公共关系公司为主、公共关系部为辅。

（三）公共关系公司更具有专业性

公共关系公司是专业的服务公司，拥有专业的公共关系从业人员，在公共关系工作经验、制作技术、操作手法或技巧，特别是媒体传播等方面，都较组织的公共关系部要突出。公共关系部的人员一部分是向社会招聘的专业人士，另一部分是从组织内部选拔的，而且公共关系部的业务较公共关系公司要少很多，公共关系操作的经验及有关设施配备也要相对薄弱，因此，公共关系公司与公共关系部相比较，前者更具专业性。

（四）公共关系公司具有媒体运作经验

公共关系公司由于长期与媒体打交道，因而对媒体运作有丰富的经验。它们能够清楚地知道用何种方式实现组织与公众的沟通，在与媒体联系、开展公共关系宣传活动时，公共关系公司更能准确把握传播的视角与形式，也能够联系到比较高端的媒体机构，便于组织在短期内实现媒体的曝光度，达到与公众相互了解的目的。而公共关系部缺乏这样的条件与经验。但是，在某些专业性强的行业中，公共关系公司对行业特性的了解程度远不如公共关系部的人员。因而，在处理某些行业的特殊情况时，公共关系公司就会弱于公共关系部，对此组织应有清醒的估量和评价。

❖观点链接

信任公共关系公司

很多公司与公共关系公司打交道往往是从缺乏信任开始的，至少在刚开始时某些管理人员是这样的，公共关系工作往往会被投以怀疑的眼光。究其原因，也许可以追溯到公共关系人员的前身——新闻宣传员。他们被人们视作恶魔与骗子，会把所有能拿的统统席卷一空。

公共关系人员是专业人员，他们依靠的是所掌握的专业知识和技能。只要他们称职，就有权利享受专业人士应该得到的尊重。这并不是说，委托人应当不假思索地相信公共关系公司所说的一切，或支付公共关系公司索要的所有费用，无论其多么不合理也不提出任何问题。相反，其真实的含义是说，与广告公司、律师及其他服务行业一样，公共关系公司提供的服务，很多都是无形的。

资料来源：［美］伦纳德·萨菲尔．强势公关．梁洨洁，段燕，译．北京：机械工业出版社，2002：180.

三、公共关系公司的职业道德

一个行业的健康发展，有赖于这个行业中的成员对职业道德的遵守，只有集体遵守职业道德规范，才可能保证这个行业的健康发展和兴旺发达。因此，公共关系公司应自觉遵守职业道德（见图 2－1），以自律原则从事公共关系工作，维护这一新兴行业的健康发展。

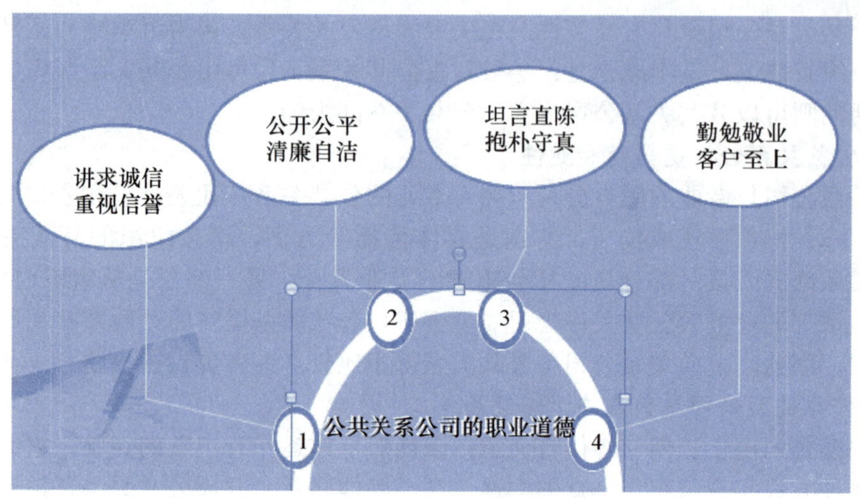

图 2－1　公共关系公司的职业道德

公共关系公司的职业道德主要包括下述几个方面。

（一）讲求诚信，重视信誉

这是公共关系行业健康发展的基本条件。诚信是市场经济条件下国家对组织的法律要求，也是企业立业的首要条件。在市场经济不够完善的环境下，公共关系公司要带头成为社会上的诚信企业。因为公共关系公司以为客户打造信誉为基本目的，如果公共关系公司不讲诚信，则与公共关系营造组织长治久安生存环境的基本宗旨大相径庭，就会失去公共关系本色。要贯彻诚信理念，就应言必行、行必果，信守承诺，将信誉视为公共关系公司生存的根本。公共关系公司应杜绝言而无信、轻诺失信等行为，自觉地将诚信、信誉视为组织生存与发展的最高原则。

（二）公开公平，清廉自洁

公共关系公司的活动是正大光明的。公共关系公司应本着公开、公平的原则开展经营活动。所谓公开，指公共关系公司不参与或不建议客户进行隐秘的、不正当的私下交易，它所进行的任何活动都应是公开的、正当的合法行为，即使是策划一些私人性的拜访活动、联谊活动，也是可以公之于众的。公共关系公司为客户策划的很多活动会借助大众传媒来扩大影响，其公开性的特点要求其必须保证行为的正当、守法，以正当行为获取公平的收益。同时，公共关系公司面对社会中某些腐败行为，不能同流合污或对不正当行为推波助澜。对公共关系公司来说，在社会上获得清白声誉十分难得，得一污浊之名却十分容易，这是公共关系公司要格外注意的。

（三）坦言直陈，抱朴守真

公共关系公司在业务活动中最常使用的一种活动手段就是以客户的名义向公众传播信息。面对公众讲什么、如何讲，公共关系公司不能以客户的利益为指挥棒，而应该以事实为核心，以对公众负责任的态度为前提，坦言或直陈事实是对公众、对社会负责任的道德要求，而绝非迫不得已或可有可无的事情。公共关系公司应以自身的道德水准影响客户，确立尊重公众、重视公众的正确观念，主动、及时、全面地将事实告知公众，如有过错，应勇于承担责任，以老老实实做人的态度处理公共关系中的纠纷或危机，这是维护客户声誉的明智之举，也是对客户负责任的做法，更是赢得公司业务及信誉的正确抉择。讲真话应是公共关系业界永久的信条。

（四）勤勉敬业，客户至上

公共关系公司对自身应有较高的自律要求，应勤勉、敬业。公共关系工作是一项十分艰苦的工作，若没有勤奋、刻苦的精神，就难以完成客户委托的重任。同时，公共关系公司要将客户的利益放于首位，为客户保守秘密，尊重客户的隐私，最大限度地满足客户的要求，让客户感受最好的服务，从而使公共关系业务顺利开展，使公共关系公司发展壮大。

❖资料链接

《公关咨询业服务规范》（指导意见）（节选）

第五十一条　公关顾问们应该严格遵守职业准则，养成良好的职业操守。特别应该注意以下10项从业原则：

——服务意识。公关顾问服务是一种专业服务，应该以客户为中心，以满足客户的专业需求为服务目标；在服务过程中，充分尊重客户，不以自己的专业技术而炫耀。

——教育引导。公共关系是一种对公众的教育和引导，应该从社会文明和社会进步的角度出发，有效、积极、正确地引导社会舆论和公众态度，不损公利己。

——公正公开。公关顾问们主要通过信息传播手段来开展工作，应该以公平、公开的态度对待客户、公众乃至竞争对手，创建良好的商业环境，促进社会进步。

——诚实信誉。公关顾问服务讲求诚信，依赖信誉，应该以诚实的态度服务客户和公众，准确、真实地传播信息；讲求商业信誉，将公众利益放在首位。

——专业独立。公关顾问服务是一种独立服务，应该充分运用专业技术和经验服务客户和公众，提供客观、独立的建议和服务。

——保守秘密。保守秘密是专业服务的一个普遍原则，也是本职业的立足之本，既不能泄露客户的任何秘密，也不能利用这些秘密为自己或其他客户谋求利益。

——竞争意识。专业技术需要得到不断提升，行业发展需要优胜劣汰，应该尊重平等的竞争，避免因竞争而损害竞争对手的行为发生。

——利益冲突。专业服务中不可避免会出现各种利益冲突，应该避免现在、潜在的利益冲突，个人利益服从客户利益，客户利益服从公众利益，建立广泛、持久的信任。

——社会效益。公关顾问服务除了创造经营利益外，应该考虑广泛的社会效益。在专业服务过程中，还应该考虑动用其专业所长促进社会文明和社会进步。

——行业繁荣。没有行业的繁荣，也就没有个体的利益，应该积极传播公共关系知识，不断提升专业技术，维护行业地位，促进行业繁荣。

注：该规范由中国国际公共关系协会于2004年在中国国际公共关系大会上发布，自2004年7月1日起正式生效。

第四节　公共关系活动的操作者——公共关系从业人员

一、公共关系从业人员的工作内容

公共关系从业人员是公共关系活动的具体操作者，他们可能工作在公共关系公司或组织的公共关系部，也可能工作在组织的其他部门，但都从事着公共关系的一些具体工作。公共关系从业人员的工作领域比较广泛，因此，其工作的内容也比较多。

（一）开展调查

对内部或外部的目标公众予以定期或不定期的调查和舆情监控，及时了解与组织相关的重要情报，监测组织所处环境的变化，将之及时收集、整理，形成报告，提交组织决策时参考。这是公共关系人员的基础性工作，这一工作对组织的未来十分重要。

（二）撰写新闻

公共关系人员应具有敏锐的新闻意识，随时注意撰写具有新闻价值的稿件，及时将组织的发展情况传播给公众，引起公众对组织的关注与了解，有效地实现组织与公众的相互沟通，努力实现组织的公共关系目标。

（三）编辑资料

将组织的重要信息进行有序整理，编辑成便于公众或组织了解情况的刊物、报纸、活页宣传单、广播稿、电视专题片、网页等，传递给内部与外部公众，使之经常关注组织的各方面发展情况，从而实现组织与公众的良好沟通。

（四）策划活动

策划活动是公共关系从业人员的重要工作。公共关系人员在调查的基础上，开动智力，策划有创意的、能够有效传递组织信息的公共关系活动，争取引起公众的注意，加深公众对组织的了解，实现组织的公共关系目标。策划时要精心设计活动主题，细致、周密地安排活动次序，使公共关系活动顺利完成。

（五）协调关系

公共关系人员的工作内容之一是协调内外关系。首先要协调各部门、各层次、各环节的不协调因素，及时理顺组织工作进程，调整工作心态，使各部门工作顺利、大部分人工作顺心，努力将组织的所有积极因素调动起来，提高整个组织的工作效率。同时，公共关系人员还要承担外部公众对组织的投诉与咨询工作。对组织的产品质量、服务承诺、法律纠纷等，要以真诚的态度做好解释与理赔工作，虚心倾听对方意见，将公众至上的理念落到实处。

（六）安排交往

一个组织，平时会有大量社会交往工作，主要包括组织领导人的出访、重要客户的接待、外来参观者的观摩、新闻媒体的接待等。对此，公共关系人员既要进行有序的安排，又要有恰当的礼仪服务。公共关系人员要在工作安排上做到高效率，在自身素质方面做到高标准，通过自身的高质量工作，向来访者展示组织最佳形象。

（七）传递信息

沟通信息是公共关系人员的重要工作。在组织内部，公共关系人员要及时将内部公众的情况通过调查整理传递至组织的决策层，并提出初步的看法；同时，要将上级的各种信息（如文件、会议、组织运行情况、对外交往等）传递至组织的基层，让组织上下信息通畅、工作透明、决策民主、同心同德，增强组织凝聚力。在组织外部，要以高度负责的精神，与重要的目标公众进行信息沟通，让他们及时知晓组织的各种情况，形成对组织有利的良性氛围。

（八）教育培训

公共关系人员要在平时主动选取一些重要的课题，对内部公众（必要时也可以针对外部公众）进行宣讲、授课，将公共关系理念、公共关系礼仪、人际沟通技巧、组织品牌维护等教育培训工作长期不懈地抓下去，使组织的全体员工都成为训练有素的公共关系人员，从根本上增强组织的软实力，使组织拥有永久的可持续发展能力。

二、公共关系从业人员的素质要求

组织的公共关系工作策划、实施得成功与否，起决定作用的根本因素是公共关系从业人员的素质。一支训练有素、作风过硬的公共关系队伍，是一个组织公共关系活动成功的保证。

公共关系从业人员需要具备哪些素质？一是道德。这是基本要求。二是心理素质。心理素质是公共关系从业人员的内在能力，拥有良好的心理素质，才可能将组织的各方面信息有效地传递给目标公众。三是礼仪。讲礼仪是公共关系从业人员内在修养的集中体现。公共关系从业人员如果没有礼貌，公共关系工作的效果就会很差。四是能力。如果公共关系从业人员的能力不足，就不能完成组织的公共关系工作。五是知识。知识是公共关系从业人员开展工作的前提条件。如此，公共关系从业人员的素质可以按图 2－2 所示的次序来排列。

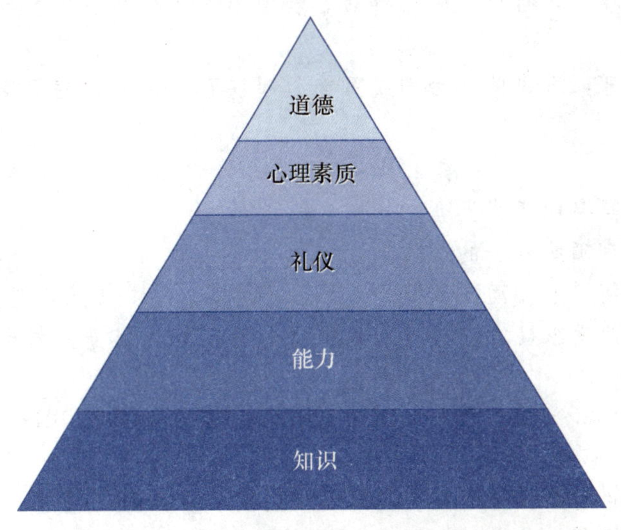

图 2－2 公共关系从业人员的素质

（一）道德

在公共关系从业人员的各种素质中，第一重要的是道德素养。只有严守职业道德，公共关系从业人员才有可能负责任地完成组织或客户交给的任务，实现最终的公共关系目标。

随着公共关系从业人员队伍的壮大，有关机构制定了针对公共关系从业人员的职业道德。1965 年 5 月，国际公共关系协会在希腊雅典通过了《国际公共关系道德准则》，又称《雅典准则》。

❖资料链接

《雅典准则》（节选）

应该努力做到：

（1）为建设应有的道德、文化条件，保证人类可以享受《联合国人权宣言》所规定的诸种不可剥夺的权利作贡献。

（2）建立各种传播网络与渠道，以促进基本信息自由流通，使社会的每一个成员都有被告知感，从而产生归属感、责任感、与社会合一感。

（3）牢记由于职业与公众的密切关系，个人的行为——即使是私人方面的——也会对事业的声誉产生影响。

（4）在自己的职业活动中尊重《联合国人权宣言》的道德原则与规定。

（5）尊重并维护人类的尊严，确认各人均有自己作判断的权利。

（6）促使为真正进行思想交流所必需的道德、心理、智能条件的形成，确认参与的各方都有申诉情况与表达意见的权利。

应该保证做到：

（1）在任何时候任何场合，自己的行为都应赢得有关方面的信赖。

（2）在任何场合，自己均应在行动中表现出对他所服务的机构和公众双方的正当权益的尊重。

（3）忠于职守，避免使用含糊或可能引起误解的语言，对目前及以往的客户或雇主都忠诚如一。

应该避免：

（1）因某种需要而违背真理。

（2）传播没有确凿依据的信息。

（3）参与任何冒险行动或承揽不道德、不忠实、有损于人类尊严与诚实的业务。

（4）使用任何操纵性方法与技术来引发对方无法以其意志控制因而也无法对之负责的潜意识动机。

资料来源：熊源伟．公共关系学．合肥：安徽人民出版社，1990：104-105.

1991 年 5 月，全国省市公共关系组织第四次联席会议正式通过了《中国公共关系职业道德准则》。这一准则的制定与推行对我国公共关系从业人员行为的规范与职业队伍的建设，具有深远的影响。

❖资料链接

《中国公共关系职业道德准则》（节选）

(1) 公共关系工作者应当坚持社会主义方向，自觉地遵守我国的宪法、法律和社会道德规范。

(2) 公共关系工作者在开展公共关系活动时，首先要注重社会效益，努力维护公关职业的整体形象。

(3) 公共关系工作者在工作活动中，应当力求真实、准确、公正和对公众负责。

(4) 公共关系工作者应当努力提高自己的政治水平、文化修养和公关的专业技能。

(5) 公共关系工作者应当将公关理论联系中国的实际，以严肃认真、诚实的态度来从事公共关系学教育。

(6) 公共关系工作者应当注意传播信息的真实性和准确性，防止和避免使人误解的信息。

(7) 公共关系工作者不能有意损害其他公关工作者的信誉和公关实务。对不道德、不守法的公关组织及个人予以制止并通过有关组织采取相应的措施。

(8) 公共关系工作者不得借用公关名义从事任何有损公关信誉的活动。

(9) 公共关系工作者应当对公关事业具有高度的责任感。不得利用贿赂或其他不正当手段影响传播媒介人员真实、客观的报道。

(10) 公共关系工作者在国内外公共关系实务中应该严守国家和各自组织的有关机密。

资料来源：熊源伟．公共关系学（修订版）．合肥：安徽人民出版社，1997：110-111.

1999 年，我国劳动和社会保障部颁文将公关员作为正式工种，提出了上岗资格要求，其中对公关员的职业道德规范作出了明确的规定，并实行一票否决制，即职业道德考试如不及格，则不予颁发公关员合格证书。由此可见，不论是国际还是国内，对公共关系从业人员的职业道德都十分重视，并有较高的要求。

公共关系从业人员的职业道德可简要概括为如下几个方面。

1. 重承诺，讲信誉

在现代社会，公众非常重视组织的工作人员所做的承诺。公共关系从业人员从事的是为组织缔造信誉的工作，因此在公共关系工作中既应该谨慎许诺，又应该遵守承诺。一旦许诺，则言必行，行必果，一诺千金，将维护组织或公司（指公共关系公司）的信誉放在重要的位置上。只有这样，才可能取信于客户、取信于公众、取信于社会。

2. 说真话，不欺瞒

“说真话”，这是“公共关系之父”艾维·李的信条，也是每个公共关系从业人员的从业信条。公共关系从业人员是组织信息的传播者，是大众传播媒介信息素材的提供者，是公众眼中组织的代言人。公共关系从业人员必须以对社会、对公众负责任的态度，说真话，讲事实，绝不提供虚假新闻，不有意误导公众，不欺瞒公众，要努力为组织营造一个诚信负责的社会形象而尽责。

3. 尊公众，不作假

重视公众，尊重公众，这是现代公共关系的鲜明标志。公共关系从业人员应将公众放在首要位置上，确立坚定的信心，忠实于公众，忠实于社会，绝不能营造虚假事实，引诱公众形成错误印象。实际上，尊重公众，就是尊重公共关系从业人员个人；重视公众，也就是重视组织的发展前途。公众至上是公共关系从业人员在从业过程中必须时刻铭记的又一道德守则。

4. 唯敬业，不违法

公共关系工作是一项复杂、艰苦的工作。要完成公共关系工作，公共关系从业人员须尽职尽责、勤勤恳恳，以最优质量，奉献最佳工作业绩。同时，公共关系从业人员在完成本职工作时，应遵守国家法律法规，不做法律不允许的任何事情，廉正清明，光明磊落，不与他人进行私下交易，严守客户秘密，维护公共关系行业的纯洁性。

总之，唯有健康，才可强大；只有守德，才能胜人。

❖观点链接

公共关系中的道德

道德应该或者至少是公共关系与其他职业的一大区别。鉴于有关公共关系实务的误解有很多，当务之急是从业人员应执行最高的个人的或职业的道德标准。组织内公共关系的执行者必须是公司道德倡议的标准担当者。同样，公关顾问必须永远建议其客户遵循道德的要求——朝着精确、真诚、永不撒谎和永不掩盖事实努力。

公共关系部门应该是遵守公司道德的地方。

资料来源：［美］弗雷泽·P. 西泰尔. 公共关系实务：第13版. 潘艳丽，等译. 北京：清华大学出版社，2017：126.

（二）心理素质

心理素质是仅次于职业道德的重要因素。一位优秀的运动员，如果心理素质不佳，就会在国际大赛中一败涂地；一个公共关系人员，如果心理素质不好，也就不能高质量地完成公共关系工作。公共关系人员只有具备良好的心理素质，才能及时感知周边环境的变化，沉着、准确地将组织的信息传递给公众，才能从容处理可能遭遇的重大危机（见图2-3）。

心理素质的培养从以下几方面入手。

1. 见微知著，随机应变

由于公共关系人员承担着监测组织环境变化的重任，因此应该有见微知著的细心和敏感，及时察觉环境的新动向，并在维护环境的过程中随机应变，善于随时调整既定计划，以坚持不懈的公共关系工作去培育、营造适合组织发展的社会环境。反之，一个粗心大意的公共关系人员就难以发现环境的变化，更谈不上随机应变，组织环境的维护和建设也就无从谈起。可以说，公共关系人员的善于应变，是建立在对环境的敏感基础之上的。正所谓“世上无难事，只怕有心人”。

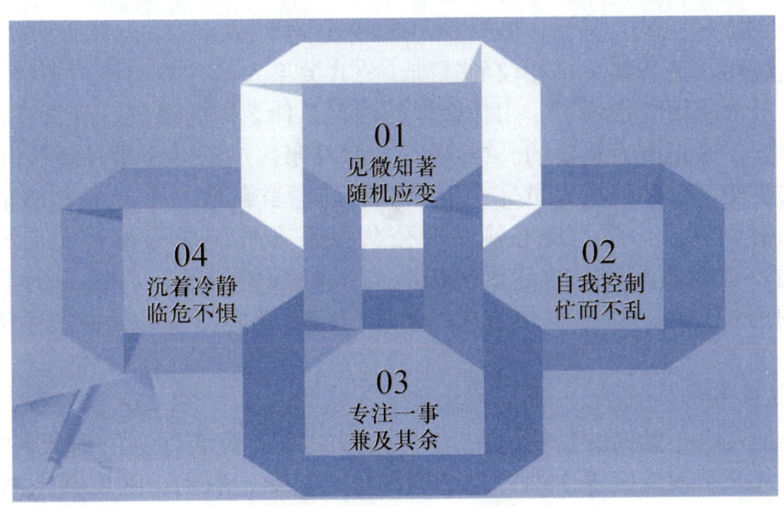

图 2-3　公共关系人员心理素质要求

2. 自我控制，忙而不乱

公共关系人员在工作时，往往同时面临多种事项，有时千头万绪，一时无从下手。对此，公共关系人员应有良好的自我控制能力，始终怀着积极的心态去应对工作，尽力将工作安排得井井有条、忙而不乱。在工作中应自始至终亲切、和善，不把自己遇到的不愉快带给他人，带动整个团队以良好的心态高质量地完成工作，营造公共关系部或公共关系公司紧张、团结、高效的工作氛围。

3. 专注一事，兼及其余

人在做事时，最怕三心二意、心猿意马。公共关系人员在工作中，尤其是在开展重大活动时，更要求具备专心致志的心理素质。由于公共关系人员经常参与策划并实施一些大型的公共关系活动，在大型活动中，事务繁多、人员复杂，对人的心理素质要求极高。因此，公共关系人员既要做到专注一事，又要能够兼及其余。也就是说，在将自己的工作做好、不受其他人或事干扰的同时，又能配合、衔接其他部门或人员的工作，以利于组织整体工作的顺利完成。

4. 沉着冷静，临危不惧

在组织的社会环境营造过程中，可能会遇到一些意外事件。这些事件可能就是组织要面对的危机。危机往往来得快、危害大、矫正难。对此，公共关系人员应具备临危不惧、沉着应付的心理素质：面对危机，沉着冷静，从容应对，及时沟通，不惊慌失措。公共关系人员面对重大危机时的心理素质既需要经验的积累，更需要自我培养与训练。公共关系人员应该做到在危机中积极为组织寻求生机，以良好的心理素质主动与大众传媒及目标公众进行沟通，在及时传播组织信息的时候，善于倾听公众的声音，为组织参谋策划、化解险情。

（三）礼仪

礼仪是一个人的外在表现，但却是内在修养的自然流露。公共关系人员如果没有基本的礼仪修养，纵使有满腹经纶，亦无用武之地。对公共关系人员的礼仪要求主要包括以下几个方面。

1. 语言礼仪

语言的礼貌性，是公共关系礼仪的基础。公共关系人员在与上级或下级、外部的各类公众交流时，最常使用的是语言。用什么样的语言、什么样的语气、什么样的表达方式将信息传递给对方，这是极为重要的。“冷言一句六月寒，热语一言腊月暖”，由此可见礼貌语言运用的重要性。公共关系人员完全能靠礼貌的语言营造一个春风和煦的小氛围，让与你沟通的人感到春风化雨、身心愉快。公共关系人员应成为语言交流大师，善于交谈、善于沟通，以看似不经意的话语捅破人与人心理的隔膜，将组织的信息传送给公众。不礼貌的语言只会封堵组织与公众的沟通道路，继之而来的公共关系活动也就不可能顺利进行。

2. 面部礼仪

面部表情是人内心世界的反映。在运用礼貌语言时，配合适当的面部表情，会收到更好的效果。公共关系人员应善于训练自己的眼睛、脸颊、眉毛、嘴巴甚至额头、鼻子等，将最热情、亲切的表情传递给目标公众，让公众见到这样一张脸就如同春风拂面，感到舒心愉快。俗语“人无笑脸莫开店”恰恰说明了面部礼仪的重要性，恰当的面部表情是公共关系人员最基本的待人要求。

3. 身体礼仪

礼貌的表现是一个全面的整体，面部表情的礼仪同时要求身体礼仪的配合。如果言恭行倨或情恭而体倨，则会令对方感到不能接受。公共关系人员的礼貌应是内外一致、表里如一的。因此，在展示礼仪时，身体的各个方面都必须到位。在与公众沟通时，应该体现出公共关系人员仪态大方的待客之道，不能让人有生硬、傲慢或局促不安的感觉。在身体的倾斜度、肢体语言、动作等方面都要体现出谦和的姿态。在迎来送往的一些具体细节上，应周到地反映公共关系人员的尊敬之情，令被接待方感受到接待方的真诚。公共关系人员在礼仪的培养上要注意身体礼仪与礼貌语言、面部礼仪的一致性。

4. 服饰礼仪

公共关系人员的服饰看似是一个外在的形式，但却体现了内心对他人的尊重。公共关系人员在服饰上应符合基本的礼仪要求，让公众感到受尊重、受重视。服饰包含两个方面：一方面是服装，要求不同场合穿不同的服装，穿着恰当、得体，忌讳不分场合、不合时宜、穿衣不讲究；另一方面是服装与饰物的搭配协调，兼顾民族性，使服饰不仅为组织传递友好、亲切的信号，而且能够使公共关系人员以良好的精神面貌去迎接公众。

（四）能力

公共关系人员应具备的能力与公共关系的职能密切相关，具体包括以下几个方面。

1. 调查能力

调查是公共关系人员的基本工作内容，因而每一个公共关系人员都应具备较强的调查能力。良好的调查能力包括敏锐的观察力、洞察力、判断力。公共关系人员既要能从日常小事中发现变化的端倪，也要有事必躬亲的作风，能够及时深入现场，选择恰当的调查方法与调查对象，将调查结果整理出来，形成调查报告，提出解决问题的建议，发挥参谋决策的作用。

2. 沟通能力

公共关系人员应具备较强的与人沟通的能力，沟通能力在现代社会几乎成为基本的生存能力。沟通能力包括语言表达能力和人际交往能力。语言表达能力并不是要求公共关系人员有巧舌如簧的辩才，将活的说死、死的说活，而是指要善于表达，能够恰当地实现传情达意的目的，给人留下较深印象。人际交往不是简单的语言运用，而是多种身体信号的综合体现。

3. 写作与编辑能力

这是公共关系工作要求具备的基本能力。公共关系人员在开展工作时，离不开传播手段。组织要求公共关系人员能够及时地设计问卷、撰写调查报告、捕捉新闻线索、投递新闻稿件、编辑出版物、制作其他宣传资料、撰写公共关系策划方案与评估报告等，以有效地实现组织与目标公众的沟通。因此，公共关系人员必须练就好的文笔，具有敏锐的新闻意识，及时捕捉新闻线索，从多角度、多渠道向公众传递信息。

4. 谋划能力

策划各种公共关系活动是公共关系人员的重要工作。公共关系人员必须拥有极具创意的思维能力，善于选择恰当的突破点，努力策划吸引媒体、吸引公众、展示组织良好声誉的公共关系活动，实现营造组织生存与发展环境的目的。公共关系人员要注意训练自身思想活跃、想象丰富、不拘一格、独辟蹊径的创意能力，在策划公共关系活动时，能够最大限度地调动公众的参与度或激发公众关注组织表现的积极性，使组织的公共关系活动取得最佳的社会效益与经济效益。

5. 组织能力

开展公共关系活动，需要公共关系人员具备良好的组织能力。好的策划方案，只有通过严密的组织工作才能实现。公共关系人员在组织公共关系活动时，既要进行周密计划，选择合适的时间，保证公共关系活动效益的最大化，又要为意外的可能性准备必要的预案，预防百密一疏导致功亏一篑。因而，公共关系人员需要在组织公共关系活动的实践中逐步积累经验。组织能力是公共关系人员必须具备的能力。

6. 管理能力

管理能力是指公共关系人员在公共关系活动中对人、财、物进行管理的能力。公共关系工作的庞杂性和复杂性要求公共关系人员对参与公共关系活动的有关人员进行培训和有效组织，并能够对公共关系活动经费进行详细预算，合理支配，恰当使用。此外，在公共关系活动中，公共关系人员要善于安排人员对所使用的物资与设备进行必要的养护和运载，这是保证公共关系活动成功的必备条件。因此，公共关系人员自然又是公共关系活动中的管理人员，必须具备良好的管理能力。

7. 协调能力

协调能力是公共关系工作中一项重要的能力要求。从表面上看，协调能力是语言表达能力的另一种表现形式。实际上，协调能力是一种很出色的统筹能力，它既要求考虑多方面的利益和特殊情况，又需要具有倾听他人意见、充分理解他人立场的良好素质，更必须具备说服他人、听从统一调度的强制力量。有时协调能力也是对公共关系人员道德水准的潜在考验。很多情况下，做出必要的让步，在国家利益、组织利益、部门利益、消费者或合作伙伴等的利益中协调，会出现难以平衡的矛盾。因此，协调能力是对于公共关系人员的较高素质要求。

8. 应变与反省能力

面对日益复杂与深度关联的社会局面，公共关系人员必须时刻关注环境的变化，具有及时应变的能力，始终站在时代发展的前沿，否则就可能落伍。公共关系人员如同一个组织挺进市场（战场）的侦察兵，必须具有快速的自我反省能力，发现问题及时应变，迅速调整工作节奏，反省自身沟通过程中的不足，进行市场所需要的全面的自我改变。因此，应变与反省能力是保证公共关系人员始终成为组织最得力人才的必备能力。

（五）知识

知识是公共关系人员素质中最基础的部分。公共关系人员在知识结构上，至少应该具备经济学、管理学、新闻传播学、社会学、心理学这五大学科的知识。

1. 经济学

经济学是研究社会有限资源有效配置的科学，公共关系人员学习与研究经济学，可以冷静分析判断大量社会经济行为，对国家经济政策、组织与公众的经济行为进行基本的实证分析与规范分析，为确定社会经济变化的态势及组织应对的基本思路奠定理论基础。

2. 管理学

管理学是研究组织的计划、组织、控制、决策等的科学理论和经验总结，也是研究管理活动一般规律的科学。管理学对公共关系工作有着重要的指导作用。一般认为，公共关系本身就是在组织中发挥的一种管理职能，因此，公共关系人员对管理学的学习，会极大促进公共关系在组织中管理职能的发挥。

3. 新闻传播学

新闻传播学包括新闻学与传播学。新闻学是研究职业人员利用社会信息通过传播媒体影响公众的科学，而传播学是研究人类传播行为发生、发展规律的科学。公共关系人员对新闻传播学进行研究，对于开展公共关系活动具有极大的指导作用，能够使公共关系人员在新闻手段运用、媒介关系处理、传播管理等方面有明确的思路，有力地促进公共关系活动影响力的扩散。

4. 社会学

社会学是研究社会现象及其存在的问题的科学，既包括社会结构、功能变迁、社会规律等宏观问题，又包括人口、家庭、犯罪等相对微观问题。公共关系人员对社会学的了解，可以有效指导其对目标公众的理解，从中寻求规律性，更具针对性地对公众开展公共关系活动。

5. 心理学

心理学是研究人的心理及行为的科学。它对人的感觉、知觉、意识、学习、记忆及思考等原理予以阐述。公共关系人员对心理学的学习，可以帮助其对公共关系对象——目标公众进行准确的分析和判断，有效地协调各方面的关系，维护组织内外良好的工作氛围，使公共关系工作发挥更大的效益。

作为一个合格的公共关系从业人员，还应该具有较为宽泛的其他基础知识，包括市场营销学、广告学、谈判学、国际贸易学、会计学、消费学以及经济法等相关知识。公共关系从业人员应有深厚的中国文化积淀，对社会民生有深入的了解，并对不同民族的文化有开放的包容心态。总之，公共关系从业人员应该掌握广泛的知识，具有较高的文化修养，了解社会风俗，拥有丰富的社会阅历，以负责任的态度对待工作、对待公众、对待社会。

❖观点链接

当人们考察市场营销管理的相关文献，特别是大学层次的教科书时，就会再次发现试图把公共关系归为市场营销名下一种辅助性技术角色的做法。这些市场营销教科书最为让人吃惊的一点是，缺乏对于公共关系相关文献的理解和考察。与试图了解公共关系的研究成果和最新的理论进展不同的是，许多教科书的作者似乎可以根据自己的爱好，天马行空地对公共关系作出解释。毫无疑问，最终的后果是公共关系活动通常被认为是产品宣传或销售推广的附庸，并被冠以市场营销职能下的角色。

一个组织必须监测其所处的社会环境，以判断环境中存在的威胁或机遇。威胁或机遇呈现在社会互动和社会关系中，机遇要求社会合作与协商，而威胁则反映出存在的冲突（混乱、分歧、矛盾）并缺乏协调。因此，社会环境对于公共关系比对市场营销意味着更多的东西。构成市场的人群只关注产品的特点和可获得性，而公众则会关注一个组织总体行为的一个或多个方面。所以，市场营销关注的是消费者，而公共关系则需要关注员工、股东、政府官员、社区成员等。在由消费者组成的组织环境中，市场营销和公共关系最具有互补性。市场营销集中于传递一个现实或潜在的产品及服务信息，而当出现不安全及不能让人们满意的产品，或产品及服务的提供过程出现了问题的时候——这会使人们组织起来形成公众，而非市场（比如消费者维权），公共关系就派上用场了。

资料来源：［美］詹姆斯·E. 格鲁尼格，等. 卓越公共关系与传播管理. 卫五名，等译. 北京：北京大学出版社，2008：292、301.

拓展知识

公共关系工作与市场营销工作的比较

本章小结

公共关系的职能是监测环境、建设环境、拓展环境、维护环境和培育环境，这就要求开展公共关系活动的操作者：公共关系主体——组织（公共关系部）和它们的代理机构公共关系公司以及从业人员必须围绕组织的社会环境建设而工作。对公共关系从业人员来说，应具备良好的综合素质，在职业道德、心理素质、礼仪、能力和知识等方面有比较全面的发展，能够真正履行公共关系职责，高质量地完成公共关系任务。

职业实训

1. 案例剖析

为自己的愚蠢埋单　荷兰“撒谎”外交大臣辞职

荷兰外交大臣哈尔伯·泽尔斯特拉于2018年2月13日辞职。一天前，他承认在涉及俄罗斯总统普京的言论中撒谎。

两年前，泽尔斯特拉在一场竞选演讲中宣称，他2006年供职于壳牌石油公司，曾在一场活动中亲耳听见普京大谈“大俄罗斯”设想：“他（普京）说那包括俄罗斯、白俄罗斯、乌克兰、波罗的海国家，如果有哈萨克斯坦更好。”

他12日承认，当年他“人不在场”，但辩称“有人”听到普京那样说，他宣称自己听见是为了“保护消息来源”。自责这种做法“不明智”，泽尔斯特拉道歉，但荷兰政界不买账。

荷兰议会二院，即众议院原定13日辩论泽尔斯特拉可否留任。辩论尚未开始，泽尔斯特拉宣布辞职，承认“犯下政治生涯中最大错误”。

“在我们生活的国家，真相很重要。这是我除了辞职别无选择的原因，”他说，“（这件事）关乎外长的可信度，（这种可信度）必须在国内外都毋庸置疑。”

至此，泽尔斯特拉出任外交大臣不足四个月。由于缺乏外交经验，他的人事任命一度引发争议。

资料来源：郑昊宇. 为自己的愚蠢埋单　荷兰“撒谎”外交大臣辞职.（2018-02-15）[2020-03-09]. https://3g.china.com/act/news/10000166/20180215/32095811.html.

（1）阅读案例，从公共关系角度分析荷兰外交大臣辞职的意义。

（2）讨论：一名身在职场的工作人员，应具备的基本素质有哪些？

2. 职场模拟

请与小组同学共同完成公共关系礼仪训练，并思考以下问题：

（1）如何与人礼貌交谈？

（2）怎样展示最得体的面部礼仪？

（3）在与人交谈时，怎样的身体姿态是最礼貌的？

3. 能力训练

（1）请到企业了解一下，企业到底需要什么样的公共关系从业人员。

（2）参观一家企业的公共关系部或一家公共关系公司，或请一位公共关系专家做一场专业报告。

第二章在线练习

第三章 公共关系手段——传播及媒介

本章学习目标

本章思维导图

通过本章的学习，你应该能够：

1. 了解公共关系活动开展的手段。
2. 把握公共关系传播中传播媒介的使用。
3. 明确传播媒介的有效利用对实现公共关系目标的意义。

课前思考题

1. 公共关系沟通与一般的沟通有什么区别？
2. 如何恰当利用非正式的人际传播？
3. 怎样发挥大众传播媒介的作用？
4. 公共关系沟通的附带要素有哪些作用？

导入案例

“北京·绍兴周”宣传活动

2019 年 11 月 4 日—7 日，绍兴这座千年古城将在千里之外的北京，开启一场精彩纷呈的文化之旅，用文化讲述属于绍兴的故事。短短一周的时间里，绍兴文旅融合的硕果将在北京惊喜亮相，一场又一场的活动，将绍兴文化的底蕴和活力铺陈开来，推动绍兴与北京在文化、旅游、人才等方面展开深度交流，推动两地之间的合作向着更广、更深领域迈进。

泼墨成画，枕河而居，舟楫而往，竹窗听雨。有着两千多年历史的绍兴，风景秀美，文脉绵延，是一座文化胜地、旅游胜地和文旅共融之城，也是全国热门旅游城市之一。

绍兴地处长江三角洲南翼，浙江省中北部，是首批二十四个中国历史文化名城之一，近年来相继获得“全国文明城市”“联合国人居奖”等称号。绍兴历史悠久、文化底蕴深厚，越王勾践“卧薪尝胆”造就的越文化、“天下黄酒源绍兴”传承的酒文化、越剧绍剧为主体的戏曲文化、兰亭曲水流觞为源头的书法文化、“知行合一”的阳明文化等，都已成为中华文明的璀璨明珠。绍兴古城被誉为“没有围墙的博物馆”，舜禹遗迹、越国古址、秦汉碑刻、唐宋摩崖、明清故居展现着历史的光辉，鲁迅故里、书圣故里、阳明故里、大禹陵、兰亭、古桥群、古纤道、古运河等文物古迹随处可见。目前，全市共拥有曹娥庙、斯氏古民居建筑群、马寅初故居、大佛寺等全国重点文物保护单位30余处，拥有国家级非物质文化遗产保护项目21个，“绍兴会稽山古香榧群”为全球重要农业文化遗产保护单位，浙东运河绍兴段被列入世界文化遗产。

绍兴山清水秀，是典型的江南水乡，境内河道密布、湖泊众多，拥有曹娥江、浦阳江、浙东运河和千亩以上湖泊14个。绍兴因水而有桥，也是著名的“万桥之乡”，全市桥梁总数超过1万座，其中古桥600多座。“山阴道上行，如在镜中游”，历史上李白、杜甫、白居易、孟浩然等400多位著名诗人都留下了赞美稽山鉴水的绚丽诗篇，形成了浙东“唐诗之路”精华段。目前全市拥有国家级和省级风景名胜区9个，拥有国家级森林公园4个，是全国首批优秀旅游城市之一。近年来，绍兴大力发展文化旅游、全域旅游，着力打响“老绍兴、醉江南”城市旅游品牌，重点做好“水乡风情”“江南古城”“休闲度假”文章，相继新建了镜湖旅游综合体、东方山水欢乐岛、兜率天景区、杭州湾海上花田、白塔湖国家湿地公园等一批重大旅游项目，为绍兴山水风光增添了更多亮色。

“北京·绍兴周”活动主题为“颂咏时代创赢未来”，旨在用更加开放的姿态、更加开阔的视野与北京深入开展资源对接、人才培育、文化交流，全面展现绍兴城市气质、发展特质、文化品质，打造更具活力、更高质量、更有高度的绍兴新未来。

【“文献名邦书香绍兴”——越地历史文脉展开幕式】

“文献名邦书香绍兴”——越地历史文脉展将以国家图书馆馆藏绍兴内容的珍贵古籍为支撑，展示中国历史文化名城相关内容。开幕式上，将举行鲁迅铜像赠送揭幕仪式，以及《宛委琅嬛——越地文献精粹》一书首发式，推动优秀传统文化创造性转化、创新性发展，推进重塑绍兴城市文化体系建设。

时间：11月4日（星期一）上午

地点：国家图书馆（国家典籍博物馆）

【“北京·绍兴周”活动开幕式】

“北京·绍兴周”活动开幕式将向在京乡贤介绍绍兴发展情况，展示绍兴特色文化。开幕式上，将邀请嘉宾观看绍兴城市形象宣传片，展示城市风貌；发布绍兴市重大发展规划和战略性新兴产业招引，并推介绍兴文化旅游资源，让更多人了解绍兴、走进绍兴。开幕式后，还将进行绍兴黄酒60周年庆典暨品鉴活动，举行绍兴黄酒开坛仪式，酒道表演、戏曲表演等。

时间：11月4日（星期一）下午

地点：北京国家会议中心

【绍兴在京青年发展论坛】

绍兴在京青年发展论坛上将举行绍兴市在京青年联谊会筹备委员会成立仪式，与北京高校签署合作共建备忘录，绍兴籍优秀青年事迹分享，举行主旨论坛。论坛将邀请中国科协和北京、绍兴两地知名教授、专家，以及企业家代表、在京绍兴籍优秀青年代表、在京绍兴籍大学生代表等参加。

时间：11月5日（星期二）上午

地点：北京国家会议中心

【绍兴科创大走廊项目推进会】

绍兴科创大走廊项目推进会将对绍兴科创大走廊、科技新政进行重点推介，并开展创新平台项目签约、校企合作项目签约。此外，推进会上还将邀请在京高校院士专家（智库专家教授、创新团队代表）围绕绍兴科创大走廊建设、加快推进创新驱动发展等内容作主旨演讲。

时间：11月5日（星期二）上午

地点：北京国家会议中心

【高端人才科技智力项目对接会】

高端人才科技智力项目对接会特别针对高端人才进行招才引智政策推介、创业创新服务平台推介，并进行绍兴人才合作项目签约、重点企事业单位人才需求发布等。绍兴市规模较大或知名度较高的40家企事业单位，以及北京绍兴两地技能型人才、创业创新型人才代表将齐聚一堂，推动两地人才交流。

时间：11月5日（星期二）上午

地点：北京国家会议中心

【北京绍兴企业商会年会】

北京绍兴企业商会年会将邀请在京的绍兴籍企业家，叙乡情、谋发展，在京越商企业代表将在年会上分享交流经验。年会上还将进行绍兴传统戏曲表演。

时间：11月5日（星期二）上午

地点：北京国家会议中心

【时代·相逢——“北大精神”与故乡绍兴活动】

时代·相逢——“北大精神”与故乡绍兴活动以致敬老校长、弘扬北大精神为出发点，重温以蔡元培先生为代表的绍兴籍北大校长的教诲。活动将展示、交流故乡绍兴在蔡元培研究方面取得的重要成果，促进并持续开展北大师生与老校长故里在人才培育、资源协同、文化传播等方面的深度合作。

时间：11月5日（星期二）下午

地点：北京大学

【绍兴文化旅游暨文创大走廊推介会】

本次活动将开展“文创大走廊”推介、绍兴文化旅游“七十二时辰”发布、绍兴地方戏曲表演等活动，设立“绍兴市文化旅游北京推广中心”，与北京市旅游商会签订两地《文化旅游战略合作协议》。

时间：11月5日（星期二）下午

地点：北京国家会议中心

【“城市与人”图片展】

“城市与人”图片展以共和国历史上的绍兴人和绍兴城市的历史延续和发展为主题，通过图文形式展示绍兴的“历史十人文”和未来城市发展的宏伟蓝图。

时间：11月4日起

地点：北京国家会议中心

【戏曲展演】

绍兴戏曲传统绵长、种类丰富多样，有绍剧、越剧、莲花落……剧作高超、名角辈出。这一次绍兴戏曲进京，将重点在各大高校献演。此外，“北京·绍兴周”期间，北京的部分街道社区也将有绍兴戏曲表演。

时间：11月4日起

地点：北京相关高校、重点街道社区

资料来源：“北京·绍兴周”开幕在即　用文化讲述千年的故事．光明日报，2019-11-03.

通过这个案例可以看出，在组织的公共关系活动中，传播工作是一件非常重要的事情，对组织未来发展会产生深远的影响。那么，组织的传播工作是怎么回事呢？

第一节　公共关系传播理论

一、传播与公共关系传播

（一）传播

1. 传播的定义

传播是人类古老的活动，人类文明依赖传播而延续、创新。在没有成型文字的远古时期，在部族衰落之时，文化的传播通过口述与图画仍然得以继续。传播的内容为各种各样的信息。不论怎样，传播需借助于一定的载体，如声音、语言、肢体、文字、图画或符号以及现代社会的大众传播媒介等，传播的结果是使信息有效地得以扩散和保存。因此，传播是指人们通过一定载体将信息分享，使之扩散或保存的一种精神文化活动。

2. 传播的特点

（1）共享性。传播活动的过程，就是将信息分享的过程。传播不等同于传递，传递是将某物送出去，而传播则是实现共同拥有。

（2）信息性。传播一般具有一定的、明确的内容，即信息。信息可以是新信息，也可以是旧信息，但传播的信息必定被视为重要的信息。传播的过程是自然遴选的过程，传播者会选择自己认为重要的信息去传播。当然，一般来说，传播的内容经历的时间越久，离真实性就越远。

❖**观点链接**

传播是缔造人类关系的素材。传播是一条溪流，贯穿人类历史，使我们的感官和信息渠道不断延伸。我们业已实现从月球到地球的宽带通信，正在寻求同其他生灵进行“交谈”。传播是各种技能中最富有人性的技能。

在观察者眼里，传播似乎在社会机体里流动，就像血液在心血管系统里循环一样，为整个有机体服务，根据需要时而集中在这一部分，时而集中在另一部分，保障身体的平衡和健康。我们习惯于生活在传播的“汪洋大海”中，已经很难想象如果没有传播将如何生存了。

资料来源：[美] 威尔伯·施拉姆，威廉·波特. 传播学：第二版. 何道宽，译. 北京：中国人民大学出版社，2010：19-20.

(3) 无形性。传播的内容虽然是明确的信息，但这一信息往往只可意会，并非具体可视。传播的信息如果渗透着深刻的思想或无形的机理，则需要被传播者（即信息的接收者）具有一定的领悟能力。信息并非只是简单的语言、文字、图画等，还包括思想、规律或情感等。

(二) 公共关系传播

1. 公共关系传播的含义

公共关系，从本质上说是一种信息传播活动。传播是公共关系主体——组织开展公共关系活动、营造组织环境的手段。离开了传播，组织就难以与目标公众发生联系。因此，公共关系传播是指组织针对目标公众发出信息以实现组织公共关系目的的活动。

2. 公共关系传播的特点

公共关系传播与一般的传播相比，有很大的不同，其特点是：

(1) 主动性。公共关系传播是组织主动发出信息的活动。传播什么、向谁传播、如何传播都由组织自定，因而传播效果是对组织传播质量的检验。

(2) 目的性。公共关系传播是组织的自主活动，因此具有清晰的目的性，传播的目的决定了组织的传播内容和传播方式。传播的信息必然体现出组织要达到的目的，组织如果想通过传播活动实现多重目的，就需要提高其传播方式的难度。

(3) 明确性。公共关系传播不像一般的传播活动那样，具有复杂的表达方式或难以言传的内容。公共关系传播针对的是社会中的某部分群体，传播的方式公开，传播的信息明确，传播的内容通俗、简单、明白，不易产生歧义。总之，公共关系传播是组织针对目标公众实现公共关系目的的手段。组织在传播时，要把握好时机，明确宗旨，使传播的内容简单、清楚，以便高效地实现公共关系目标。

二、传播要素与附带要素

(一) 传播要素

一个完整的传播活动包括以下几个要素：

(1) 传播者，即信息的发出者，又称信源。

（2）信息，即传播的内容。

（3）信道，即传播的载体，亦即传播媒介。

（4）接收者，即受传者，又称信宿或受众。

（5）反馈，即来自接受者的反应，否则传播无法继续进行或就此终止。

（二）附带要素

在传播中，还有一些因素与传播要素紧密联系，不可或缺，它们被称为附带要素。附带要素主要有以下几种：

（1）编码。即传播者发出信息或接收者予以反馈时进行的工作。也就是将信息或反馈内容变为对方可以接受或理解的内容，这一过程影响传播或反馈的效果。

（2）译码。即接收者收到信息或传播者对于反馈予以领悟的过程。译码的准确性对传播的继续进行影响极大。

（3）干扰。这是传播过程中始终存在的一个因素，它会出现在传播中的每一个要素中，如信源在编码时的干扰、信宿在译码时的干扰、来自信道的干扰、信息本身的干扰等。排除干扰是加强传播效果的重要工作。

（4）共同经验范围。即传播者与接收者在多大范围内具有共同点。共同点越多，传播效果越好；没有共同点，则无法传播。

（5）社会环境。每一个传播活动都在一个特定的时代和文化氛围内进行，它会影响传播双方对传播信息的领悟和接受程度（见图3-1）。

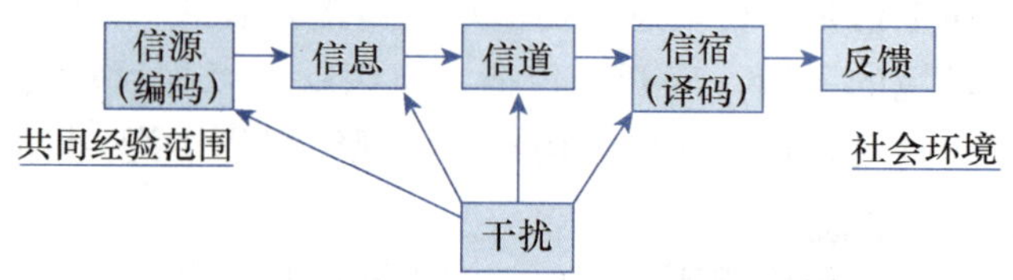

图3-1　传播要素与附带要素

（三）公共关系传播要素

公共关系传播要素特指组织在传播过程中的基本因素。主要包括以下几个方面：

（1）组织。这是公共关系的主体，是信息的发出者。在公共关系活动中，组织是信息源，在特殊情况下，组织必须成为第一信息源，否则组织会陷于被动。

（2）组织信息。这是公共关系传播的内容，组织收集信息、处理信息然后向公众发出信息，是公共关系传播活动的主要工作，正确的信息、明确的表述及适时发出均体现了公共关系操作的高超艺术性。

（3）公众。亦即目标公众，是组织信息的接受者，他们一般处于无戒备状态，既可能接受组织的信息，也可能迅速忘记信息。

（4）媒介。这是组织传播的信道，组织需要借助于媒介将组织的信息传播出去。使用什么样的媒介、如何使用，是影响组织传播效果的重要因素。

（5）反馈。公众的反馈极为重要，如反馈少或没有反馈，则说明组织公共关系传播活动是失败的。公众的反馈是组织准确传播的依据，因而收集反馈信息成为组织的一项重要工作。

同时，反馈也发生在组织方面。当公众对组织的传播予以反馈时，公众也就转变为传播者，他们的反应或者投诉也需要组织予以积极反馈，组织的反馈是组织与公众加深沟通的重要过程。这一反馈的效果直接影响组织是否继续原来的传播以及传播的力度。

三、公共关系传播形式

在现代社会，传播具有多种形式，大致归纳为下述几种类型。

（一）人际传播

这是传统的传播形式，指人与人之间直接的传播。人际传播又可以分为以下两种形式。

1. 正式的人际传播

正式的人际传播渠道，主要包括集会、正式谈话、当众宣读等。这是组织有计划的传播，公共关系传播在人际传播上大多采用正式的人际传播。

2. 非正式的人际传播

即以非正式渠道进行的传播。这种传播又可分为个人传播与群体传播两种。

（1）个人传播。指单个人之间进行的传播，包括自身传播与亲身传播。自身传播指个人通过阅读、观赏（摩）等形式，实现自我提高。自身传播是人类传播的基础。亲身传播指两三人之间进行面对面的传播。亲身传播具有隐秘性，内容往往不便公开，传播中反馈充分，传播内容完整。

（2）群体传播。指个人与群体之间或小群体与小群体之间的传播。这种传播具有公开性，传播中会有一定反馈，传播的内容有一定隐秘性，但不一定完整。

非正式的人际传播，一般信息流传的速度快，其内容有一定真实性，并往往早于正式的人际传播，传播的效果某种程度上好于正式的人际传播，如社会上的谣传，在很短时间内会影响很大范围。

在公共关系传播中，如果适时利用非正式的人际传播，会取得胜于其他传播形式的效果，口碑的形成正是如此。

（二）大众传播

大众传播是指借助于现代传播媒介针对广大公众进行的信息分享活动。它是现代组织开展公共关系活动最常用的手段。组织面对极为广大的社会公众时，往往难以利用人际传播完成公共关系任务，恰当地利用大众传播，既经济又有效。

大众传播与人际传播有很大的不同，其特点是：

（1）范围广。大众传播面对极为广大的公众，范围极广。进入互联网时代，大众传播已经跨越国家边界，实时将信息扩散至全世界，因此大众传播是现代组织经常采用的公共关系传播形式。

（2）经济性。由于大众传播覆盖面广，组织利用大众传播可以将信息传播至很广大的人群，较之人际传播效果要好，也更具经济性。

（3）速度快。大众传播由于依靠现代技术，传播的速度十分快捷，可以在较短的时间内将信息送至千里之外的广大受众，因此，组织在面对大范围的公众时，会更多使用大众传播。

(4) 有条理且严密。大众传播是由专业机构利用专门技术来完成的，因此传播的信息较人际传播更理性，条理性更强，更加严密，而人际传播则随意性强，更感性一些，条理性也相对弱一些。

(5) 反馈较慢。大众传播通过大众传播媒介来进行，不直接与传播对象——受众接触，因此，获得受众的反馈要慢。尽管现代科技的发展已使这个差距大大减小，但与人际传播相比，大众传播获得的反馈较慢，也更不确定。

组织在利用大众传播手段进行传播时，要格外注意利用其长处，规避其不足，提高组织传播信息的效率，从而实现公共关系目标。

（三）实体传播

实体传播是指以实物或具体活动为传播载体开展公共关系活动的一种形式。实体传播的形式主要是商品或服务。

商品是工商企业可以采用的一种公共关系宣传形式，即将组织（工商企业）的公共关系活动内容印在商品的包装物上，随商品的出售而传播到广大的目标公众（消费者）那里，由此发挥宣传效果。因为商品本身是会"说话"、会传播的载体，商品的包装、商标、品名、质量、生产地等都向消费者传递了丰富的信息。如可口可乐与大碗茶分别反映了两种文化体验与消费感受。对于其他以提供公共服务为主要表现形式的组织，则可通过提供具有自身特色的服务内容来传播组织的公共关系理念，缔造组织良好的生存与发展环境。

（四）其他传播

其他传播指以广告标牌、传单、海报、流动广告（如在公交车、自行车、轮船等上面做广告）等为载体，传播组织的公共关系信息，它适用于所有的组织。以这种形式传播组织的重要信息，实际上是一种公共关系广告。在越来越多的组织公共关系意识增强，同时广大公众自我意识觉醒的今天，采用户外公共关系广告的形式宣传组织的重要信息，不失为一种经济有效的公共关系传播形式。

四、影响传播的因素

在公共关系传播中，有多种因素会对传播效果产生重要影响，根据其重要程度可分为社会文化因素、心理因素、干扰因素和时空因素等。

（一）社会文化因素

社会文化因素是指一个国家或地区的民族，由于历史、地理因素的影响而逐渐形成的、特有的生活风俗习惯。约定俗成的生活习惯根深蒂固而鲜有变化，在组织进行信息传播的时候，要格外注意这一因素的影响。

组织在与目标公众进行传播沟通活动时，首先要了解公众特有的文化风俗习惯，使组织的传播内容适应公众的接受习惯或倾向，并使用公众习惯的表达方式将公共关系活动内容传递给公众，以期达到最大的传播效果。违背目标公众的文化风俗习惯，有可能导致公共关系活动事倍功半或弄巧成拙，甚至带来恶劣的后果。信息的传播必须本着平等和相互尊重的前提，不能强行劝服或以信息轰炸来影响公众，这样只会影响传播效果，造成公众的反感。

（二）心理因素

心理因素指公众在面对组织的沟通传播时所特有的情绪或态度倾向。人的心理是复杂和微妙的，也是十分隐秘的。当组织与目标公众进行交流时，公众可能有多种心理状态，最具代表性的是两种，即先入为主和无戒备接纳。

1. 先入为主

（1）先入为主——接受。即目标公众在面对组织的传播沟通活动时，对组织抱有好感，故而对组织的行为持积极的响应态度，这是组织传播时最期待的效果。

（2）先入为主——拒绝。即目标公众在面对组织的沟通行为时，已对组织或委托进行活动的组织抱敌视、怀疑或排斥态度，故而对组织的宣传持消极或拒绝的态度。组织面对公众的这种心理反应，会感到有很大困难。这既与目标公众自身的心理有关系，也与公共关系传播的内容、形式甚至公共关系人员的个人素质有密切的关联。

2. 无戒备接纳

无戒备接纳的心理状态是指社会公众对于组织的沟通行为处于事先无明确态度取向的状态。这种状态会形成以下两种情况：

（1）消极接受。即公众被动接受了组织的沟通传播活动。这种具有某种混沌状况的接受，其效果难以测定。最后结果既可能是公众逐渐接受和了解，也可能是公众根本没有接受，他们实际上是心不在焉、毫不在意。

（2）积极接受。即当组织针对公众进行传播沟通时，他们表现出愿意了解组织的兴趣，这对公共关系人员来说是一个良好的信号。但这还需要公共关系人员进一步解释，使公众真正能够领悟组织传播的内容，最终实现目标公众对组织的理解与认知。

（三）干扰因素

干扰因素存在于传播的过程中，在组织开展传播沟通活动时，来自公众的干扰是传播过程中的一个重要隐患。

1. 亲友干扰

亲友干扰是影响传播效果最大的干扰。当组织针对公众进行传播沟通时，来自亲友的反对意见会立即使受众（亦即公众）改变合作的态度，弃组织而去。组织在开展公共关系活动时，既要注意沟通方式、沟通的针对性与沟通内容，还要进行长期不懈的沟通努力，逐渐减少来自受众亲友方面的传播干扰。

2. 网络干扰

目前，越来越多的人依赖网络寻求基本的帮助。特别是在手机可以直接上网的情况下，来自网络的干扰因素陡然增加。当组织开展公共关系活动时，网络上网民的评价对公众的态度取向起重要的作用。有时，他们宁愿相信网民所说的话，而未必相信自己亲眼看到的情况。因此，注意及时监测网络舆情，排除网络干扰，对维护组织公共关系活动的效果会起到重要作用。

3. 竞争者干扰

这也是一个重要的干扰因素。当组织针对目标公众进行沟通交流时，其竞争者也恰好以相近内容对公众进行宣传。这时，传播的内容、传播技术、公共关系人员的工作方式与态度等成为争取公众的关键因素。同时，面对竞争者的模仿，组织也要提前防范，寻求积极的解决办法，展示组织的核心竞争力，以减少竞争者的干扰。不论怎样，只要组织真正站在公众的角度考虑问题，切实为公众着想，就一定会在与公众的沟通传播活动中排除干扰，赢得公众。

4. 其他公众干扰

有时，其他公众的拒绝态度会给组织的沟通活动带来一定干扰。从众心理是人们普遍存在的心理现象。在与公众交流的现场，由于组织的操作问题或公众自身的原因，会使一部分公众采取强硬的排斥沟通态度，他们的情绪极容易影响那些持观望态度的公众。因而公共关系人员及时发现公众中持异议者，积极进行耐心的解释，以实现平等的沟通交流，就显得格外重要，否则可能影响更多公众拒绝组织的公共关系传播。

5. 突发事件干扰

这也是传播中常遇到的干扰，主要表现为突发的天气变化、政府新政策的出台、民间组织的抵抗、公众之间纠纷、突发的意外伤害以及其他一些难以预测的事件。另外，当组织面对公众进行沟通交流时，如果安排不当，也可能导致现场秩序混乱，会给正常的传播活动带来干扰，严重时可能导致宣传活动的终止或被外力强行干预终止，并且可能给整个组织的声誉带来不良的影响。传播活动是一个复杂工作，组织必须进行认真的准备和安排，对突发事件未雨绸缪，保证传播沟通活动的顺利进行。

（四）时空因素

任何一个传播活动都是在一定的时空条件下进行的，对时间与空间的准确把握直接影响传播效果。

1. 时间

组织开展传播活动时，要注意时间的选择，尽量将目标公众的特点与特定的季节、节日、时间段等协调一致，以发挥事半功倍的良好效果。如果在不适当的时间进行传播活动，即使传播过程没有问题，也会造成传播效果差或没有功效，甚至还可能导致不良后果。组织在进行传播活动时，必须选择恰当的时间，努力发挥传播的最大效果。

2. 空间

这里的空间主要指传播者与公众沟通交流的场所。这在人际传播中极为重要，可以直接影响沟通双方的情绪与态度。双方在令人愉悦的场景下进行接触，沟通就会顺利很多；如果在不适当的地点见面交流，则可能会使一方情绪消沉，甚至反感进行接触，就可能会使双方的沟通变得艰难。因此，组织在进行公共关系传播时，必须悉心选择合适的场所，积极推动组织与公众的顺利沟通。

第二节　公共关系传播媒介

在现代社会中，组织进行公共关系的传播沟通活动必须借助于各种传播媒介。根据组织公共关系活动的目标和对象的不同，传播媒介主要可以分为三大类：大众传播媒介、组织传播媒介和个人传播媒介。

一、大众传播媒介

大众传播媒介由专业技术部门制作，具有公共服务性质，针对社会上广大公众进行信息传递。大众传播媒介根据其载体和表现形式的不同，可分为两大类，即电子类与印刷类。

（一）电子类大众传播媒介

1. 互联网

互联网是兼具传统电子媒体与印刷媒体二者之长的新兴媒介，虽然在全球兴起才短短几十年，但其发展势头十分迅猛，已经成为公共信息传播的主要载体。其特点是：

（1）登录便捷，全球共享。互联网对当今社会带来的最大影响是“信息面前，人人平等”，没有了国别之间、地域之间的阻隔或界限，进入互联网的每个人都在同时共享信息，而且可以利用手机进行转发再传播，这种极高的便捷化、无界化对人们的生活产生了深刻的影响。

（2）信息全面，查找方便。互联网以电子媒介为载体，行印刷媒介之实，使信息的查找十分便捷，能随时将信息下载储存，便于进一步保存或使用。

（3）图文并茂，处理便捷。通过互联网不仅可以找到相关的文字资料，还可以找到有关的图片或视频资料。它与报纸的功能类似，但较报纸生动；可与电视媲美，但较电视方便，甚至还可以利用软件对相关信息进行再加工与处理。

（4）在线沟通，价格低廉。今天，互联网已经实现了“天涯若比邻”的梦想，直接的对话沟通只在举手之间。特别是微博、微信的兴起使每个人具有了信源的功能。在线沟通不仅使用文字、图片，还可以面对面视频、留影等，互联网的使用极为广泛，对于家庭或手机用户来说，费用比较低廉。

（5）资料杂乱，真假难辨。互联网查阅信息较为方便，特别是在公共信息平台（如官网、图书馆等），可以快速查阅大量相关信息，极大地解放了资料检索的劳动力。但资料的甄选仍然是一个难题，有些信息真假难辨，对于阅读有用信息会造成一定干扰。

（6）监管困难，冲击伦理。互联网为信息的获取带来了巨大的便捷，也带来了一定的负面威胁，增加了较大的监管难度。有些人迷恋网络游戏；有些人将网络资料剽窃为自己的成果，进行科研作假；还有些人在博客、网络社区、聊天平台等进行人身攻击或情绪发泄；更有些机构或违法人员专门在互联网上传播对组织、他人和社会公众不健康、有危害、冲击社会伦理道德的信息，互联网的监管是一个不小的难题。

因此，组织利用互联网进行公共关系传播时，要善于选择和使用，切不可因出言不慎、处置不当给组织的声誉带来毁灭性打击。

2. 电视

电视是现代社会中最具影响力的传播媒介，其特点如下：

（1）声、色、画兼具，具有生动性与表现力，可以真实地反映事物的面貌，令人有身临其境之感。

（2）速度快。电视可以在很短的时间内将千里之外刚刚发生的重大事件如实表现出来，电视新闻成为最具看点的内容。

（3）信息量大。通过剪辑或处理，可以将大量的信息汇集于短时间里播放。

（4）受众广。电视是公众最喜闻乐见的媒介，几乎没有任何介入的限制，即使是未经翻译的外国节目，观众也可以看得津津有味。

（5）保存性差。电视的高信息量和生动性使受众往往陷于被动的接受之中，留给受众的思考余地很小；其瞬息变化的速度使受众保留的记忆往往是碎片状的，很不完整。

（6）选择性差。电视节目是由编辑们事先制作安排好的，受众无法选择，即使可以挑选频道，也只能听凭排定的节目档期安排，要看想看的节目，可能还要忍受广告的“轰炸”。不过在互联网普及的今天，人们通过电脑或手机已经可以很方便地选择电视节目观看了。

（7）物质局限。电视对物质条件有一定要求，如有电、频道中转站（或频道服务提供者）和电视机。

（8）传播费用相对较高。电视曾经是社会公众接受面最广泛的媒介，组织利用电视进行信息传播，其成本相对于其他媒介要高。不过在网络媒体快速发展的形势下，电视在广告商眼中的优势地位正在经受考验，电视的拥趸者正在呈缩小趋势。

组织在进行公共关系宣传中，可以利用电视的优势来传播组织的重要信息。但要注意规避其缺陷，慎重选择电视媒介和档期，关注其传播效果。

3. 广播

广播是比电视历史更悠久的电子媒介，在电视之前，它曾经是媒介中的“宠儿”。其特点如下：

（1）使用方便。广播是以声音来实现传播的，因此，听广播可以兼顾其他活动，这是广播独有的优势，当收音机变得小巧便携时，这一特点更加突出。

（2）信息明确集中。广播没有电视色彩与画面的干扰，受众对信息的接受集中而明确，接受信息的效果良好。

（3）物质限制小。广播的使用只需要几节电池，接收广播的收音机十分廉价（与电视相比），也很耐用；除了语言方面的限制外，没有其他的介入障碍，不论男女老幼，均可以使用，尤其在物质条件极特殊的情况下（如战争或地震等），唯有广播还可以便捷使用。

（4）传播速度较快。广播没有电视的现场感，但传播的速度很快，重大消息往往整点就可以播出，并能进行一定的现场播送，对信息的传送有较好的效果。

（5）保存性差。广播的特性使信息的保存很困难，这一点与电视有相近之处，因而广播节目逐渐增强了娱乐性、消遣性，以持续的信息传播来增强其影响力。

（6）选择性差。这一点较电视更甚，听众一般也接受了这一点。

（7）收听人群集中。电视媒介的兴起，特别是互联网的冲击，使广播已经退居并不重要的地位，收听广播的人群渐渐集中在某些群体上，如退休职工、司机、外来务工者、青年学生等，这使广播的传播对象更具有针对性。

组织对广播的利用，要根据广播的特点，把握受众群体生活与职业习惯，努力获取公众反馈，实现双向沟通，强化传播效果。

（二）印刷类大众传播媒介

1. 报纸

报纸是最早的大众传播媒介。其特点是：

（1）价格便宜，便于携带。报纸从其产生时起，就为大众所共享，其价格低廉，收入微薄者也能买得起，而且报纸轻薄，便于携带，有利于随时随地阅读，不增加额外负担。

（2）信息量大，传播速度较快。报纸的信息量虽然没有电视那样密集，但可以满足当下公众的需求，传播的速度也很快，一般本地报纸当天就可以读到，信息的传播比较及时。

（3）信息便于保存、传阅，有一定深度。报纸是印在纸上的，内容可以反复阅读或传阅，甚至可以保存几十年或更长的时间。报纸对某一问题能做深度剖析，进而产生较大的社会影响，这是电子类媒介难以做到的。

（4）购买与整理较麻烦。报纸与电子类媒介的一大区别是，电子类媒介是一次投资永久使用，而报纸则需订阅或者天天购买、收取。

面对互联网这种新媒体的冲击，报纸的发行呈快速萎缩趋势，有实力的报业集团开始转向融媒体——将纸质报纸与电子网站合二为一，有效地克服了报纸需要订阅和保存的问题，又维持了报纸优势的传播地位。

对于组织来说，（电子）报纸可能是首要选择，因为报纸便于传播、阅读，信息新，更新快，具有多年累积的高信誉，公众对报纸的信任度高。

2. 杂志

杂志也是重要的印刷媒介，它与报纸具有同样的功能，但较报纸容量大。其特点如下：

（1）内容专业，分类明确。杂志内容多，一般有明确分类，在内容上主题集中，可以进行纵深报道，信息比较集中，便于选择阅读。

（2）理论性强。杂志的理论性强，适用于专业人员，但会因此造成进入的难度，无专业知识的人通常无法介入。

（3）阅读周期长。杂志具有深度特性，其对某些问题，特别是一些重大事件、科技成果等，均会进行全面报道和深度剖析，故对问题的剖析会比较全面透彻。杂志的周期较长，通常较短的有周刊、半月刊，长的则有月刊、双月刊、季刊、年鉴等，这使杂志具有资料库的作用。

（4）便于保存。杂志较报纸更容易保存，其很少被当做包装物使用，杂志本身的特性使其能够被保存相当长的时间。

（5）购买订阅略麻烦。杂志也需要订阅或购买，这一点与报纸相同，但杂志较报纸贵，这限制了其发行量。今天，杂志也与报纸一样面临互联网新媒体的强大冲击，很多杂志陷入难以为继的窘境。

在公共关系传播中，组织可以利用杂志的特点，对组织某一方面的信息进行全面、纵深报道，使公众深入地了解组织，起到深化宣传的目的。

3. 书籍

书籍是古老的印刷媒介。其特点是：

（1）内容完整。书籍一般就某一方面的问题进行全面综合的论述，一本书读完，对某一问题就基本了然于心了。

（2）观点鲜明。书的作者少则一人，多则十几人，往往在书中鲜明地体现着著作者的观点。

（3）深刻生动。书籍由于内容包容量大，可以极为深刻地论述某一事件，对之进行多方面阐述，还可以进行细节描写，其生动性、震撼力不亚于电视，往往容易给人留下持久深刻的印象。

（4）时效性较差。虽然现在书籍出版的速度已大大加快，但与其他媒介相比还是较为迟滞的，对于重大问题，书籍通常进行事后的综合论述和总结。

（5）价格高。相较于其他印刷媒介，书籍的容量大，价格也因此要高一些。

对于组织来说，可以利用重大活动，编辑出版一些关于组织发展历史或重要业绩的书籍，使公众能够深入、全面地了解组织，发行的方式以赠送为主。

面对互联网的强大冲击，印刷媒体正面临读者被分流的挑战，很多报纸、杂志、书籍的出品方均选择积极应对，通过建立官方网站、微博、微信公众订阅号等形式，坚守阵地，并与电子媒体结合，以高质量的内容赢得新老读者的忠诚。

二、组织传播媒介

组织传播媒介是组织利用自身条件，主要针对内部公众开展公共关系传播的重要手段。它可以分为两大类：电子媒体和印刷媒体。

（一）电子媒体

1. 组织网络

在互联网时代，电子媒体成为组织传播信息最主要的载体。组织在利用互联网传递信息时，可以表现出多种传播形态，如官方网站、官方微博、官方微信公众号、组织 App、内部网络（局域网）、微信群、QQ 群、钉钉群等，而传播的形式也提供了丰富的选择，如文字、图画、长短视频、声音、资料查阅、电子邮件、格式化表格等。在智能手机的支持下，组织与内部、外部公众的沟通已经变得十分便捷，成为即时沟通信息、获取组织各方面信息的最主要来源。

2. 内部广播

内部广播即由组织自行设立的广播站。其特点是：广播内容及时，针对性强，传播速度快，覆盖面集中，但收听效果难以测定，与内部公众的互动性弱。在很多组织中，广播的作用发挥得越来越弱，仅在一些学校和农村中还存在。

（二）印刷媒体

1. 内部报纸（简报）

内部报纸是组织自办的印刷媒体，主要登载组织的新闻、消息、报道、通知等。其特点是：时效性强，信息量大，能起到沟通信息的作用，但一般容量很小，鲜有深度。

2. 内部刊物

内部刊物是指组织针对内部情况，不定期出版的杂志。内部刊物主要登载一些重要活动或动态，也发表一些有深度的文章。其特点是：内容集中、较全面，有一定深度，写稿者多为内部员工，可阅读性强，便于保存，对员工的指导作用大，但发行量小。

3. 海报与活页传单

这是组织为某一事项针对内部和外部公众发出的通知性信息。其特点是：内容简单、明了，时效性极强，阅读率高，但不易保存，难以令受众留下长久记忆。

4. 公告板

公告板在今天已成为很多组织不定期发布组织重要事项的重要媒介。它虽然不是印刷出来的，但其信息公告的特点与印刷类媒体类似。其特点是：内容新颖，时效性强，主题明确，可读性强，阅读率高，但内容简短。

三、个人传播媒介

今天，个人传播媒介极为普及，组织针对公众开展宣传活动，要全面了解个人传播媒介的特性，从而提高组织与个人传播沟通的效果。

（一）电话

在组织与公众的交流中，要善于利用电话对公众进行追踪沟通，提供个性化的指导与服务，加深公众对组织的了解，给公众留下深刻印象。

电话在组织沟通中的特点是：

（1）以声音取长。电话只闻其声，未见其人，声音的作用很重要。因此，公共关系人员以什么样的语言与公众（接听者）交流显得格外重要。

（2）内容鲜明、清晰、集中。通话内容应该清晰明白，能够很快引起公众的兴趣，使公共关系人员可以在有限的时间内完成沟通任务。

（3）时间短。直接与公众通话是一件较冒昧的事情，会随时遭遇拒绝，故而必须将通话控制在较短的时间内。

今天，手机以极低的成本与互联网对接，组织公共关系人员通过微信订阅号、朋友圈、QQ 等可以与目标公众建立实时联系。此外，如果适当利用发短信的方式进行传播，也会取得较好的沟通效果。

（二）信件

信件往来是一种传统的个人沟通方式，信件也是一种传播载体。组织通过某种渠道（如商务活动或顾客档案）获知公众的通信地址，借助信件进行沟通也是一种较好的方式。该方式比较适合与年龄较大的公众沟通。

信件在传播中的特点是：

（1）针对性强。信件必须有明确的通信地址。公众接到组织寄来的信件，有时会感到意外，但通常会比较重视写有自己名字的信件，一般会亲自打开信件阅读。

（2）印象深刻。信件是以文字的形式呈现的，可以被反复阅读并保存，这会使公众保持较久的记忆。

（3）增进感情。信件寓理性和情感于一体，能有效拉近组织与公众的距离，不失为一种较好的沟通方式。

（4）有一定盲目性。组织对于寄出的信件，无法测定其阅读效果，反馈率很低，难以形成固定的沟通通道。

随着互联网的发展，信件已经成为稀缺媒介。电话、短信、电子邮件、QQ、微信等已逐渐取代信件。

（三）电子邮件（微信、QQ）

这是利用互联网实现双方沟通的一种形式，其特点是：

(1) 传递速度快。互联网的便捷使电子通信变得方便且经济。

(2) 交流沟通及时。组织与公众可以借助互联网畅所欲言，沟通比较及时、便捷。

(3) 覆盖面较小。利用互联网主动与组织进行联络的人并不是很多，主要是一些有特别要求的公众。组织通过电子邮件（微信、QQ）来影响内部公众的作用较大，影响外部公众的效果要差一些。

❖观点链接

对于“00后”来说电子邮件已经显得过时了，但是超过90%的互联网成年用户经常使用电子邮件，因为它仍然是最常用的沟通方式。

电子邮件快速省力，管理人员可以在不离开办公室的情况下表达对下属的表扬与关怀，因此电子邮件极大地改善了组织内部的沟通状况。这并不是说面对面沟通就没有用武之地。面对面沟通仍很重要，但是电子邮件的简单和效率使其成为一种很有前途的选择。

电子邮件还取代了传统的、书面形式的员工时事通讯。

在线交流与书面沟通相比，更具有及时性与互动性。员工可以随时就他们读到或听到的信息进行反馈，同样，组织也能快速了解员工的态度与意见，这些网上通信工具还具备报纸、杂志等印刷品难以提供的即时性特点。

资料来源：[美] 弗雷泽·P. 西泰尔. 公共关系实务：第13版. 潘艳丽，等译. 北京：清华大学出版社，2017：219.

（四）礼物

组织通过赠送礼物的方式与目标公众实现沟通，也是一个好办法。以礼物作为媒介，具有下述特点：

(1) 礼轻情意重。送礼物容易给对方留下深刻印象，有助于与对方较快建立良好的关系，如果礼物寓意深刻，则效果更好。

(2) 礼物化解疑虑。以礼物作为引子与公众沟通，可以使对方较快了解组织或化解对组织的成见、疑虑、戒心，便于双方坦诚沟通。

(3) 覆盖区域小。送礼往往仅针对重要的公众，难以有较大辐射面。此外，如果送礼的对象选择不当，则往往事倍功半。

(4) 选择礼物困难。选择礼物也是一件较困难的事情，选择恰当的礼物送给重要的公众，体现了公共关系高超的操作技术。

第三节　公共关系活动中的人际沟通

在公共关系活动中，针对目标公众，既要使用大众传播媒介，也要使用人际传播的一些形式。在公共关系活动中，人际传播的目的是通过组织中公共关系人员与公众的直接沟通，营造组织良好的生存与发展环境。

在公共关系的各种活动中，公共关系人员会在多种场合与目标公众直接交流。总的来看，大致分两种情况：一种是正式场合的人际沟通；另一种是非正式场合的人际沟通。

一、正式场合的人际沟通

（一）会议

在组织举行的各种各样的活动中，最常见的活动形式就是会议。通过举行会议，组织可以与目标公众直接认识、了解。会议是组织的一种极为重要的人际沟通方式。

会议这种人际沟通的特点有以下几个。

1. 沟通直接

举行会议时，到会的代表多是组织的目标公众，通过井然有序的会议过程，可以创造与目标公众面对面认识、了解的条件，组织有机会与他们进行直接的沟通交流。组织的公共关系人员也可以逐渐结识会议来宾——目标公众，有利于在短期内拉近与公众之间的距离。

2. 确立重要公众

通过举办会议，组织可确立重要的公众，创造与重要公众接触的机会。会议中一般都有主题发言，发言人有两类：一类是邀请的重要嘉宾；另一类是主办方的主要领导人。重要嘉宾包括国家部委领导人、部门主管、协会（学会）主席、著名企业家、专家学者、海外友人等。这些嘉宾具有意见领袖的影响力，是组织需要争取的重要公众。在会议中，通过主题发言，使与会的目标公众对会议的组织者——组织及组织的主要领导人有一个基本的了解。

3. 深化了解

在会议进行过程中，往往会安排专题讨论或参观活动，这是会议的组织者（公共关系人员）与参会者（目标公众）频繁接触的好时机。通过举行这些活动，双方有了进一步的接触与了解，特别是在某些重要问题上，组织的公共关系人员能够直接获得目标公众的意见或建议，能获得其他沟通方式所达不到的效果。

4. 增进感情

会议的接待和收尾工作也是公共关系人员与目标公众交流沟通的重要时机。公共关系人员可以利用这一机会与目标公众进行更多的感情交流与沟通，有利于强化组织在公众心目中的印象，对实现组织的公共关系目标有积极意义。

实际上，组织举办会议的根本目的是获得组织与目标公众直接沟通与了解的机会。从严格意义上说，参加会议的人只是组织目标公众的代表，组织利用会议这一形式，可以实现充分的人际沟通，将组织的重要信息通过参会代表传播出去，为目标公众提供直接了解组织的机会。会议之后，组织还需要配合大众传播媒介的宣传工作，针对真正的目标公众进行持续的公共关系传播活动。

（二）谈判

谈判也是组织与目标公众代表的一种直接接触，谈判较会议的范围要小，主题更加集中。具有公共关系性质的谈判，其主要目的是构建双方之间的了解与认识，实现彼此的接纳与认同。谈判这种人际沟通的特点有以下几个。

1. 沟通直接

谈判是组织就某一问题与目标公众进行的直接沟通。仪式往往简单明快，一般是开门见山，直入主题，很快揭开双方接触、了解的序幕。

2. 主题集中

谈判是组织与目标公众就某一问题进行的切磋，往往主题集中，双方只就某一问题进行深度探讨。

3. 涉及利益

谈判大部分情况下会涉及利益问题，这一问题虽然属于组织某一部门的问题，但却会影响组织未来的生存环境。不管组织与目标公众如何看待利益问题，谈判的根本目的是组织未来的顺利发展。

4. 构建长远发展环境

谈判的结果无非两种，即达成协议和不欢而散。从公共关系的意义上说，无论成败，组织与目标公众之间都应构建一种较为和谐的友谊关系，奠定双方进一步了解的基础。组织应从长远角度考虑，利用一切条件，增进与目标公众的了解与认同，为组织的环境营造作出努力。谈判的结果应通过大众传播媒介传递给谈判双方所代表的目标公众。

（三）宴请与娱乐活动

在会议与谈判的间隙，组织会安排一些正式的宴请与娱乐活动，为双方增进了解、加深感情创造条件。组织要充分利用这种场合，使之在与目标公众的沟通中发挥重要的作用。宴请与娱乐活动的特点如下。

1. 沟通气氛轻松

当严肃紧张的会议结束之后，步入餐厅或娱乐场所往往会使人精神放松，容易形成友好的气氛。组织应该借此机会积极地与目标公众进行沟通，以增进双方的多方面了解。

2. 沟通目的明确

组织举办宴会、舞会或安排其他娱乐活动，不是简单的吃饭或游乐，而是利用这样的机会，了解目标公众，也让目标公众更多地了解组织。因此，宴会和舞会中的主题应更多地集中在向目标公众介绍组织的情况上，主题应明确，使目标公众以轻松的心情去了解组织，为组织的下一步工作做好铺垫。

3. 增进广泛认同

以宴请与娱乐活动的形式与目标公众进行沟通，还可以获得更多会议或谈判中无法获得的信息，如目标公众的个人情况、会议或谈判中的准备及双方所持有的基本态度等，这就为相对机械和刻板的会议或谈判安排增加了一些人情味，彼此之间即使未能在某一问题上取得一致意见，也会由此成为朋友，为以后的合作埋下伏笔。

4. 化解误解

安排宴请与娱乐活动，从公共关系工作的角度看，可以起到补充工作中疏漏与不足的作用。在会议和谈判中，组织与目标公众往往都比较紧张，对事情的要求原则性有余、灵活性不足，在某些方面易造成双方的误解。但是在宴席上或娱乐活动中，双方的隔阂则容易化解，某些方面的不足也可以及时得到补救，双方的交流会更加深入和融洽，有利于组织与目标公众之间形成良好的沟通氛围。

虽然宴请与娱乐活动针对的只是目标公众的代表，但他们往往会成为组织目标公众的意见领袖，影响真正的目标公众的态度取向。因此，组织在公共关系传播活动中，必须做好正式场合的人际沟通，使之发挥促进公共关系活动的积极作用。

二、非正式场合的人际沟通

在非正式场合，组织的公共关系人员与目标公众的代表（下略为目标公众）也可以进行进一步的沟通交流，这些场合的活动对赢得目标公众的了解与认同同样发挥着重要的作用。

（一）游览

浏览是组织在与目标公众人际沟通中常会进行的一项活动。其沟通的特点有以下几个。

1. 以活动促沟通

安排游览活动，会使目标公众心情愉悦，对组织印象良好。但若活动安排不合适，也会令目标公众大为不快，怏怏离去。因此，恰当安排游览活动对促进双方的沟通和了解作用很大。

2. 借景传情

带领目标公众游览，不是简单地游山玩水，而是通过这样的活动，强化目标公众对组织的好感，增进目标公众对组织的了解。因而，公共关系人员应充分利用这一机会更多地介绍组织及相关情况，将山水之景与组织的未来发展联系在一起，使目标公众乘兴观景，使组织对目标公众借景传情。

（二）散步

这是组织与目标公众在不经意间创造的沟通机会。其沟通的特点有以下几个。

1. 轻松地增进了解

散步是一种良好的运动，在散步时人的精神是放松的，可以借此营造轻松自然的谈话氛围，谈话内容形散而神不散，构建组织在目标公众心目中的良好印象。

2. 充分地交换意见

在散步中，双方的交谈可以涉及一些主题，如了解目标公众的看法、建议；也可以充分地交换意见，向对方阐述组织的思路与规划等，加深彼此的了解。组织与公众交流的基本宗旨是平等地交换看法，努力寻求认同，让目标公众对组织留下良好印象。

（三）聊天

聊天也是一种加深相互了解的较好途径。虽然聊天属于非正式场合的沟通，但在组织与目标公众缔结良好关系方面会起到重要的作用。其沟通的特点有以下几个。

1. 增进感情

组织的公共关系人员通过与目标公众聊天，很可能会了解目标公众的许多个人情况，如家庭状况、个人成长经历等；同样，也会使目标公众更多地了解组织的公共关系人员，使彼此之间的感情自然地交融和贴近。这对于强化目标公众对组织的感情，具有十分重要的作用。

2. 深度接触

通过聊天，组织的公共关系人员有机会与目标公众进行深度接触，更多地进行双向沟通，如了解某些事情的全部情况，对公众所持有的立场、观点有一个更全面、准确的把握，有利于组织的公共关系人员以恰当的方式与目标公众沟通，赢得对方的信任，从而实现组织的公共关系目标。

对组织来说，虽然非正式的人际沟通并不显眼，但十分重要。组织在开展宣传活动时，应关注这些渠道，使目标公众代表与组织进一步相互了解。

拓展知识

市场营销活动中传播的应用

本章小结

传播是公共关系活动开展的手段，是人类古老的活动，是人们通过一定的载体将信息分享使之扩散或保存的活动。传播不仅有传播要素，还有附带要素。公共关系传播具有主动性、目的性、明确性的特点。公共关系传播要素主要指组织、组织信息、公众、媒介和反馈。公共关系传播更多地体现在传播媒介的使用上，一方面是大众传播媒介，包括电子类和印刷类媒介；另一方面是人际传播媒介，亦即人际沟通手段。在公共关系活动中，人际沟通作用的发挥对公共关系活动目标的实现十分重要。

职业实训

1. 案例剖析

联想为什么在网上遭围攻？

联想控股董事长、联想集团创始人柳传志星期三（2018 年 5 月 16 日）向全体员工发布了一封公开信——《行动起来，誓死打赢联想荣誉保卫战》。当天下午他的一段相关内容音频也传到互联网上，引起了热议。

事情的原委是，2016 年 10 月联想在标准化机构 3GPP 举办的 5G 讨论会上，对 5G 的几项标准投票时有的投给了外国企业，有的投给了华为。这件事近日在互联网上曝光出来，一些人指责联想投票给外国企业使得华为的相关技术失去了成为 5G 标准的机会，是不顾国家利益的“卖国行为”。

经过对事实的还原，当时多数中国电信公司的投票情况与联想相同，而且联想的投票对结果并无实质影响。联想方面解释，它将数据信道的长码投给外国企业，是因为这更契合自己以往的技术储备。联想坦承，该公司投票时有两大考虑，一是维护自己企业的利益，二是照顾国家和行业发展的整体利益，它把不同的票投给了外国企业和华为，反映了这两项考虑。

资料来源：单仁平. 环球时报，2018-05-18.（内容有删节，题目作者加）

（1）根据案例，讨论网民关注的意见是否有合理性。

（2）上网查阅柳传志给全体员工的那封公开信，从公共关系角度分析联想集团对网民的回应。

（3）请思考：这封信为什么叫《行动起来，誓死打赢联想荣誉保卫战》？

2. 职场模拟

（1）了解本校有多少种传播媒介，它们的作用发挥得怎样。

（2）通过班团活动，对人际传播类型进行感知：正式的人际传播与非正式的人际传播特点及效果分析。

3. 能力训练

课堂辩论赛：微信的利与弊。

第三章在线练习

公共关系客体——公众

本章学习目标

本章思维导图

通过本章的学习，你应该能够：

1. 理解公众的概念、特点及分类。
2. 理解内部公众的含义，掌握内部公共关系工作的方法。
3. 掌握建立良好顾客关系的策略。
4. 了解政府公众、媒介公众、网民公众公共关系工作的内容。

课前思考题

1. 公众的特点是什么？
2. 如何做好内部公众的公共关系工作？
3. 怎样建立良好的顾客关系？

导入案例

腾讯举办首届用户开放日，“方盒子”装满科技创意

2017 年 12 月 9 日至 10 日，腾讯在深圳总部附近搭了一个汇聚众多创新产品和前沿技术的创意“方盒子”，以科技嘉年华的形式邀请用户体验最新科技动向及技术。这是腾讯公司举行的首届面向公众的、大型的用户开放日，腾讯微信、QQ 等产品，互联网十、安全、游戏等业务，以及三大 AI 实验室的众多创意互动体验均在“方盒子”亮相，两天聚集数千用户畅游“方盒子”。

腾讯公司表示，历经 19 年的发展，腾讯的产品服务于全球超 10 亿用户，正是得益于众多用户的大力支持及反馈，才能不断打磨出更好的产品。希望通过线下嘉年华的形式回馈用户，让公众零距离体验创新前沿科技。

用户参与纯粹的科技嘉年华

此次活动吸引了数千名用户现场参观，其中不乏从北京、上海、广州等地而来的，他们均是长期以来使用腾讯产品、关注腾讯发展的网民及用户，此行也抱着与腾讯及前沿科技亲密接触的强烈意愿。

10多年来，腾讯一直秉承“一切以用户价值为依归”的经营理念，为亿级海量用户提供稳定优质的各类服务，以QQ和微信为例，二者的月活跃账户数分别达8.43亿及和9.8亿，其他如微信支付、QQ空间、腾讯新闻、腾讯视频、QQ音乐、王者荣耀等产品均有亿级用户在使用。除此之外，腾讯亦不断挖掘小众人群的需求，诞生了不少小而美的产品。

产品的成长离不开用户的支持。腾讯将此次用户开放日视作对广大用户的一次倾情回馈，用户可以零门槛参与、无压力体验，全身心地享受这场科技嘉年华。腾讯的产品经理、技术大咖、设计师以及腾讯研究院与浙江大学合作的VR心潮项目负责人等均现身现场进行前沿科技的分享，与用户玩在一起。

值得一提的是，现场设置了两面电子墙：一面是由腾讯用户昵称组成的用户墙，此为腾讯对曾提出反馈意见的用户代表致以最衷心的谢意；另一面是“鹅厂来电”产品声音墙，集合了QQ、微信、安全、王者荣耀、公益等腾讯产品及技术、设计、运营、客服等多个岗位对用户的最真实的心声吐露。

新潮体验让科技变得好玩

腾讯用户开放日的“方盒子”搭建在距腾讯大厦以及腾讯全球新总部滨海大厦约1千米位置的深圳南山文体中心，地处被誉为“中国硅谷”深圳南山区中心，活动得到深圳市南山区委宣传部（文体局）的大力支持。

周末活动现场熙熙攘攘，这个装满创新科技互动体验的“方盒子”里，到底藏了什么？

据了解，展区内共设置25个展项，分别以“潮、赞、酷、炫、绝、趣”为主题，将各种前沿技术进行趣味化的互动式转换，用最好玩有趣的呈现方式邀请用户沉浸其中。

以炫展区为例，一场名为“情绪森林”的顶级华丽灯光秀让参观者“唱”起来，用户吟唱带颜色字眼的歌曲，现场的灯光就立马变成相应颜色。这背后运用的是腾讯云小微的智能语音能力，以及合作伙伴深圳米唐科技有限公司（Sugr）在语音交互领域软硬件集成能力的结合。

方盒子里设有一个游乐场，内设众多前沿VR游戏，如可以玩VR棋牌的“幸运之夜”、令人置身战地的“猎影计划”和射击RPG“火源”等。其中有一个热门体验项目《纪念碑谷2》，作为腾讯代理的优质独立游戏，这一次搬到了线下，用户进入一个密闭小房间，触发雷达投影画面，让人如同置身在纪念碑谷的唯美城堡中，每一步都可能是一个新世界。

自带“粉丝”光环的《王者荣耀》也是一大亮点。依靠动作捕抓能力，用户可以将动作映射到王者英雄中，现场用户花招百出，兰陵王“跳起了秧歌”，王昭君“耍起了太极”。

除此之外，写稿机器人Dreamwriter表演现场写稿派报，QQ音视频实验室带来三维的听觉感受，腾讯炫境用 VR 带你进入舔屏的世界。现场还设置了四个任意门，吸引大量用户的窥探欲，打开门后立马进入互联网+服务在医疗、交通、警务等场景；而安全堡垒的全息投影，则 360°展示腾讯在安全方面的最尖端科技。

方盒子内，科技不再是冰冷的代码和硬件，而是一个可以零距离接触体验的创意装置，是科技、创意和生活相融合的互动实验室。用户，可以在这里遇见未来。

三大 AI 实验室携最强科技矩阵亮相

众所周知，腾讯是一家在社交、互动娱乐、资讯、金融、生态平台、人工智能等领域均有布局的综合型互联网科技公司。

特别是近几年，腾讯优图在人脸识别、图像识别领域屡次刷新世界纪录，并积累了领先的技术水平和完整解决方案；微信智聆则一直应用在微信、QQ、游戏、搜索等数十个产品中，经历了亿级用户的考验，也是目前业界领先的通用语音识别技术；而新成立的腾讯 AI LAB，吸引了大批行业牛人，如机器学习和大数据专家张潼博士，目前 AI LAB 已经汇聚 70 余位 AI 科学家及 300 多位应用工程师。

此次开放日，腾讯三大 AI 实验室均同台亮相。腾讯优图及天天 P 图运用人脸五官检测能力，让用户可上演“川剧大变脸”；微信智聆带来了“舌战巴别塔”，让用户感受语音与文字的无间转换；腾讯 AI LAB 则将最新的同声传译、《把图片唱给你听》等体验，将语音识别、图像描述、文字转语音等能力用有趣好玩的形式呈现。

两大 AI 高手也现身“方盒子”内。其一是腾讯觅影，通过互动滑轨装置，滑到人体对应的部位，可“筛查”出画面中的身体的各区疾病，用户可以近距离了解这个对早期食管癌的筛查准确率高达 90%，且正将能力扩展对肺结节、糖尿病视网膜病变、宫颈癌、乳腺癌等疾病的“助医神器”；其二是围棋 AI 绝艺，这个以 11 战全胜的成绩夺得 UEC 杯世界计算机围棋大赛魁首的“非人类”，在与柯洁、古力等知名选手对弈中获胜。用户现场可观赏其与一力辽等名家过招的名局。

此次开放日，腾讯可谓多方位向用户分享 AI 成果。早在今年（2017 年）全球合作伙伴大会上，腾讯就提出了 AI in All 战略，将开放 AI 技术能力，探索腾讯内外的应用场景，AI 不仅服务于腾讯全平台的产品，包括社交、游戏、内容，更是分享给行业和用户。用户日可以视作腾讯 AI 开放的最好例证。

腾讯公司表示，腾讯首届用户开放日是一次回馈用户的科技嘉年华，通过可视化、趣味化、互动化的体验，将科技更好地呈现给公众；这也是腾讯与用户共同打磨的一件产品，1.0 版本已成功发布，后期还将不断优化，未来可能到达更多城市与邀请更多用户一起打磨。

资料来源：腾讯举办首届用户开放日，“方盒子”装满科技创意.（2017-12-09）[2020-03-20]. http://science.china.com.cn/2017-12/09/content_40098812.htm.

公共关系的客体——公众，是组织公共关系的对象。组织要针对公众开展一项重要的活动，必须赢得公众的支持与配合，取信于公众。那么，什么是公众？他们有哪些特点呢？怎样针对公众的情况开展公共关系活动呢？

第一节　公众概述

一、公众的概念和含义

（一）公众的概念

公众是公共关系的客体，亦即唯一的工作对象，一切组织行之有效的公共关系工作，都是围绕着公众而开展的。组织依靠公众的支持与合作得以生存发展，因此公众问题成为公共关系工作的首要问题。而做好公共关系工作，首先必须了解和研究公众。

公众指与公共关系主体利益相互影响和相互作用的个人、群体或组织。公众这个概念涵盖了公共关系工作的所有对象，凡是公共关系传播沟通的对象都可被称为公众。因此，公众是公共关系对象的总称。

公众是一个特定范畴，它有别于“社会大众”“人民大众”“老百姓”等概念。公共关系意义上的公众是指面临着某一共同问题，存在着共同的利益而联结在一起的群体。他们与特定的公共关系主体发生着直接或间接的互动效应，成为组织传播交流信息的客体。

（二）公众的含义

一般来说，公共关系中的公众至少包含以下几层意思：

（1）公众是公共关系主体传播沟通对象的总称，它与人民、群众、人群、大众等概念是有区别的。

（2）公众是相对于特定组织而存在的。一个组织诞生了，意味着与其息息相关的内外部公众形成了；一个组织消失了，意味着与其相关的公众消失了。当然，这种消失对公众而言是指其承担的特定组织公众关系对象身份的消失，并不是指公众人身的消失。实际上，个人、群体或组织必然同时具有多重公众身份。

（3）公众是因共同的利益、问题等而联系在一起，并与特定组织发生联系或相互作用的个人、群体或组织的总称。组织在具体的公共关系活动中，面对的既可能是分散的个人，也可能是由个人构成的群体或组织，但这些个人、群体或组织只有因共同的问题或利益而联系起来，并与特定组织发生了关系或相互作用时，才可以称为公众。公众既是集合性概念，又是具有指向性的概念。

（4）公众是客观存在的。公众作为主体的作用对象与主体存在着客观的、不以主体的主观意志为转移的关系。

二、公众的特征

公众的基本特征主要表现为以下五个方面。

（一）整体性

从表面上看，组织所面对的公众是多元的集合体，往往人数众多而分散，但组织在开展公共关系活动时，面对的公众其实是一个完整的整体，亦即组织所依存的社会环境，如商店之于顾客、医院之于患者等，因此组织要用全面、系统的观点去分析组织的公众，而不能只关注部分公众，忽视其他公众。

公众是个复数名词，它有三个组成部分：组织、群体、个人。任何组织的生存和发展都离不开一定的公众群体环境。因此，组织应把面对的公众视作一个息息相关的环境。这个公众环境是组织运行过程中必须面对的公众关系和公众舆论的总和。这些公众关系和公众舆论范围很广，涉及组织内部和外部及社会的方方面面，而且相互关联，构成复杂。因此，任何组织都应该将自己面对的公众视作一个整体，要用全面、系统的观点来分析自己面对的公众。

（二）共同性

公众不是一盘散沙，而是具有某种内在共同性的群体。当某一群人、某一社会阶层、某些社会团体因为某种共同性而发生内在的联系时，便成为一类公众。这种共同性指相互之间的某种共同点，比如共同的利益、共同的需求、共同的问题、共同的背景等。这样一些共同点，使一群人或一些团体和组织具有相同或类似的态度和行为，构成组织所面临的一类公众。比如，表面上看相互之间并没有联系的许多个人或团体，因为同处在一个社区，都面临着某家工厂的污染威胁，从而使他们的态度和行为具有内在的联系，不约而同地或有组织地针对该家工厂采取某种共同的行为，从而对该工厂构成一定的公众压力、舆论压力。可见，公众总是和某一特定的共同点联系在一起的，共同点的特质决定着公众的性质。界定公众首先要界定公众所面临的共同点。因此，了解和分析自己的公众，必须通过相应的共同点（比如共同的问题）去了解、分析其内在的联系，这样才可能化混沌为清晰，从公众整体中区分出不同的对象。

（三）相关性

公众的共同点不是抽象的，而是具体的，与特定的组织相关。公众总是相对于一定的公共关系行为的主体（组织或个人）而存在的。一群人之所以成为某一组织的公众，是因为他们的共同点与该组织具有一定的相关性、互动性，即他们的意见、观点、态度和行为对该组织的目标和发展具有实际或潜在的影响力、制约力，甚至决定组织的成败。同样，该组织的决策和行为也对这些公众具有实际或潜在的影响力、作用力，制约着他们利益的实现、需求的满足、问题的解决等。这种相关性是组织与公众形成公共关系主体与客体相互关系的关键。寻找公众、确定公众很重要的一点就是寻找和确定这种相关性，选择自己的对策和行为方案。如：学校的主要公众是教师和学生，工商企业最主要的公众是顾客和员工等。

（四）多样性

公众的存在不是单一的，而是复杂多样的。“公众”仅是个统称，具体的公众形式可以是个人、群体、团体或组织。日常的公共关系工作对象，包括各种各样的个人关系、群体关系、团体关系、组织关系等。即便是同一类的公众，也可以有不同的存在形式。比如，媒介关系的具体对象，可以是一个记者，也可以是记者协会或新闻学会，还可以是某个新闻单位，如报社、电视台等。对于不同形式的公众，组织要选择不同的沟通渠道和不同形式的沟通手段。公众形式的多样性，决定了沟通方式和传播媒介的多样性。

（五）变化性

公众不是封闭僵化、一成不变的对象，而是一个开放的系统，处于不断变化发展的过程之中。任何组织面临的公众，其性质、形式、数量、范围等均会随着主体条件、客观环境的变化而变化。有的关系产生了，有的关系消失了；有的关系可能扩大，有的关系可能缩小；有的关系越来越稳固，有的关系越来越动荡；有的关系甚至发生性质上的变化——竞争关系转化成协作关系、友好关系转化为敌对关系等。公众环境的变化，必将导致公共关系工作目标、方针、策略、手段的变化。反过来，组织自身的变化也会导致公众环境的变化，这种变化可能对组织产生影响、制约作用。

从整体性、共同性、相关性、多样性和变化性五个方面来把握公众概念的具体含义，可以帮助我们理解这一概念与人民、人群、群众、受众等相关概念之间的区别。

❖观点链接

互联网和万维网也为公共关系信息跨地域传输提供了高效便捷的方式，但这要求对瞬息万变的公众（原书称受众）做出更为快速的反应。在21世纪，人们更加以视觉为导向，注意力集中的时段更短。电视的巨大影响强化了视觉导向，甚至相当一部分人几乎以电视作为所有新闻的来源。电视新闻和娱乐节目越来越表现为离散和快速变换的图像。电脑屏幕前的消费者接触的则是动态变化的多媒体内容，包括带有流媒体的网站、定期更新的博客、即时信息和网络论坛。

……许多消费者认为任何想向他们推销东西的人都动机不纯，他们反而更愿意相信小道消息和流言蜚语。通过公共关系项目创建正当合法、理性信任的环境的需求是显而易见的。

资料来源：［美］丹尼斯·L. 威尔科克斯，等. 公共传播的革命——公关. 尚京华，等译. 北京：中国人民大学出版社，2019：207.

三、公众的分类

现代社会是快速发展的社会，组织所面对的公众千姿百态、千变万化。因此，我们在分析公众时必须抛开其具体形态，抽出其共同性，从不同角度、按不同标准对公众进行分类（见表4-1）。

表4-1　公众的分类

分类标准	分类结果
根据公众发展的不同阶段	非公众、潜在公众、知晓公众、行动公众
根据公众对组织的影响程度	首要公众、次要公众、边缘公众
根据公众对组织的不同态度	顺意公众、逆意公众、独立公众
根据公众不同的社会状态	组织型公众、个体型公众
根据组织公共关系活动的内外对象和利益关系的不同	内部公众、外部公众

（一）非公众、潜在公众、知晓公众和行动公众

公众是一个生长体，它与组织的关系有一个由远及近、由疏而密的发展过程。根据公众发展的不同阶段，可以将公众分为非公众、潜在公众、知晓公众、行动公众四种类型。

非公众指与组织无关，其观点、态度和行动不受组织的影响，也不对组织产生作用的公众群体。

潜在公众指与组织的关系处于不明朗或未来可能发生关系的状态的公众群体，潜在公众又称为隐蔽公众或未来公众。

知晓公众指已经知晓自己的处境，明确意识到自己面临的问题与特定组织的关系，迫切需要进一步了解与该问题有关的所有信息，并开始向组织提出有关的权益要求的公众群体。

行动公众指已采取实际行动，对组织构成压力，并迫使组织采取相应行动的公众群体。

在公众发展的不同阶段，组织应该采取不同的公共关系对策。划分出非公众是为了减少公共关系传播的盲目性，提高公共关系工作的准确性和针对性，避免浪费；针对潜在公众，组织应该未雨绸缪，加强预测，密切监控事态的发展，分析各种可能的结果，制定多种应对方案，引导事情向好的方向发展；对于知晓公众，组织应该采取积极主动的公共关系姿态，及时沟通，主动传播，提供信息，满足公众要求被告知的心情，使公众对组织产生信赖感，主动控制舆论局势；对于行动公众，组织应采取相应的行动，将压力变为动力，使行动公众转变为对组织有利的支持者。

（二）首要公众、次要公众和边缘公众

根据公众对组织的影响程度，可以将公众分为首要公众、次要公众和边缘公众。

首要公众，是指对组织的生存和发展具有重要影响力和决定作用的公众。他们是组织的生命线，如组织的全体成员、企业的用户、商场的顾客、宗教慈善机构的赞助者等对组织有“生杀大权”的群体和个人。几乎所有组织都集中人力、财力和物力来维持或改善同首要公众的关系。

次要公众，是指对组织的生存和发展有一定影响，而这种影响还不至于对组织的生存和发展构成决定作用的公众。如主管部门、财政税收部门、物价部门、社区单位、零散顾客等。次要公众虽不是公共关系的重点对象，但其同首要公众之间有着千丝万缕的联系，次要公众也可能转化为首要公众，因此组织不能忽视对次要公众的争取。

边缘公众，是指与组织有间接关系或对组织起着间接影响的公众。如非同类组织、社会福利组织、员工家属等。边缘公众对组织的影响虽然是间接的，但其覆盖面远远超过了直接公众。边缘公众的介入，使组织的公众群成倍增长，组织对其政策是“争取大多数”，这项工作是最为艰巨而效果又最不明显的。对于边缘公众，组织一般不可能投入太多精力，但也不宜轻视。

（三）顺意公众、逆意公众和独立公众

根据公众对组织的不同态度，可以将公众分为顺意公众、逆意公众和独立公众。

顺意公众，是指对组织的政策和行为持赞美、支持和合作态度的公众。顺意公众是组织的支持者和拥护者，是推动组织发展的基本力量。因此，组织应把顺意公众当做同舟共

济的伙伴，悉心维持，不断加强与他们的联系。

逆意公众也称反对公众，是指对组织持怀疑、反对或不合作态度的公众。逆意公众通常是由于其利益与组织发生冲突或由于沟通不畅对组织的政策和行为产生误解而形成的。争取逆意公众的转化是公共关系的难点。公共关系人员必须下大力气，找到问题的症结，争取改变逆意公众的敌对态度，即使不能使其成为顺意公众，也要争取其成为独立公众。

独立公众，是指介于顺意公众与逆意公众两者之间的中间公众。由于他们对组织奉行的政策、采取的行动持中立态度，或在观望阶段，尚未表态，故称之为独立公众。独立公众往往在数量上占大多数，在态度上又有极大的可塑性，因而被视作公共关系的重点争取对象，尤其是当一个组织与竞争对手的激烈竞争处于相持阶段时，能否争取独立公众采取顺意态度，是组织成败安危的关键。因此，公共关系人员要设法争取独立公众对组织的了解和好感，引导他们成为组织的顺意公众，防止他们成为逆意公众。

（四）组织型公众和个体型公众

根据公众不同的社会状态，可以将公众分为组织型公众与个体型公众。

组织型公众，是指作为社会的一个正式组织或正式群体存在的公众。由于组织型公众对组织的生存和发展能产生巨大影响和作用，因此往往被看做首要公众。在公共关系工作中，每一个组织都要重视处理与组织型公众的关系。组织型公众一般包括社区公众、社团公众和权利公众。

个体型公众，也称非组织型公众或零散型公众，是指处于无组织状态下的个体和非正式群体。这类公众极其广泛和复杂，就具体个人而言，非组织型公众应划入次要公众范畴，但某些身居要职或掌握着组织“生杀大权”的权力人物，一样能对组织的生存和发展起到决定性作用。因此，组织对个体型公众应区别对待，不能一概而论。

（五）内部公众和外部公众

根据组织公共关系活动的内外对象和利益关系的不同，可以将公众分为内部公众和外部公众。

内部公众，即组织内部的成员群体，如管理人员、技术人员、销售人员、辅助人员以及股东公众等。内部公众是与组织利益关系最密切的公众，是组织“内求团结”的主要对象。外部公众，即组织的外部沟通对象群体，如消费者、协作者、竞争者、记者、政府官员、社区居民等。

外部公众是一个外延极广的范畴，对组织发展具有间接的或直接的影响力和制约力，是组织“外求发展”的主要对象。

第二节　内部公众

良好的公共关系应该从内部做起。在企业经营管理中，企业主要关注的是人、产品和利润，这其中人是至关重要的。因此，许多成功的企业都非常重视自己的员工，通过多种形式的内部公共关系活动，与员工同舟共济，共创辉煌。

一、内部公众的含义及对组织的意义

内部公众指组织内部沟通、传播的对象，包括组织内部全体员工构成的公众群体，如企业内部的员工、员工家属、股东以及政府部门内部公务员、工作人员等。内部公众是与组织利益关系最密切的公众，是组织内部公共关系工作的重要对象，是外部公共关系工作的主体。加强内部公众沟通的目的，是培养组织成员的向心力、凝聚力，培养组织成员的主体意识和形象意识。

内部公众对组织的意义可以从以下两个方面来认识。

（一）内部公众的认可和支持能够增强内聚力

一个组织的存在价值和整体形象在取得社会的认可之前，首先需要得到自己成员的认可；组织的目标和任务在赢得社会支持之前，首先需要赢得自己成员的配合与支持。否则，组织提出的目标将会落空，组织将无法作为一个整体面对外部社会公众。组织每一个成员都是组织的细胞，他们对组织有机体的认同和信赖，是组织得以存在的基础。因此，良好的内部关系是公共关系的起点。组织内部的公共关系首先要增强内聚力，将全体员工组合成一个有机的整体。要达到这一目的，就需要将本组织的成员视作公共关系的首要对象，尊重组织成员分享信息的权利，争取他们的了解与理解，形成信任与和谐的内部气氛。

（二）内部公众的努力与配合能够增强组织的外张力

一个组织的对外影响力有赖于全体员工的努力与配合。因为每一个组织成员都是组织与外部公众接触的触角，都处在对外公共关系的第一线；组织的整体形象必须通过他们在各自工作岗位上的良好行为体现出来。在对外交往中，每一位组织成员都是重要的公共关系主体。这种主体性的发挥则有赖于他们对组织的认同感和归属感。一个组织如果希望其成员能够时时处处自觉维护组织的形象，就应该真正善待和尊重自己的成员，将他们作为重要的公共关系对象，努力培养他们对组织的荣誉感、自豪感。

二、全员公共关系及其意义

全员公共关系指通过对组织内部成员的公共关系教育与培训，使之了解公共关系的基本思想，提高公共关系行为的自觉性，加强整体的自觉配合与协调，进而发动全员参与公共关系活动，形成浓厚的组织公共关系氛围与组织文化。这一过程就是全员公关。

作为一种管理职能，公共关系的重要责任是管理一个组织的无形资产——知名度和美誉度。全员公共关系是公共关系的最高境界，是一种最佳的公共关系状态。在这种状态下，组织的每一个成员都应该具有强烈的公共关系意识、高度的公共关系觉悟，都自觉地来做公共关系工作。在组织内部，管理者之间相互沟通，部门之间相互协调，员工之间相互配合，上下一心，众志成城，呈现出一派团结向上、兴旺发达的景象。在组织外部，组织每一位成员都以主人翁的责任心和自豪感，本能地维护组织的声誉和形象，自觉地维护公众的利益与权利，从而对外界产生巨大的影响力。

全员公共关系具有如下重要意义。

（一）有利于提高全体员工的声誉意识

组织通过全员公共关系活动的实施，使每一个员工都能树立强烈的公共关系观念，懂得组织信誉和形象的好坏不仅关系到本组织的兴衰成败，而且影响着每个员工的切身利益，组织良好环境的营造，不单单是组织领导者和公共关系人员的事，还必须依靠全体员工的积极努力。所以，每个员工都应像爱护自己的眼睛一样自觉地维护组织的声誉，从一言一行上作出努力。办事情，想问题，首先要考虑其会不会给组织带来不利影响，是否能增强社会公众对组织的好感。如果有了这样的思想观念，就会使员工自觉约束和规范自己的行为，在与社会公众交往时努力展示自己的良好形象，从而为组织的生存与发展作出贡献。

（二）有利于增强组织的市场竞争力

在全员公共关系实施中，组织往往通过对全体员工开展公共关系教育的活动，强化全体员工的公共关系观念，提高员工的公共关系觉悟，树立员工的公共关系观念，使组织上下左右都围绕营造组织的良好发展环境而努力，从管理层到一线员工，从各职能部门到各员工之间更加协调和融洽，增强组织内部各方面的相互理解和对组织目标的认同感，进而实现共同的价值观。由此，组织的市场竞争力必然得到强化，最终实现组织的快速发展。

（三）有利于提升组织的可持续发展能力

在全员公共关系过程中，一方面，组织需要通过全员公共关系教育，不断提高员工的公共关系觉悟，有效提高员工的思想素质，把员工的公共关系觉悟落实到各自的职业道德和职业活动之中；另一方面，组织通过公共关系理念的宣传，对员工进行系统的教育和训练，使全体员工掌握公共关系基本理论、技巧和技能，以便能积极主动地配合公共关系人员开展公共关系工作，把公共关系意识落实到自己的行动中，把建立组织声誉的意识融入具体产品和服务项目之中。由此会极大地提高组织的可持续发展能力。

三、内部公共关系工作的主要方法

（一）造就员工共同的价值观念

员工的价值观念是决定组织成败荣衰的一个根本问题。每一个组织都有一个基本信念和目标宗旨，用以维系和激励全体员工，调动他们的积极性、主动性和创造性。根据对大量中外组织成功经验的分析，组织成功应具备七个基本要素，即 7S，组织机构（Structure）、组织战略（Strategy）、组织系统（System）、组织班子（Staff）、组织作风（Style）、员工技能（Skills）、员工共同的价值观念（Shared-value）。其中，员工共同的价值观念是 7S 中的核心因素。

（二）建立健全激励机制

1. 物质激励

为了激发员工的积极性和创造性，把员工的聪明才智、劳动潜能充分挖掘出来，组织可以采用物质激励的办法。例如，实行“年度工资制”和“持股计划”；建立员工福利和慰问金制度；修建员工住房、生活区道路、车棚等；对员工结婚、生日、伤病等表示祝贺或慰问；建立总经理奖励基金制度，对那些为公司作出重大贡献和提出合理化建议的员工进行奖励，让他们感受到组织的温暖与关怀，拉近员工与组织的情感距离。

2. 精神鼓励

研究表明，精神鼓励比物质激励更能激发员工的潜在能力。组织可以通过闭路电视、局域网、板报和广播等途径宣传优秀员工的敬业爱岗事迹，发挥优秀团队的先进榜样影响力，掀起“学先进，树新风”的热潮。组织还可以长期进行细致的思想教育，关心员工进步，进行精神激励，这也会收到很好的效果。

（三）加强内部沟通

组织要想在竞争中取得优势，必须搞好组织内部的员工关系，增强内部凝聚力。而搞好员工关系的关键在于，全方位开放组织内部的横向与纵向的信息交流网络。为了取得员工的理解和支持，沟通是最基本的公共关系工作。如组织内部的讲座、讨论、演讲，以及内部刊物的创办、内部网站的使用等，都是非常有效的沟通方式。

（四）营造良好的内部氛围

组织可以通过多种途径培养良好的内部氛围。例如，开展关怀与送温暖活动；建立家属慰问制度，每年春节、中秋节等节假日向家属发慰问信，邀请他们参与组织的有关活动；平时注重开展各种文化活动，向特困员工捐款，培养一种家庭式的温暖气氛等。这些措施都可以增强员工对组织的信赖感和归属感。

四、内部公共关系的协调

（一）员工关系的协调

1. 领导成员之间关系的处理

领导成员之间关系是否融洽，直接关系到组织的发展和领导集体整体功能的发挥。要处理好这种关系，具体可采用以下方法：

（1）合理搭配，分工负责。保证每项工作任务能够落到实处，保证领导集体做出的决策能够得到有效的实施。

（2）互相配合，优势互补。通过领导班子内部的互相协调、优势互补，从而产生最大的合力。

（3）发扬民主，群策群力。实行民主，摒弃专制，是集体主要领导人的重要责任，对于领导集体关系的协调意义重大。

（4）遵守正副职权力规则。只有职位意识明晰，领导行为才能规范，职权关系才能理顺。

2. 领导与员工关系的处理

在组织内部，领导者与员工之间关系融洽与否，直接关系到组织各项工作的进展。

❖观点链接

使员工成为公司最忠实的拥护者

我们的首要目标不是将员工变成狂热的吹捧者——这是事情发展到一定程度自然

出现的结果。要想达到这一步，应该通过营造一个很好的工作氛围，使员工非常乐意在这个公司工作。一个和谐的工作团体将容易被激励，而且可以帮助公司在内部员工和外部环境之间建立起更加有效、更加良好的沟通关系。

因此，员工可以成为公司最忠实的拥护者，但是他们也可能成为最严厉的批评者。每一个公司领导都应该努力去了解、激励这一群体，同时尽量避免在沟通过程中犯错误——这会使精心策划的内部沟通计划功亏一篑。

对员工进行引导，需要三个步骤来完成：

第一步：理解。员工通常都需要了解自己的工作和所作所为在公司整个大规划中所起的作用。他们必须知道自己的行为和态度是如何影响公司的经营表现的。

第二步：接受。当公司员工知道可以通过自己的行为来影响公司财富时，他们就可以接受自己的公司了。在这一阶段，员工仍然需要被激励，从而不断改变自己的行为，努力改善自身的表现。另外，需要引进一些新的工作程序，以允许这些改变发生，不断修订评估员工进步的方法和及时发现奖励员工的新做法。

第三步：支持。这一阶段是应该尽全力努力争取的最高境界，那就是员工在每天的交流活动中总是主动支持自己的公司，比如员工与顾客、供应商、公司竞争对手、朋友、家庭成员等进行交流。他们不仅会传递沟通的信息，还会全心全意地工作，用自己最好的表现来保证公司特定目标的实现。

资料来源：[美] 克里斯·杰纳斯. 赢取信誉——如何成为优秀的公关专家. 宋庆云，杨桦，译. 北京：人民邮电出版社，2003：159-160.

一位成功的领导者应该具备一定的领导技巧：

(1) 真正关心员工。视手下员工如家人，不仅关心他们的工作，而且关心他们的家庭和事业发展前途。

(2) 耐心倾听。认真虚心地倾听员工的意见与建议，让员工知无不言、言无不尽。

(3) 深入基层。走到员工身边，与员工面对面沟通、接触，发现问题及时解决。

(二) 员工家属关系的协调

在组织中，要使广大员工心情舒畅地投入工作，必须注意处理好与员工家属的关系。员工家属关系实际上是员工关系的延伸与拓展。组织与员工家属关系的协调，对组织发展具有重要作用。

处理组织与员工家属的关系，主要有下述几种方法。

1. 经常性地与员工家属接触，沟通情况

组织公共关系人员要善于了解员工的家庭情况，加强与员工家属的信息交流，强化员工家属对组织的了解与信任，取得他们的理解与支持。

2. 把温暖送到员工家庭

组织领导人或公共关系人员可经常走访员工家庭，问寒问暖。遇到员工结婚、生子、老人寿辰、子女嫁娶等时机要主动及时地表示祝贺；当员工家庭遇到暂时困难或意外不幸时，要及时地伸出援助之手。

3. 解决实际困难，解除后顾之忧

组织一方面要搞好员工的福利待遇，另一方面对员工实际存在的诸多困难，如住房紧张以及子女入托、入学、就业难等问题，应该尽量帮助解决，为员工家属多办一些实事、好事。

（三）股东关系的协调

在现代企业制度下，组织（企业）一般都把股东视作内部公共关系的对象。股东是企业的重要支持力量，处理好与股东的关系，对于组织的外部环境营造会发挥重要的作用。股东关系已成为现代公共关系领域特殊的门类和热门话题。

股东关系的协调具体包括下述几种方法。

1. 尊重股东的利益与主人翁意识

首先，组织在协调股东关系时应当紧紧围绕股东利益，以获得股东的信任、支持与合作。其次，要尊重股东的主人翁意识。股东购买了组织的股票，自然就成了组织的所有者之一，要有效地协调好股东关系，尊重股东权益，赢得股东的长久信赖。

2. 与股东保持信息交流与有效沟通

一方面，组织要向股东提供及时、准确、可靠的信息，应定期向股东报告组织经营状况和有关信息；另一方面，组织应尽可能地搜集来自股东的信息，吸纳股东对组织的意见与建议，使组织发展更加顺畅。

组织与股东进行信息交流的具体方式有年终报告、季度报告、内部刊物、股东刊物、宣传手册、信函、定期发放的调查表等，必要时还可对股东进行个人拜访，召集股东座谈会或信息通报会等，与股东进行直接对话。

3. 争取股东参与组织的经营活动

采取切实有效的措施保证股东参与组织的重大决策；充分利用广大股东广泛的社会关系，拓展组织产品的销售网络；争取股东的关心和支持，使他们成为组织形象、产品和服务的推销者、宣传者。

4. 开好股东大会

股东大会是股份制组织的最高权力机构，由全体股东参加，一般分两种：一是定期股东大会，又称股东年会；二是临时股东大会，又称特别股东大会。组织通过召集股东大会，征询股东意见，商讨决策，可推动组织更好发展。

（四）部门关系的协调

任何一个组织都面临着部门关系协调的重要课题。组织的整体效能，主要取决于组织各部门功能的充分发挥和各部门之间关系的协调效果。由于部门之间关系是组织内部的横向平级关系，不存在谁领导谁的问题，协调它们之间的关系有一定的难度。为此，要首先对员工加强全局观念的教育，同时可采取以下办法。

1. 明确各部门职权范围

如果组织部门机构、事权重叠，职责界限不清，就难免出现摩擦、冲突和扯皮、推诿等现象。因此要明确各部门的职权范围，制定合理的制度，提高各部门工作的标准化程度，使各部门完成部门职责范围内的事情，承担与其他部门互相协调、通力配合的义务。

2. 协调各部门领导者之间的关系

在协调部门之间的关系的同时，还要协调各部门领导者之间的关系。各部门领导者肩负着部门关系协调的重要使命，他们之间人际关系的好坏，直接影响部门之间的协作。同时，他们还要做好本部门工作，协调好自己属下与其他部门员工的关系，使全体员工和谐相处。

3. 发挥公共关系机构的作用

这主要体现在公共关系机构通过各种沟通方式，发挥组织信息发布中心、沟通协调中心的作用，在各部门之间互通信息情报、思想观点，促进各部门之间的情感交流，加强互相理解、信任和友谊，从而使组织内部各部门步调一致，通力合作。

第三节 顾客公众

一、顾客公众对组织的意义

（一）顾客的含义

在现代社会，顾客的概念是广义的，泛指一切物质产品、精神产品及服务产品的购买者和消费者。如工商企业的用户、酒店的客人、旅行社的游客、电影院的观众、报社的读者等。所有向社会提供产品和服务的组织都面临着如何处理顾客关系的问题，因为没有顾客，组织的产品与服务的价值便不能实现，组织发展的目标就要落空。“顾客第一”“顾客就是上帝”的说法充分反映了组织对顾客的尊重和为顾客服务的意识。良好的顾客关系不仅能够为组织带来直接的利益，还能帮助组织树立正确的经营思想，甚至能够引导和培养积极健康的消费意识，形成稳定的消费群体，从而促使组织获得巨大发展。

（二）影响组织与顾客公众关系的因素

影响顾客关系的因素很多，通常有以下几点。

1. 商品质量

商品质量是影响组织与顾客关系的物质基础，企业所出售的商品质量的好坏，很大程度上决定着其与顾客关系的好坏。

2. 服务态度

一般来说，每个顾客在购买商品时，都希望得到售货员的礼貌接待、热情介绍、微笑服务。如果顾客一次购物受了冷遇，下次再要光顾就很困难了。

3. 商品价格

在我国，大多数人还不富裕，消费水平较低，因此价格就成为顾客是否购买商品的一个重要因素，也是决定顾客对组织态度的关键因素。

4. 售后服务

对于高档商品，特别是家用电器，顾客往往更看重售后服务，优良的售后服务可以提供给顾客许多方便，同时可以消除顾客使用该产品的不安全感，从而得到顾客信赖。

（三）做好顾客公众公共关系工作的重要意义

组织与顾客公众建立良好关系的目的，是促使顾客形成对组织及其产品的良好印象和评价，提高组织及其产品的知名度和美誉度，增加对市场的影响力和吸引力，为实现组织和顾客公众的共同利益而服务。对顾客公众做好公共关系工作的意义表现在以下几个方面。

1. 良好的顾客关系是影响企业发展兴衰的一个重要方面

顾客是与组织具有直接利害关系的外部公众，也是组织进行市场沟通的具体对象。对于工商企业来说，企业的经营过程实际上是在企业与顾客之间的交往关系中实现的。购买商品的顾客是商品的最终消费者，这就是说，顾客既是企业服务的主要对象，又是企业经营兴衰的关键因素。所以，顾客是工商企业公共关系工作最重要的目标公众，顾客关系是企业公共关系工作中利益关系最直接的外部公众关系。

2. 良好的顾客关系能够为组织带来直接的利益回报

一个组织的存在价值，很大程度上取决于其产品或服务能否得到顾客的接受和欢迎。组织的经济效益需要在市场上实现，而顾客就是市场的关键，有了顾客才有市场。虽然组织与顾客的沟通并不等同于市场经济中的销售关系、直接的买卖关系，但良好的顾客关系有利于顾客对组织的了解与信任，能够为组织的销售创造良好的基础，实际上，也就能够给组织带来直接的利益回报。相反，不良的顾客关系一定会使组织中断销售过程或失去销售机会，给组织带来经济上的损失。因此，顾客公众是组织公共关系对象中利益关系最直接、最明显的外部公众。

3. 良好的顾客关系体现组织的宗旨

顾客公共关系工作要求组织将顾客的利益和需求摆在首位，通过满足顾客的需求和保障顾客的利益，赢得顾客的信赖，由此来换取组织的利益。组织的性质决定了它必然要通过经济活动去赢得利润；而公共关系的理念认为，利润不应该是组织追求的唯一目标，其目标还应该包括顾客接受、赞赏、信任。只有赢得顾客的心，才能获得利润。因此，组织的政策和行为都必须以顾客的利益和需求为导向，在经营观念和行为上自觉地为顾客考虑。

二、建立良好顾客关系的策略

（一）坚持“顾客第一”的公共关系原则

坚持“顾客第一”的原则，就是把顾客放在比组织更重要的位置上，使组织的整个经营活动都始终贯彻这一宗旨，这样才能赢得顾客的信赖。

1. 认真听取顾客的意见是建立良好顾客关系的前提

坚持“顾客第一”的公共关系原则，首先体现为具有尊重顾客的态度，认真听取顾客的意见，把注意力对准顾客，通过各种活动收集广大顾客的意见和建议，了解顾客的需要，明确顾客的期望，从而最大限度地满足顾客的消费需求。

2. 提供优质的服务是建立良好顾客关系的重要保证

坚持“顾客第一”的公共关系原则，主要体现在高质量的服务上。随着市场竞争日趋激烈，焦点越来越集中在服务上，特别是商业行业，服务成为其公共关系工作的基点。抓住了优质服务就能引起顾客的关注，就能争取顾客的合作，赢得顾客的赞誉，这是最大的竞争力。优质服务不仅体现在销售过程中，而且体现在售后服务上。商品卖出后，与顾客的关系并没有中断，应做到“货物出门，负责到底”。真正优质的服务可以为组织赢得良好的信誉和效益，能够与顾客建立持久而稳定的信赖关系。

(二)“顾客永远是正确的”是处理顾客关系的法则

“顾客永远是正确的”，并不意味着顾客在事实上的绝对正确。从公共关系角度来看，它概括了组织与顾客关系状态的最佳境界，反映了组织在处理顾客关系时应有的基本原则。组织的经营者只有树立“顾客永远是正确的”这一思想，才能改善服务态度、提高服务质量，也才能建立与顾客良好的关系。虽然在现实生活中，每一个顾客的情况不同，文化修养和道德水平也千差万别，但是绝大多数的顾客都是通情达理的，如果组织总是挑剔顾客的不是，就不可能建立良好的顾客关系。

1. 维护顾客的权利是建立良好顾客关系的基础

坚持“顾客第一”的公共关系原则，就是要站在顾客的立场上，想顾客之所想，急顾客之所急，切实维护顾客利益，维护顾客权益。组织应从顾客的角度出发，认真对待顾客的投诉，积极为顾客解决难题，赢得广大顾客的赞誉，增加回头客。实际上，尊重顾客权益，维护顾客利益，本身就是一个信誉建立的过程，它对营造组织良好的发展环境起着重要的作用。

2. 以顾客需求为导向是建立良好顾客关系的核心

坚持“顾客第一”的公共关系原则，就是使企业的一切政策和行为都必须以顾客的利益和要求为导向。日本著名企业家松下幸之助认为：鲜明的顾客导向是企业成功的关键。顾客关系是由顾客对商品的购买欲望引起的。组织经营的商品和提供的服务只有适合顾客的需求，才能保证组织目标的实现。组织应以顾客的需求为导向，准确预测和把握顾客的购买意向和发展趋势，建立良好的顾客关系基础，实现长久稳健的发展目标。

(三)“服务意识”是处理顾客关系必须具备的公共关系意识

服务意识是重要的公共关系意识之一，它是指组织及其成员为公众服务的态度和观念，包括对公众的情感以及为公众服务的积极性、耐心等。具有服务意识的公共关系人员会时时刻刻把顾客的利益放在绝对重要的位置上，也会在服务的深度和广度方面下功夫，进而使顾客对自己产生信任感和亲近感。

1. 顾客满意是巩固顾客关系的关键

随着现代社会经济的发展，组织服务质量的提高除了运用技术手段外，应当努力在增强服务意识上下功夫，通过优质的服务和业绩来营造组织的生存环境，提高组织在公众中的美誉度。强化服务意识应成为各类组织（尤其是企业）的当务之急。只有通过强化全体员工的服务意识，提高为顾客服务的自觉性，组织才能在竞争中立于不败之地。特别是组织在处理与顾客的纠纷时，一定要站在顾客的角度，努力寻找解决问题的方法，针对有不满情绪的顾客，耐心地做好解释工作，以取得顾客的谅解，尽量使顾客高兴而来、满意而归。

2. 赢得顾客信赖是组织取得成功的关键

只有赢得顾客的信赖，组织才能在激烈的市场竞争中始终立于不败之地。随着商品经济的发展，市场竞争愈来愈激烈，其竞争关键就在于能否赢得顾客公众的支持与合作。当今企业经营者非常明白：失去了顾客，就等于失去了市场，也就失去了基本的竞争力。尤其在现代社会的市场竞争中，商业企业能够为消费者提供什么样的商品以及这些商品价格的高低已经不是最重要的事情，最重要的是通过优质的服务来赢得顾客对企业的信赖与忠诚。

第四节 媒介公众

一、媒介公众的含义

媒介公众是指新闻传播机构及其工作人员，如报社、杂志社、广播电台、电视台及其编辑、记者。媒介公众是公共关系工作对象中最敏感、最特殊的公众。媒介关系是一种传播性最强、公共关系操作意义最大的公共关系。从对外公共关系实务工作层面来看，媒介公众往往被置于最显著的位置，甚至被称为对外传播的首要公众。与新闻媒介建立良好的关系的目的，是争取新闻媒介对本组织的了解、理解和支持，形成对本组织有利的舆论环境，实现与公众的广泛快速沟通，扩大组织对社会的影响力。

二、媒介公共关系的意义

（一）良好的媒介关系有助于形成对组织有利的公众舆论

新闻传播机构及其工作人员是社会信息流通过程中的“把关人”（Gate Keeper，传播学中亦称为“守门人”），决定着各种社会信息的取舍、流量和流向，决定着公众舆论的中心议题，即具有“确定议程”和“授予地位”的功能。某个组织、人物、产品或事件如果成为新闻界报道的热点，便会成为具有一定影响的舆论话题，较快引起社会的关注。如果一个组织被新闻媒介作客观、积极的报道，就容易获得公众的信任，有利于组织美誉度的提高。

媒介公众长期从事信息传播工作，颇受广大公众信任，已经成为公众的代言人，有着巨大的影响力。他们是引导和影响以及造成社会舆论的主要力量。因此，任何组织要想造成有利于自身的社会舆论，确立和维护自身的生存环境，就必须加强与媒介公众的联系，并与其建立融洽的合作关系。可以说，建立良好的媒介公众公共关系是营造组织舆论环境的关键。

（二）良好的媒介关系有助于实现组织与公众的有效沟通

媒介公众与社会各界有着广泛的联系，整理和传播着各种信息。组织要将自己的有关信息分享给广大公众并使之接受，必须依靠新闻媒介的帮助。因为组织只有很少的机会能够与公众面对面沟通，绝大部分情况下均不能直接接触。要实现大范围、客观公正的传播，最佳的途径就是借助于新闻媒介。而组织的有关信息是否能被有关媒介报道，以及报道的时机、频率、角度等，一般均决定于媒介公众，而不取决于组织本身。因此，组织与媒介公众建立广泛的、良好的关系，是组织成功地运用传播手段实现与公众有效沟通的前提。

（三）良好的媒介关系有助于组织对现代媒介的运用

组织要实现大范围、远距离的沟通，就必须借助于各种现代大众传播媒介。大众传播媒介借助于现代印刷、电子等传播技术，跨越时间和空间的限制，实现大范围、远距离的传播，这是现代公共关系的重要手段之一。但是，大众传播媒介不由组织内的公共关系人员直接掌握和控制，而是主要掌握在专业的传播机构手中。除了花钱做广告之外，组织对大众传播媒介的使用一般必须通过媒介公众才可能实现。

总之，与媒介公众建立广泛、良好的关系，是运用大众传播媒介、争取媒介宣传机会的必要前提。

三、组织处理与媒介公众关系的重要原则

组织在处理媒介关系时，要遵循以下几条原则。

（一）要尊重媒介公众

首先，媒介公众是组织重要的公众，组织在与媒介公众交往时，可以向媒介公众提供信息，但无权要求媒介公众按自己的意愿办。其次，要尊重媒介公众，就不能无视媒介公众的独立性，不能将其纯粹当成宣传本组织的工具，或因担心报道不利于本组织的信息而拒绝采访；同时也不能一味迎合，投其所好，因为这种貌似尊重的不尊重行为，同样会引起媒介公众的反感。最后，即使出现了对本组织不利的失实报道，也不应对媒介公众大加指责，而应该主动与其联系，重新提供正确的信息和事实真相，由其去处理或更正，这种信赖态度就是对媒介公众的尊重。

（二）要主动联系媒介公众

组织要积极主动地、经常地保持与媒介公众的联系，了解新闻报道的重点和新闻界的动向，并经常及时向新闻界提供具有新闻价值的本组织的有关信息，使他们对组织的情况有所了解，切忌“平时不烧香，临时抱佛脚”。当组织有了重大新闻，特别是在组织发生了危机情况时，媒介公众就能以公正、客观的立场进行报道。加强与新闻界的合作，首先表现在对各种新闻媒介的记者采访都要以礼相待、以诚相待，并及时提供必要的帮助和服务，认真回答他们提出的各种问题，绝不可以缄默不语或支吾搪塞。其次，当媒介公众需要组织支持时，组织应尽一切可能给予帮助，努力建立起一种良好的合作关系。

❖观点链接

在公共关系工作中，媒介公众具有双重身份。一方面，它是公关传播的工具和手段，另一方面，它又是组织特别争取甚至努力追求的公众对象，对象和手段合一的双重性赋予媒介公众特别重要的地位。正所谓“成也萧何，败也萧何”，媒介公众就是组织的“萧何”，因为媒介公众不仅是组织公关工作的同盟军，而且也是社会大众的卫士，他们常常利用手中的传播工具，利用舆论的力量来维护社会大众的利益。当组织行为有利于社会大众时，新闻媒体便进行正面报道，为之扬名；当组织行为不利或有损于社会大众时，便进行反面报道，发挥舆论监督的作用，以促使组织矫正其行为，重塑良好形象。

资料来源：陈先红．现代公共关系学．2 版．北京：高等教育出版社，2017：185.

（三）要坦诚对待媒介公众

组织在与媒介公众交往时，应特别注意这一条原则。因为媒介公众的工作就是把真实

的信息及时地传播出去，而不能弄虚作假，报喜不报忧，否则不仅影响新闻界的声誉，还损害组织的声誉。由于媒介公众与组织所处的立场、动机不一样，组织发生的事件，特别是那些对组织形象和声誉不利的事情，与媒介公众不一定有直接的关联，但他们往往比那些有直接关联的人更为感兴趣，甚至还会有意识地报道事情的阴暗面，以期问题尽快得到解决。因此，组织对于“家丑”绝不可掩盖起来，而应该讲实话，如实反映，并提出解决问题的措施，从而取得媒介公众及广大社会公众的谅解和合作，力争使坏事变成好事。

（四）要平等对待各种媒介公众

组织对各种新闻机构要平等对待，不应有亲疏远近之分。接待媒介公众一视同仁，使他们能平等地获得本组织所提供的任何信息，切忌厚此薄彼。对待报道本组织成绩和批评本组织失误的媒介公众也要平等对待，给予他们同样的支持。

另外，媒介公众最重视的是不发布假新闻和不受其他势力的摆布，保持对社会公众负责的公正性。所以，任何组织不应该用请客、送礼、行贿等不正当手段，要求记者撰写有利于本组织的报道或不利于竞争对手的报道。对敢于坚持正义的记者，不能因为其报道过不利于本组织的新闻就进行威胁、报复。

四、组织处理与媒介公众关系的具体方法

（一）邀请媒介公众参观访问

这是与媒介公众建立良好关系的有效办法。通过实地参观访问，媒介公众可以对组织各方面情况增加感性认识，获得宣传报道的第一手资料。媒介公众参观访问的过程，也是组织倾听这批重要公众批评和建议的机会，从中可以了解到社会公众对本组织的看法。组织安排好参观访问活动，不仅能增进组织与媒介公众的感情交流，还可以有效地提高组织的知名度。

（二）安排专职人员同媒介公众联系

组织与媒介公众联系，最好安排熟悉新闻界特点与业务的人专职负责此事，以保持联系的稳定性。专职人员比较了解各种新闻媒介的特点，能经常收集新闻界的各种动态信息；同时，专职人员掌握组织的全面情况，能准确回答记者的问题，从而成为组织的“新闻发言人”。否则，多人联系提供信息，会造成媒介公众信息接收的混乱，使媒介公众无所适从。

（三）适时召开记者招待会

适时召开记者招待会也是组织加强与媒介公众合作的重要方法。记者招待会（或称新闻发布会）是组织建立和保持与媒介公众联系的一种较正规的方式。与向媒介公众提供稿件的形式相比，它具有更正式、影响面更广的效果。在记者招待会上，记者可根据感兴趣的内容和自己侧重的角度进行提问。这种方法能较深入地加强组织与媒介公众的双向沟通，密切与媒介公众的良好联系。

（四）经常向新闻界提供信息

组织在与媒介公众交往时，除适时地召开记者招待会外，应该经常、及时、客观地向新闻界提供具有新闻价值的、符合新闻传播规律的新闻稿，这是媒介公众欢迎的事情。组织主动向媒介公众提供新闻信息，也是搞好与媒介公众关系的有效途径。

第五节　政府公众

政府公众是指政府各级行政机构及其工作人员，即组织与政府沟通的具体对象。任何组织都必须接受政府的管理和制约。政府公众是所有传播沟通对象中最具有社会权威性的公众。组织与政府公众保持良好沟通，可以争取政府各职能部门对本组织的了解、信任和支持，从而为组织的生存和发展争取良好的政策环境、法律保障、行政支持和社会政治条件。因此，组织必须与政府各职能部门建立和保持良好的沟通，这是组织生存和发展的重要保障。组织可以在以下两个方面针对政府公众做好公共关系工作。

一、把握有利时机，主动与政府公众开展沟通工作

政府掌握着管理社会的权力职能，具有强大的宏观调控力量，同时代表公众的意志来协调各种社会关系。一个组织的决策、行为和产品如果能够得到政府公众的认可和支持，无疑将对组织产生重大影响，可以使组织的发展更加顺畅。因此，组织应该把握一切有利时机，积极与政府公众沟通，扩大组织在政府相关职能部门中的信誉和影响，使政府相关职能部门了解本组织对社会、对国家的贡献和成就，为组织的生存与发展创造良好的政治环境。

二、自觉遵规守法，积极向政府公众汇报组织情况

法律、政策和管理条例是一个组织决策、活动的依据和基本规范，组织的一切行为都必须在政策、法规许可的范围之内实施。组织通过与政府公众建立良好的关系，能够及时了解相关政策的变动，较方便地争取到政策性优惠或支持。因此，组织的公共关系部门应该高度关注政府的方针、政策、法规的动态，提供给本组织领导及各个部门参考，随时将实际工作部门的具体情况上报给政府有关部门，并根据本地区、本行业、本部门的特殊情况，主动地提出新的政策设想和方案，适时通过适当的渠道做说服性的工作，争取营造对组织有利的社会环境。

此外，组织处理与政府公众的关系，还需要熟悉政府机构的内部层级、工作规则和办理程序，与各相关主管部门的工作人员保持良好关系，减少拖延现象，提高行政沟通的效率。

第六节　网民公众

一、网络环境下组织公共关系的新思路

中国互联网发展状况统计报告显示，截至 2020 年 3 月，中国网民规模达 9.04 亿，互

联网普及率达96.5%，其中网民使用手机上网的比例达99.3%①。网络社会的发展一方面对推动整个社会的发展产生了极大的积极影响，如促进经济发展、促进创新、降低信息沟通成本、促进政府效率、有利于政府透明和监督、加强官民互动等；另一方面也对传统的公共治理体系产生了极大的冲击，如网络暴力、侵害公民隐私、危害公共安全等问题。同时，淘宝网、京东商城、当当网等一大批网络销售企业的发展壮大，形成了众多的网购顾客。这些都促使每一个组织必须高度重视网络传播与沟通，高度重视网民公众的信息反馈。

（一）正确认识网络社会，充分发挥网络的积极作用

网络社会已经与传统非网络社会高度融合，产生了介于虚拟社会与传统非网络社会高度融合的新的混合状态。因此，需要采用虚实结合的治理策略。网络时代的公众不只是传播信息的被动接收者和使用者，而且是参与社会管理和社会公共事务的基本成员，应该拥有各种各样的正当权利。如何与时俱进，正确把握网民公众舆论的本质特征，并赋予其科学、合法化的身份，是各类组织因应时势，妥善有效应对的前提。

（二）构建良性互动的网络平台，形成新型的公共关系模式

网络社会颠覆了原有的相对固定的层级关系，使得政府、企业、组织、公民等各种主体都以大致平等的身份参与到网络社会的互动中。那么，这些在原本真实社会具有明显层级地位和力量不平衡的主体在网络社会中已经发生变化，原先的固化的层级关系和力量对比已经不复存在，典型的如无论政府部门的大小，其在网络社会的代表都是单一的ID。因此，组织必须主动适应这种变化，积极构建良性互动的网络平台，在网络实践中创新公共关系模式，努力形成新型的网络公共关系。

（三）汇集网络民意资源，为公共关系决策提供有效依据

网络创造了全新的、平等的、没有强权和中心的信息空间，在互联网上所有参与的人不仅机会是均等的，而且地位也是平等的。网络交流的直接性，使得公众可以相对平等地去监督政策执行主体，发表对企业产品与服务的感受和意见，从而真正产生舆论监督应有的作用，保证公共决策的有效性。网络平台给了民众更多与组织平等交流的机会，给了民众表达自己见解的机会。网络民意表达的好处显而易见，可以让政府了解民生民情、汇聚民智，"最方便网民说实话"，弥合了阶层地位等各种差异，拉近了政府与民众之间的距离，而多元化的声音才能代表不同的民意，有效地维护各阶层的利益，促进公共决策的公平，为组织的公共关系工作创造更坚实的基础。

二、组织针对网民公众做好公共关系工作

网民公众伴随着互联网的出现而进入人们的视野，每个人可能都是网民公众的一员，而同时又都似乎与网民没什么关系。所以网民公众又自嘲是"吃瓜群众"，只管"围观"看热闹，不对事情的发展起实际的作用。但在某种程度上来说，网民类似于网络舆论，也是一种民意的表达，组织在遭遇网民的痛斥或批评时，不能无动于衷。当组织针对网上的公众开展公共关系工作时，网民公众也就实实在在存在了。针对网民公众，组织应该做好

① 中国互联网信息中心．中国互联网发展状况统计报告，2020-04.

以下两方面工作。

（一）将网民公众视为一种公众意见

在互联网的信息传播环境下，每个人既生活在现实的世界中，又生活在虚拟世界中。手机的高普及率和上网的便捷性，使人人都可能是电视台，个个有可能成为新闻发言人。一些网络社区每天都涌现的大量的话题，大众传播媒体提供方便的留言区，微信平台上被反复转发的评论帖子，让社会公众几乎须臾不脱离信息的热点或旋涡。“看热闹不怕事大”，网民公众常常自然地、有意无意地发出他们的声音，增加了社会舆论的热度，再加上一些意见领袖或者所谓的“大V”发声，势必对舆论的走向发挥出一定的作用。因此，对组织来说，当网民的话题集中在组织的问题上时，组织必须将网民公众看做是一种不可忽略的公众意见，认真对待，积极回应。

（二）主动针对网民公众开展信息沟通工作

网民公众来自社会的各个层面，并非是一些无事生非的“闲人”，组织对于网民公众要主动发声，不可置之不理，尤其是组织遭遇突发的危机事件时，更要高度关注网民公众的反应，对他们的态度要积极引导，真诚解释，不可生硬对待，甚至打嘴仗。我国现在有8亿多网民，信息的传播如病毒般快速，组织回应迟滞，或者含糊其词，就可能引起网民的反感，带来一片骂声；组织如果及时关照网民公众的感受，把相关信息快速公布说明，网民公众也会马上点赞认可。不论怎样，网民公众的评价对组织的声誉也会产生深远影响。

在今天快速传播的时代，组织必须具有高度的公共关系意识，真正尊重所有的公众，把组织的事情做好，把组织的信息传播好，不要以为做事情可以暗箱操作，“群众的眼睛是雪亮的”，在互联网的探照灯下，没有什么东西可以不为人知，没有什么事情可以隐瞒到底。公众不再是视而不见的“草民”，他们已经具有了强大的力量。

本章小结

公共关系的客体即公共关系的工作对象是公众。公众既是一个组织赖以生存、发展的根本，又是其开展公共关系工作的对象。公共关系活动的中心任务，就是解决组织与各类相关公众之间的关系问题。公众具有整体性、共同性、相关性、多样性和变化性的特征。根据不同的标准，对公众有不同的分类。对内部公众需要强化全员公共关系意识；顾客公众是组织外部公共关系工作中最重要的一个方面；处理媒介公众关系要注意把握基本的原则，而政府公众、网民公众也对组织的生存与发展有不可忽视的作用。

职业实训

1. 案例剖析

董明珠承诺的员工房要落地？格力称正逐步推进

“要让格力8万员工，每人都有两室一厅的房子。”格力电器董事长董明珠此前的豪言壮语，眼下正在逐步实现。

2018年2月6日，珠海市住房和城乡规划建设局发布了《格力电器人才公寓项目批前公示》，根据项目公示，格力电器将建设一个名为“格力人才公寓”的房地产项目，项目地址为珠海前山鞍莲路与翠屏路交叉口西侧。2月7日，格力内部人士确认，该项目就是格力员工的福利房。

对于项目建成后，是否可以满足“格力员工每人一套员工房”，格力内部人士表示：“还在努力中，（对员工住房）会逐步推进。”

近几年董明珠多次在公开场合大谈员工福利问题。两年前，格力就宣布每月加薪1 000元，随后董明珠更是宣称将会建造3 000套两室一厅“人才公寓”。2017年，董明珠称，哪怕自掏腰包，也要争取让格力电器员工都享受两房一厅的待遇。

2018年初，董明珠更是喊话：“只要你在格力干到退休，就送两房一厅。”

不过，董明珠对员工房的承诺，一度引发外界争议。但目前看来，其的确不是纸上谈兵。

根据公示内容，此地产项目建设用地性质为二类住宅（公租房）及其配套的服务设施用地。项目总建设用地面积约为8万平方米，总建筑规模约28万平方米，容积率2.5，规划车位1 234个。

其实在2017年7月份，格力人才公寓项目就开始对外招标，从项目来看，工程类别为商业住宅、教育培训、社区服务。招标阶段，招标人给出的数据为项目总占地面积8万平方米、建筑面积27万平方米，工程估价5.86亿元，建筑层数35层，规划的建设周期为2017年10月份至2019年12月份。

实际上，这已不是格力电器第一次为员工投资建设福利房。格力此前为员工在总部珠海建成了格力康乐园一期员工生活区，总投资2亿元，可容纳1万人居住；格力康乐园二期用地面积约3.3万平方米，总建筑面积9.35万平方米，总投资近4亿元，也已于2014年7月份投入使用。据了解，在重庆、武汉、石家庄等格力的基地，格力电器都参照总部标准为员工建成了服务设施齐全的生活区。

对于入住标准，格力方面表示，格力电器骨干员工只要有需要，符合申请标准，就可以申请一直居住员工房。不过董明珠也表示，要想得到房子，也是有条件的。“只有员工在格力退休，才能得到房子的所有权，如果中途离职，房子还要退回的。”

格力内部人士表示：“虽然员工房在公司规划之中，但要实现（8万员工都住上员工房的）愿景，还需要靠全体员工共同努力。”

资料来源：希红市．董明珠承诺的员工房要落地？格力称正逐步推进（2018-02-09）[2020-03-25]．http://www.ce.cn/macro/more/201802/09/t20180209_28125690.shtml．内容有删节。

（1）这个案例是一个针对什么公众的案例？

（2）案例在哪些方面体现了格力的公共关系的行为？

（3）从这个案例中可获得什么启发？

2. 职场模拟

一个公司在中秋节准备给员工提供福利，但在发钱还是旅游方面产生了意见分歧，请大家讨论是否有万全之策，特别是不要让内部公众对组织产生埋怨。

3. 能力训练

（1）面对顾客的投诉（如投诉售货员态度恶劣、商品有问题、商场环境差等），商场公共关系部人员怎样让顾客生气而来、高兴而去？

（2）当企业因为涉嫌侵权而被市场监督管理局查处时，企业应如何应对？

（3）企业附近的学校提出企业噪声太大影响教学，企业应如何处理？

第四章在线练习

公共关系调查

本章思维导图

本章学习目标

通过本章的学习，你应该能够：

1. 了解公共关系调查的含义。
2. 了解公共关系调查的基本原则。
3. 掌握公共关系调查的内容。
4. 掌握公共关系调查的基本程序，并能够撰写公共关系调查报告。

课前思考题

1. 为什么说公共关系调查工作是公共关系工作中一项极为重要的工作？
2. 适合公共关系调查的方法有哪些？
3. 如何设计一份调查问卷？
4. 在公共关系调查报告的写作过程中应注意哪些问题？

导入案例

中国公共关系业2017年度调查报告

为反映2017年度公共关系服务市场的运行态势，正确评价中国公共关系业的发展状况，为专业机构提供积极的行业指引，2018年3月13日至4月10日，中国国际公共关系协会（CIPRA）对中国（不含港澳台地区）主要公共关系公司进行调查活动。该项活动由协会研究发展部具体实施。

项目组采用问卷调查的方法对2017年度全国主要公关公司进行抽样调查，内容涉及运营管理、业务发展和可持续发展等方面。

项目组对问卷所取得的数据进行了科学统计，并依据行业经验和历史数据进行了相关核实和判断，在科学分析基础上形成本调查报告。本报告由年度排行榜、行业调查分析、TOP公司研究、最具成长性公司研究及行业发展分析五个部分组成。

报告说明：

1. 本报告所涉及的调查内容仅涉及中国内地的公共关系服务，不包括被访者的广告及其他制作业务；

2. 本报告所依据的调查数据为被访者所提供的数据，尽管访问者对这些数据做了相关核实，但本报告并不为这些数据的真实性提供保证；

3. 本报告所访问的对象为公司主要负责人，他们在接受调查时均声明代表公司的意志，所提供的信息均是真实、准确和有效的；

4. 本报告所发表的数据和结论以被访者提交的数据为基础，经过统计分析和行业判断，并加以测试和修正，这些数据不一定完全符合真实情况但能反映行业发展基本面的情况；

5. 本报告相信，有关数据和分析确实具有非常好的参考价值，能为中国公共关系市场的健康发展提供积极的引导和推动力。

行业调查分析

一、2017年中国公共关系行业呈现的特点

（一）公关行业的兼并、重组已经成为常态。资本加速进入公关行业，而公关行业也正在借助资本的力量做大做强。2017年春节刚过，国内著名公关公司宣亚国际正式在中国A股上市，这意味着，在蓝标上市7年之后，又一家老牌公关公司正式登陆创业板。

（二）跨界融合进入新阶段。行业的跨界融合与合作已成为新常态。2017年，公关与广告、营销行业的跨界融合开始提速，目前已形成行业之间优势互补、相互渗透的竞争格局。

（三）内容营销已经成为企业传播的核心要素之一。直播、人工智能、区块链等移动互联技术在内容营销方面的应用已成为热门话题。IP正越来越多地成为现象级的内容营销概念。

（四）人才流动和培养依然是影响行业发展的重要因素。由于行业整体稳定增长带来的人才需求，与2016年相比，中国公关市场人才专业化，以及人才培养等问题，并没有得到有效缓解。另外，2017年公关行业人力资源成本上升较快，也给公关公司带来了一定的成本压力。

调查显示，2017年度中国公共关系服务领域的前5位分别是汽车、IT（通信）、快速消费品、互联网、娱乐/文化。汽车依然是行业内主要服务客户，且市场份额有所增加。前5个领域与2016年度排名相同。制造业的排名从2016年的第七位上升到第六位。奢侈品市场份额稍有回落，从2016年的第六位下降到第七位。房地产本年度市场份额略有增加，从2016年的第十位上升到第八位。此外，医疗保健、金融等份额较2016年也明显回落，分别位居第九、十位。

二、2017年中国公共关系行业发展分析

2017年，中国公共关系呈良性竞争的发展趋势，增长率基本趋于稳定。据调查估算，整个市场的年营业规模达到560亿元人民币，年增长率约为12.3%。相比2016年16.3%的增长率，尽管增幅稍有回落，但依然处于快速稳定增长期。

（一）汽车、IT（通信）、快速消费品继续占据市场前三位。调查显示，2017年度中国公共关系服务领域的前3位分别是汽车、IT（通信）和快速消费品。由此可见，这三个领域已经长期成为公关服务的主要领域。与2016年相比，前三个领域的市场份额均有不同程度的增加，而互联网、奢侈品所占份额稍有回落。

（二）娱乐/文化领域继续位居市场份额前列。2016年度的行业调查，首次将娱乐/文化列为调查项目，出人意料的是，该领域份额位居第五。2017年度的调查显示，该领域市场份额略有回落，但仍位居第五。由此可见，娱乐和文化等精神方面的需求具有持续性，在相当长的时间里，都将为公共关系行业发展提供更大的服务空间。

（三）人力成本增加，运营压力加大。调查显示，TOP公司月平均工资水平为13 733元，比上年同期增长11.2%；客户经理平均月薪14 253元，比上年同期增长7.1%；大学生转正平均月薪5 256元，比上年同期增长9.0%。人员成本逐年增加，这是公关行业的一个明显趋势。调查还显示，随着TOP公司业务规模扩大，单位人工成本上升较快，加上管理费用加大，以及兼并收购出现的商誉和无形资产减值等因素，运营压力依然存在。

（四）国际公司在中国的业务保持稳定增长，本土公司已经占据主导地位。国际公司的主营业务侧重顾问咨询服务。由于成本控制较好，人均利润较高，加上年签约客户数及连续签约客户数相对稳定，因此国际公司在中国的业务保持稳定增长。但近年来，本土公司在不断提升专业化水平的同时，借助互联网、大数据、资本和市场等优势，已经在行业中处于主导地位。

三、中国公共关系行业发展趋势

随着跨界融合的不断深入，行业之间竞争态势更加明显。一方面，公关行业服务领域将越来越广泛和深入，行业发展机遇更加宽广；另一方面，竞争也给公关行业带来挑战。

第一，大战略为公关带来新机遇。随着“一带一路”倡议的持续和深入推进，全球化背景下的国家公关意识和策略不断地增强，中国公关行业迎来了更大机遇，服务领域更广，从业人员的视野更开阔，中国的公关业将在不远的将来，步入一个千亿级市场。

第二，资本深度介入公共关系行业，做大做强渐成行业趋势。近年来，资本深度介入公关行业。未来的中国公关行业将形成双头格局：一是通过兼并重组形成少数实力强大的综合性国际传播集团，它们规模较大，业务范围广泛，客户相对稳定，国际化水平高。二是专注某些特定领域的中型公关公司，它们数量较多，通常针对一个或几个细分市场，专业化程度高。

第三，政府机构购买公关服务的趋势开始显现，为行业增长开辟了新的领域。近年来，政府部门对公共关系越来越重视，相关机构购买公关服务的趋势开始显现。在杭州举行的G20峰会、在乌镇举办的世界互联网大会，以及近年来旅游景点的推广，政府机构都是通过购买服务的形式参与其中，这为公关行业未来的发展开辟了新的领域。

第四，公关行业正面临着从传统公关到新媒体时代公关的转型。互联网营销、大数据、数字化、信息化的不断涌现，倒逼从业人员结合自身业务，学习新技术，研究新问题。转型发展带来的资金、技术，尤其是互联网思维，就成为公关行业最为关注的问题。

资料来源：中国公共关系业 2017 年度调查报告. （2018-05-17）［2020-03-25］. www.chinapr.com.cn/p/1353.html.

公共关系调查是组织进行公共关系活动策划的前提，需要调查哪些内容、采取什么样的调查方式、如何对调查数据进行分析、如何撰写调查报告等，是组织进行公共关系调查的重点。

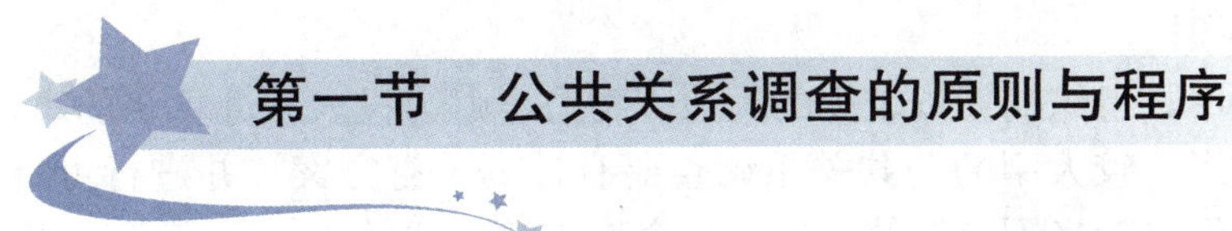

第一节　公共关系调查的原则与程序

公共关系调查，是指公共关系工作人员对所服务的组织的公共关系状态进行情报收集与分析研究的工作。公共关系调查有两个主要功能：一是收集资料，反馈信息，客观真实地反映组织的公共关系状态；二是分析资料，透过现象看本质，揭示组织公共关系状态的发展趋势，并据此提出加强和改进组织公共关系工作的策略和措施。公共关系调查是公共关系的基础性工作，发挥着重要的情报功能。

一、公共关系调查的基本原则

开展公共关系调查工作，必须遵守以下基本原则，如图 5－1 所示。

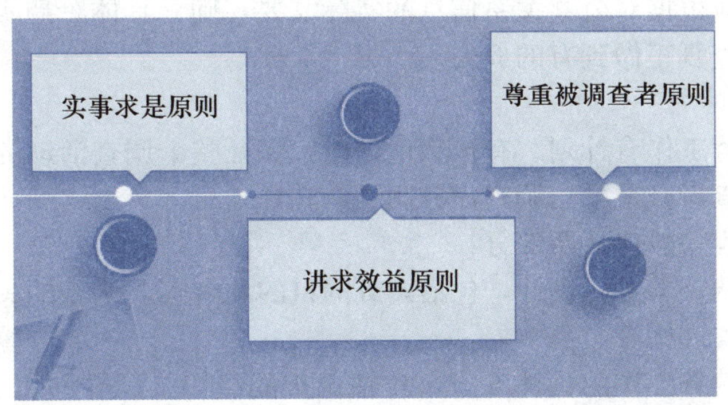

图 5－1　公共关系调查的基本原则

（一）实事求是原则

这一原则包括两方面含义：一是按实际情况办事，不夸大也不缩小；二是从实际情况出发，找出周围事物的内部联系，探求其发展的规律性。遵循实事求是原则，能保证所取得的调查资料具有真实性，保证由此得出的结论具有实用性，这样的调查活动才有意义。

（二）尊重被调查者原则

调查者在整个调查中，要尊重被调查者的人格、宗教信仰、民族习惯、生活方式和兴趣爱好；要谦虚礼貌，热情主动，举止文明；要关心被调查者，并积极为之解决困难。公共关系调查的顺利进行离不开被调查者的配合与支持，尊重被调查者是取得被调查者配合与支持的先决条件。在一般情况下，被调查者并没有接受调查的义务，因而在整个调查过程中始终贯彻尊重被调查者的原则就显得更为重要。同时，开展公共关系调查的过程，也是建立组织信誉的过程。调查者是组织的代表，被调查者很容易把调查者与组织联系起来。尊重被调查者，并与之建立融洽的关系，不仅能使被调查者对调查者本人产生好感，而且还能使被调查者由此对调查者所代表的组织产生信赖。

（三）讲求效益原则

在公共关系调查中，组织期望以较少的人力、物力、财力投入来办更多的事，使公共关系调查取得最佳效果。较大型的公共关系调查要有计划、有方案，并进行可行性论证，以避免由于决策上的失误带来不经济的后果。整个调查活动要精心组织，一环套一环，避免走弯路。扎实的公共关系调查，有助于组织的公共关系活动策划更加科学，活动的实施更加具有针对性，活动的效果更能够达到预期目标。

二、公共关系调查的程序

在公共关系调查中建立一套系统的科学程序，有助于提高调查工作的效率和调查质量。在实践中，虽然各项公共关系调查的具体步骤和先后次序会因目的、要求、范围等不同而呈现出差异性，但是，一般来说，一项规模较大的公共关系调查可按以下步骤进行。

（一）确定调查任务

这是整个调查工作的第一步，主要任务是明确调查目的，解决“调查什么”的问题。组织公共关系工作应根据对公共关系信息的实际需要，确立具体、翔实的公共关系调查任务，使公共关系调查真正做到有的放矢。

（二）制订调查计划

为了使整个调查工作有计划、有步骤地进行，保证整个调查活动的科学性，在确定了调查任务以后，调查者必须根据调查任务制订调查计划。

调查计划的内容一般包括两部分：

第一部分是对调查本身的设计，包括调查的目的和内容、调查的具体对象和范围、取得资料的方法及调查表格等。

第二部分是对调查工作的具体安排，包括调查的组织、领导和人员配备、经费估算、调查日程安排等。调查计划是调查安排的依据，调查安排是调查计划的具体化，既要全面又要简单明了。

对以上内容可形成一份书面调查计划。

（三）准备调查条件

公共关系调查在考虑到实际需要的同时，还必须以一系列的条件作为保证。调查条件主要涉及三个方面：人员条件、经费条件和物质条件。

1. 人员条件

调查人员的素质直接影响整个调查过程乃至结果，素质较高的调查人员可以保障调查工作的顺利进行。所以，在进行调查活动前，要先对调查人员进行挑选和训练。

调查人员的思想意识、文化程度、性格特征等因素都会作用于调查活动。虽然调查内容和对象各有不同，但都需要素质和能力比较全面的调查人员。挑选调查人员主要按照以下标准：有高度的责任心和敬业精神；对调查工作有兴趣和热心、耐心；诚实勤勉，能吃苦；有较高的文化素质和基本的调查知识；仪表端庄，有亲和力；客观端正，看问题不偏执。

调查人员在进行调查前有必要接受训练，这样可以保证调查工作的有效进行。训练可从以下方面入手：

(1) 态度训练。目的在于通过训练，让调查人员明确和进一步端正调查态度，知道调查的重要性。尤其是较重要的、关系组织发展大局的调查活动，更要使调查人员加倍重视。

(2) 技能训练。技能训练包括与人沟通的能力、控制调查过程的能力、对问卷和资料的处理与分析能力等。有经验的调查人员也要接受这种有针对性的专题训练。

(3) 处理常见问题和突发性事件的训练。调查人员在调查过程中，往往会遇到各种问题，如对方不配合、调查地点临时改变、调查工具故障等，调查人员应学会处理各种问题，保证调查顺利进行。

(4) 具体的项目操作训练。针对具体项目调查，使调查人员熟悉提问的问题、记录的方法、辅助工具如影像设备等的使用。

2. 经费条件

调查经费是调查活动进行的后勤保障，是经济基础，调查活动从始至终都要有经费的支出。所以，在实施调查活动前，必须进行经费预算。经费预算包括的项目很多，主要有调查方案设计费、问卷设计费、印刷和装订费、实施过程中的调查人员劳务费、赠送被调查者的礼品费、调查工具的使用费、异地调查的差旅费、误餐费、调查后的资料统计费等。对这些费用如果不考虑周全，没有做好预算，很可能出现超支或浪费。

3. 物质条件

公共关系调查往往需要一些物质技术手段的支持，如录音机、录像机、摄像机、摄影机、电话机、传真机、计算机等，这些都应提前做好准备。

(四) 收集调查资料

收集资料是整个公共关系调查工作的重点，它的主要任务是按计划的要求与安排，系统地收集各种资料（包括数据和被调查者意见）。

调查资料一般分为两类：一类是原始资料，也称第一手资料，这是调查人员通过各种调查方法进行实地调查所取得的资料；另一类是现成资料，也称第二手资料，这是由他人收集的现成的资料。

一般来说，现成资料容易取得，花费的时间和精力较少；而原始资料取得难度较大，花费较多。就一项较大规模的调查来说，仅有现成资料是不够的，它的主要资料更多地应该来源于实地调查。

另外，资料的收集过程是公共关系调查者在一定的社会环境中与被调查者正式接触的过程，也是受各种外部因素影响而无法完全控制调查工作的过程，所以调查者必须协调好各种关系，争取多方支持，保证公共关系调查工作的顺利进行。

观点链接

调研是公共关系过程中至关重要的第一步。调研是策划、项目实施以及测量过程中不可或缺的一部分。从根本上说，调研是一种倾听。

公共关系人员在制订计划之前，必须首先收集和解读数据。调研是必不可少的，它可以让高级管理层在进行监测和制定有效传播活动策略时做到心中有数。在一个活动完成后，调研还提供了一种评价和测量的手段。有意义的测量会使高层管理人员更加信任公共关系人员，并给予公共关系人员更大的职责。

不同类型的调研能够实现组织机构不同的目标并且满足其信息需求。调研类型的选择取决于特定的对象和具体的情况。总的来说，时间和预算是主要的考虑因素，对调研重要性看法也是重要的考虑因素。

资料来源：[美] 丹尼斯·L. 威尔科克斯，等. 公共传播的革命——公关. 尚京华，等译. 北京：中国人民大学出版社，2019：110.

（五）整理分析资料

整理分析资料是公共关系调查过程中极为重要的一个环节。一般来说，通过调查所得到的资料是分散和零碎的，不能系统而集中地说明问题；某些资料还可能有片面性或谬误等。因而，在取得资料后，必须对资料进行系统、科学的整理和分析，去粗取精，去伪存真，分析综合，严加筛选。只有这样，才可能客观地揭示事物的内在联系，得出正确的调查结果。

资料的整理分析，主要包括以下几项工作：

（1）检查核实。在资料整理中，要检查资料是否齐全而无遗漏，是否有重复与矛盾，是否有与事实不相符合的情况。一旦发现上述情况，要及时复查核实，并予以剔除、删改、订正和补充。一般情况下，检查核实的部分工作要在收集资料的同时完成，即一边收集资料，一边检查核实，这样便于及时进行订正和补充。

（2）分类汇编。资料经过检查核实后，为了便于归档查找和统计，应按照调查的要求进行分类汇编，即先进行分类登记，然后按类摘抄、剪贴、装订、归档，以备查阅。还可将整理后的信息输入计算机。整理资料中的数据要做到准确、清楚、及时，这是衡量信息资料价值的重要标准。

（3）分析论证。即对分类汇编的资料进行分析，得出结论，并依据资料所得出的结论进行论证。分析论证一般包括定性分析和定量分析。

所谓定性分析，是指以资料或经验为依据，主要运用演绎、归纳、比较、分类和矛盾分析的方法找出事物本质特征或属性的过程。所谓定量分析，是指运用概率论和数理统计的测量、计算及分析技术，对社会现象的数量、特征、数学关系和事物发展过程中的数量变化等方面进行描述。为了取得比较符合实际的结论，要在定性的基础上尽量根据不同要求把资料量化，制成统计表或统计图，或计算百分比、平均值等，然后运用这些量化资料进行分析，力求对调查的事物有较深刻的认识，并把有关材料迅速提供给领导部门，作为公共关系策划的依据。

（六）撰写调查报告

撰写调查报告是公共关系调查的最后程序。撰写调查报告的目的，是为制定恰当的公共关系策划方案提供依据，为领导者决策提供参考。如果调查报告的撰写不符合要求，即使前面的工作做得再好，整个调查工作也不会令人满意。

第二节　公共关系调查的分类与方法

一、公共关系调查的分类

（一）根据调查对象的范围

根据调查对象包括的范围不同，公共关系调查可以划分为全面调查和非全面调查。

1. 全面调查

全面调查又叫普查，即对调查对象的全体进行无一遗漏的逐个调查。普查是一种重要的调查方法，能够取得调查对象总体、全面的原始资料和可靠数据。当某一组织需要全面而准确地了解某一区域的基本情况、进行重大决策的时候，就要进行普查。普查的特点决定了它一般在较小规模的公共关系调查中运用。

2. 非全面调查

非全面调查包括抽样调查、重点调查和典型调查。

（1）抽样调查。它指遵循一定的原则从调查总体中抽取一部分样本进行调查，以此推断总体特征的一种调查方法。与普查相比，它具有许多优越性：调查费用低、调查进度快、调查项目多、调查范围相对集中。

（2）重点调查。它指从调查总体中选出少数重点单位进行的调查。其主要优点是：调查单位少，能够用较少的人力、物力、财力进行深入调查，从而较快地掌握调查对象的基本情况。重点调查是人们常用的一种调查方法。

（3）典型调查。它指在调查总体中有意识地选择一些具有代表性的单位进行的专门调查。其目的是通过对少数有代表性单位的调查，来揭示调查总体的特征和发展变化规律。由于所选择的调查单位是具有代表性的单位，由典型单位的情况推断出被调查总体的情况，一般都比较接近实际。这是一种比较科学、省时、省力又省钱的非全面调查方法，在公共关系调查中被广泛运用。

（二）根据取得调查资料的方式

根据取得调查资料的具体方式分类，公共关系调查可划分为一手资料的取得和二手资料的取得。

1. 一手资料的取得方法

一手资料的取得方法包括观察法、访谈法和问卷调查法。

（1）观察法。是指调查人员深入现场对调查对象的情况直接观察记录的方法。这种方法的特点是：调查人员不直接与被调查者进行交流，而是凭借自己的感官和有关辅助工具来收集资料。调查人员既可以直接参加他所观察的活动，以一个参与者的身份来观察，也可以作为一个旁观者置身于他所观察的情景之外进行观察。不论采取何种方式，调查人员在观察前一定要进行周密设计，观察后要进行认真归纳总结。

（2）访谈法。也称访问法，是由经过专门训练的调查人员走访被调查者，由调查人员根据问卷提纲向被调查者口头提问，再记下答案的方法。这是调查人员同被调查者直接接触，通过有目的的谈话来收集资料的一种调查方法。谈话方式一般多种多样，主要包括个别访谈、座谈会、电话采访等。访谈时，既可以用登记式谈话形式，也可以采用自由谈话形式。一般来说，登记式谈话内容明确，调查人员易于掌握；自由谈话则使被调查人员有充分发表意见的机会，还可以了解到未列于调查提纲的某些重要情况。个别访谈灵活方便，彼此容易沟通，能够深入了解情况，可多方面收集资料；集体访谈（即座谈会）能集思广益。

（3）问卷调查法。指由公共关系调查人员向调查对象提供问卷，收集所需信息的调查方法。其优点是：可以节省时间、经费和人力；具有较好的匿名性；所获得的资料便于处理和分析；可以避免调查人员的主观偏差。缺点是：回收率低；并非适合所有的调查对象；由于大部分情况下调查人员与调查对象不在同一现场，因此所获得的信息难以保证质量。

2. 二手资料的取得方法

这种方法也称文献研究法，是一种收集、分析、整理现成文献资料的调查研究方法。这种方法主要是通过著作、报刊、网络等渠道，对与调查主题有关的文献资料进行分析、了解。其优点在于利用现成的资料，节省人力、物力、财力。

根据以上分类情况来看，全面调查、重点调查、典型调查只是调查的方式，主要用来确定调查对象的范围。收集资料的具体形式有观察、访谈、问卷调查和文献研究。由此可以看出，调查方式与具体形式是相互交叉的，各种调查方式均可在某种具体形式的调查中运用。

二、公共关系调查的抽样方法

在公共关系调查中，由于人力、财力和时间的限制，要想进行普遍的调查几乎是不可能的。所以，常常要进行抽样调查，以便以较小的投入得到较大的有效产出。

抽样调查的关键是样本的抽取。抽样过程的主要步骤如下：

（1）确定调查总体（也称样本框）。根据调查的目的、要求，确定调查对象的内涵、外延及数量。

（2）设计和抽取样本。设计样本的大小和抽取样本的方法，根据设计要求抽取一部分单位作为调查样本。

（3）收集样本资料。对样本单位进行实际调查，收集有关资料。

（4）计算样本资料和推算调查总体。对样本调查所收集的资料进行计算，然后根据样本数值推算总体、说明总体。

要使抽样科学合理，首先，抽样方式要合理。常用的抽样方式有：简单随机抽样、等距随机抽样、分层随机抽样、整群随机抽样、多级随机抽样。抽样方法的不同和所抽取的样本的容量大小都对抽样调查的结论有重要影响，调查者在调查中必须高度注意。其次，样本大小的确定要恰当。设计样本的数目，是进行抽样调查的重要问题。抽样数目的大小直接影响抽样误差的大小，所以在组织抽样调查时，只有恰当确定抽样样本，才能使抽样误差不超过预先规定的范围（即允许误差）。如果样本数目过大，则人力、物力、财力花费太大，必然造成浪费，失去抽样调查的意义；如果样本数目过小，又会使抽样误差增大，难以保证样本对总体的代表性，调查结果不能对总体作出正确推断。因此，设计样本的数目，既是保证抽样工作具有一定代表性的前提，又是节省人力、物力和财力的需要。

通常情况下，抽取多少样本受各种因素的影响：

（1）总体的同质性。即总体各单位间在所选研究特征上的相似性。同质性（相似性）越强，所需样本数目就越小；反之，同质性越弱，所需样本数目就越大。

（2）推断总体的精确度。即样本值接近总体值的程度。精确度要求越高，所需样本数目就越大；精确度要求越低，所需样本数目就越小。

（3）允许误差。即样本值与总体值之间抽样误差的允许范围。允许误差越小，则抽取样本的数目就大；允许误差越大，则抽取样本的数目就小。

（4）抽样类别。在其他条件相同的情况下，抽样类别不同，所需样本数目也会不同。一般而言，分层随机抽样所需的样本数目最小，整群随机抽样所需的样本数目最大，其他随机抽样方法介于二者之间。

（5）分析类别。一般情况下，分析类别越多，样本数目要求越大；分析类别越少，样本数目要求就越小。

（6）物质条件。从理论上说，抽样调查的精确度越高越好。但是，在实际调查中，抽样调查的精确度受人力、物力、财力等的限制，即物质条件充足，则样本的数量就多；反之，则少。

三、访谈法

访谈法是公共关系调查中运用的主要方法之一，它主要包括集体访谈和个别访谈。

要使访谈成功，调查者必须熟练掌握访谈法。

第一，要做好访谈前的准备工作，主要包括访谈对象的确定以及访谈提纲的设计。访谈提纲一般包括：调查的目的、要求、时间、地点、对象、调查项目、具体访谈问题等。同时，还要尽可能使被访者具有各方面的代表性。如进行集体访谈，则访谈的规模不宜过大，一般以 5～8 人为宜。

第二，要掌握访谈过程中的技巧。调查效果的好坏很大程度上取决于访谈过程中调查者的调查技巧。访谈者在接近被访者时，首先，要表明自己的身份，说明来访的目的，并请求被访者的支持与合作，尽量消除被访者的抵触情绪；其次，要想办法与被访者建立融洽的关系，营造有利于访谈的气氛，可以先谈谈被访者熟悉的东西，如家庭、个人爱好等，以消除其拘束感；再次，在访谈时，访谈人员要始终保持中立态度，尽量减少题外话，使用简单语言，使用温和的交谈语气，注意身体语言，以免给对方造成不适感。

对于集体访谈，首先要营造轻松和谐的气氛。良好的气氛是真诚交流、各抒己见的前提。其次是把握讨论的方向，使访谈围绕主题进行，这是调查者始终要重视的。如果调查者的能力强、技巧高，集体访谈就能进行得轻松自然而又主题突出，被访者互相讨论、互相启发，把调查的问题引向深入；也可以让被访者充分自由发表意见，使调查者能全面了解各方面的情况。反之，如果调查者没有驾驭集体访谈的能力和技巧，那么，就很可能出现沉闷的窘况，或者任由被访者海阔天空地神侃，使整个调查无法达到预期的效果。

对于个人访谈，最大的困难是如何排除沟通障碍，使被访者乐意接受调查。

总之，访谈是与人沟通的过程，是一门人际交往的艺术，没有一成不变的规则，需要通过不断实践来掌握、提高。

四、问卷调查法

（一）调查表的构成

调查表一般由标题、致被调查者的短信、填表说明、主题内容、编号和其他资料六部分组成。

1. 标题

每份调查表都应明确简洁，以醒目的标题开宗明义地告诉被调查者所调查的主题。如“中国城市青年消费心态调查问卷”，把调查对象和调查内容一目了然地呈现在被调查者面前，这样容易取得被调查者的合作。

2. 致被调查者的短信

短信，又叫说明信，主要用来说明组织调查的单位、调查的目的和对被调查者的回答是否保密等问题，使被调查者明确调查目的，消除不必要的顾虑，理解和支持调查工作，从而接受调查。因此，短信要短小精悍且富有感召力。

3. 填表说明

填表说明是告诉被调查者应如何填表的说明部分。对于容易引起歧义和误会的或难以理解的，都应在此部分进行解释和说明；如果调查表格比较复杂，估计被调查者难以填写，还应予以示范。

4. 主题内容

主题内容是调查表的主体部分，它一般由一个个相互联系并前后有序的问题和相应的可供选择的答案组成（如果是开放型问题，则无答案部分）。一般来说，给定几个答案供选择的问题叫做封闭式问题；要求被调查者填写答案的问题，叫做开放式问题。在这一部分中，要根据调查的目的和任务，围绕主题确定要调查的项目，并根据事物的内在联系确定其先后次序；设计好提问的方式，并以被调查者最容易接受的语言提问；对于需要提供可供选择答案的问题，要设计好选择答案。

5. 编号

为了便于分类归档，或便于运用软件进行处理，一般调查表都应编号。

6. 其他资料

包括被调查者的地址或单位（可以是编号）、调查员姓名、调查开始时间和结束时间、调查完成情况、审核员姓名和审核意见等。这些资料，是对问卷进行审核和分析的重要依据。

此外，有的自填式问卷还有一个结束语。结束语可以是简短的几句话，对被调查者的合作表示真诚感谢；也可稍长一点，顺便征询一下对问卷设计和问卷调查的看法等。

在具体的调查表中，上述六个部分，有的部分可以省略，但是，标题、致被调查者的短信、填表说明与主题内容是必不可少的。

（二）问卷的设计

问卷设计是一项技术性很强的工作，涉及语言学、逻辑学等方面的知识，必须注意语言和提问方式对被调查者的影响。

调查表质量优劣的关键在于主题内容的设计，而整个调查表设计的困难也在于这一部分。因此，努力提高对主题内容的设计能力与技巧十分必要。

1. 总体框架的设计

总体框架是指导设计问卷和对问卷资料进行分析的一种总体逻辑思路，往往采用图示法。为了使表中的每一个问题都有不可或缺的作用，各个问题之间应有一种内在的逻辑联系，以便于对它们进行科学分类和相关分析，在设计调查表之前，应该先设计总体框架。

2. 提问语句的设计

在设计提问语句时，要注意提问的方式，有直接提问、间接提问、假设性提问等；注意提问语句的确切性；避免出现诱导性问题；要以封闭式问题为主，辅之以开放式问题；调查表中的项目不宜太多，一般控制在被调查者 15 分钟内完成为宜。

3. 选择答案的设计

封闭式问题按其性质可以划分为定类问题、定序问题和定距问题。定类问题要求对被测定对象的性质作出分类，这类问题答案要互斥，内容要穷尽。定序问题是要求对被测定对象的排列次序作答的问题，对这类问题一般采用五级或三级定序答案。定距问题要求答案之间的顺序关系保持一定的距离。如："您的月基本收入是：A. 600 元以下　B. 600～1 000 元　C. 1 000～2 000 元　D. 2 000～5 000 元　E. 5 000 元以上。"

4. 主题内容的编排

提问语句和相应答案设计出来以后，还应对整个主题内容加以编排。在按总体框架编排时，应考虑逻辑结构上是否还需要调整；在照顾逻辑顺序的前提下，尽量做到先易后难，先一般性问题后特殊性问题，先封闭式问题后开放式问题。

5. 主题内容的修改

主题内容设计出来以后，应该认真地审查；同时可以在小范围内（20～30 人）进行试验性调查，以便在试验中发现问题，及时进行修改，然后制成正式问卷。

（三）问卷的发放与回收

问卷的发放与回收也影响着调查的质量，应尽量按调查所要求的程序与方法来操作。

问卷的发放和回收一般有以下几种方式：分发、寄发、媒介发布。

分发即调查人员将问卷向被调查者当场发放，并现场回收。

寄发即通过邮寄的方式进行问卷的发放和回收。在问卷寄出之前，先与调查对象取得联系，在问卷寄出之后，与被调查者保持联系以提醒对方。采用这种方法必须注意在问卷中附带已贴好邮票的回信信封，以争取较高的回收率。

媒介发布即在大众传播媒介上刊登问卷，面向公众进行调查。发布问卷的数量相当于该媒体的发行量或浏览量。因此，问卷的回收量也相对较大。用于刊登问卷的媒体一般有报纸、杂志、互联网等。

（四）问卷审查

问卷审查是指对回收的问卷进行整理，淘汰回答不正确、不完整、逻辑关系矛盾的无效问卷，保留合乎要求的有效问卷，以提高问卷资料的可靠性和准确性，为问卷资料的分析研究工作奠定基础。

五、观察法

观察法即调查者进入调查现场，用自己的感官及辅助工具，观察和记录被调查对象的表现，从而获得第一手资料的调查方法。与其他调查方法相比较，观察法收集到的资料更直接、更真实、更生动具体，所以成为公共关系调查中常用的一种方法。

（一）观察提纲的设计

在正式观察之前，要根据调查的目的制定出观察的提纲，主要包括观察项目、观察地点、观察时间、观察内容等。

（二）进入观察现场，做好观察记录

在观察过程中，要注意选择好调查的对象和环境，选准观察的时间和场合，灵活地安排实地观察的程序，科学地利用观察工具，把观察与思考紧密地结合起来，并努力减少观察活动对被观察者的影响，降低观察误差。

观察中应注意：一要客观真实地记录；二要利用辅助工具，提高观察的客观性和准确性；三要对同一现象进行多人或多组同时观察，以便互相印证，纠正偏差。

六、文献调查法

（一）文献类型

（1）书面文献，包括各种公开发行或不公开发行的报刊、书籍、档案、报告、会议文献、统计资料等，是一种最广泛的文献形式。

（2）声像文献，包括电影、电视、录像、录音、唱片、照片等媒介形式。

（3）电子文献，包括磁盘文献和网络文献等。

（二）文献调查法的实施步骤

（1）开列文献清单。

（2）查阅和记录文献资料。

（3）文献核实及分类归档。

（三）注意事项

为了更有效地利用文献，首先，必须明确调查目的，根据调查目的来决定文献资料的取舍；其次，对于某些重要的文献资料必须注意资料来源的权威性，以保证资料的可信度；再次，要注意文献资料和其他资料的配合使用。

第三节　公共关系调查的内容

公共关系调查是公共关系的基础性工作，它是一种系统的研究工作。公共关系调查的目的主要是了解那些受到组织行为和政策影响的人对组织的态度、看法和反应，确定组织在社会中的实际形象，发现组织存在的问题并对问题进行全面而深入的了解。公共关系调查的内容包括：公共关系的主体——组织自身状况的调查，公共关系的客体——公众意见的调查，以及同公共关系的主客体密切相关的社会环境的调查。

一、组织自身状况调查

组织自身状况资料是公共关系人员的案头必备品，无论是撰写新闻报道、解答公众提问、编写组织通讯、制作宣传材料，还是举办展览会、记者招待会，都需要随时查阅和引用这些资料。

组织自身状况调查包括下列内容：

（1）组织的自然情况。如组织的地理位置、名称、性质、机构设置、法人代表及职工人数、文化程度、年龄、性别、职务、职称结构等。

（2）组织的社会情况。如组织的管理模式、业务范围、社会效益和经济效益、内外政策、文化内容、优势、存在的问题、潜在的危机等。

（3）组织的历史情况。如组织的建立时间、发展阶段、体制变化、重大事件、有突出贡献的职工及贡献情况、历届领导人情况、人员素质变化等。

（4）组织的现实情况。如组织的知名度、信誉，以及产品或成果的质量、数量、生产能力与社会需求等。

（5）组织的未来情况。如组织的发展前景、近期目标和长远规划等。

组织情况调查既要有综合情况，也要有分类情况，一般而言，内容越详细，越具有利用价值。

二、公众意见调查

公众意见调查是公共关系调查的主要内容，其调查结果决定公共关系活动的效果、下一步工作对策和未来发展。公众意见调查包括组织形象、公众动机、活动效果、传播效果和内部公众意见等。

（一）组织形象

组织形象是社会公众对一个组织的认识、看法和评价。组织社会形象有两个基本指标，即知名度和美誉度，是近年来公共关系工作中评价组织形象比较常用的评价指标。

知名度表示社会公众对一个组织知道和了解的程度。

知名度＝知晓人数/被调查人数

美誉度表示社会公众对一个组织有好感和赞许的程度。

美誉度＝称赞人数/知晓人数

例如，调查一家公司的形象，对 10 000 名公众进行抽样调查，如果 100%的人对此公司表示了解和知道，并且对它感兴趣和赞赏它，那么该公司的知名度和美誉度均为 100%。如果在被调查的 10 000 名公众中，只有 4 000 人知道和了解该公司，那么它的知名度就是 40%。知道这个公司的这 4 000 人中，如果仅有 800 人对该公司表示赞赏，那么这个公司的美誉度就是 20%。

就知名度而言，组织形象要素主要包括组织规模、组织公共关系活动的效果等；就美誉度而言，组织形象要素主要包括组织的服务方针、组织决策的正确性、产品和服务质量、办事效率、组织信用、组织的服务态度、组织的创新意识等。

（二）公众动机

公众动机是影响公众如何评价组织的主要原因。一般而言，不同的公众，由于动机不同，对组织的评价往往见仁见智，印象不同，评价各异。公众动机调查包括：公众对组织是否抱有偏见或特殊的喜好；该组织的工作方式、社会活动、产品服务等方面是否与公众某种成见相冲突，或与公众的某种喜好相吻合，与某种社会上流行的东西相一致等。

（三）活动效果

活动效果是指公众对组织公共关系专门活动的评价。活动效果的好坏，标志着公共关系活动成功与否。每一位公共关系人员或每一个公共关系组织，每举办一次公共关系活动，都希望取得满意的效果。活动结束后，公众是否满意，满意程度如何，公众如何评价，都需要通过调查得到答案。

（四）传播效果

公共关系的传播效果调查，是为了了解组织通过传播媒介（主要是宣传和新闻媒介）进行内外传播的效果，也就是公众接受传播信息后，在思想、态度和行为等方面所发生的变化。调查包括某种媒介的覆盖面、受众构成、收视（或收听）率，以及公众对传播内容的态度和产生的行动等。

（五）内部公众意见

内部公众意见调查是组织内部公共关系调查的主要内容。重视内部公众意见，才能促进组织的合作与团结，才能有助于内部公众人人关心组织发展、人人重视组织利益、人人珍惜组织信誉和形象，使组织在发展中处于有利地位。内部公众意见包括对本组织工作的评价、人际关系评价、领导行为评价、内部公众需要等。

三、社会环境调查

社会环境是指与组织有密切关联度的各类公众和各种社会条件的总和，它影响着组织的生存和发展。公共关系部门和人员进行社会环境调查的目的，就是协调组织和社会环境的关系，使组织适应社会环境的变化，从而使组织获得更快发展。

（一）政策环境

政策环境调查主要了解与组织有关的方针、政策、法规，遵循并运用它们为自己的组织服务。如化工厂的公共关系人员要研究环境保护法、劳动法等法规，并密切注意其他化工厂对这些法规的运用和执行；政府部门的公共关系人员要研究组织法、选举法、行政诉讼法等法规，并对由此发生的公共关系活动进行专题调查、追踪研究。

（二）社会环境

社会环境包括政治、经济、文化、思想、技术等方面的内容，其对组织与公众意见具有很大的影响力，甚至关系到一个组织或行业的发展与消亡。例如，“互联网＋”的兴起，使全社会对大数据产生了新的认识，深刻影响了公众对社会很多问题的评价。

（三）行业环境

调查同行业其他组织公共关系情况，可以获得同行在公共关系方面的经验，并根据自己的实际情况加以借鉴，避免走他人的失败之路，更好地发展自己、完善自己。行业环境调查主要包括市场竞争状况调查和行业环境状况调查。

第四节 公共关系调查报告的编写

一、调查资料的整理

组织在公共关系调查阶段收集的大量资料是个别的、分散的，必须对这些资料进行科学的整理和分析。整理调查资料是根据调查研究的目的，对各种原始资料进行审核、分类、汇总，使之系统化、条理化的过程。这是调查报告撰写前必须做的一项工作，亦是统计分析与理论分析的基础。

（一）资料的审核

审核是对调查资料进行审查与核实的工作，目的在于保证资料的客观性、准确性和完整性。在实际工作中，资料的审核和收集在大多数情况下是同步进行的，边收集边审核，叫做实地审核或收集审核；在收集资料后集中时间进行审核，则叫系统审核。

1. 审核的原则

为了保证审核的效果，资料审核应该遵循以下原则：

（1）真实性原则。对收集到的资料要根据实践经验和常识进行辨别，看其是否真实可靠地反映了调查对象的客观情况，然后去伪存真，保证资料的真实性。

（2）标准性原则。在大规模的调查中，对于需要相互比较的材料要审核其所涉及的事实是否有可比性；对于统计资料要注意指标的定义是否一致、计量单位是否相同等。

（3）准确性原则。对资料进行逻辑检查，看有无不合理或相互矛盾的地方。如某人“年龄”栏内填写 23 岁，而“工龄”栏内填写 18 年，显然相互矛盾。

（4）完整性原则。检查资料是否按提纲或统计表格的要求收集齐全，检查在调查中发现的新线索、新问题是否都做了记录。

2. 审核的类型

（1）一手资料的审核。一手资料是指直接调查获得的资料，如用观察法、访谈法、问卷调查法获取的资料。一般情况下，对于一手资料可以对照事实重新审核。对于用观察法所获资料，审核时应当注意检查资料是否严格遵循调查提纲收集。若观察是以小组为单位进行的，则应将小组成员各自获取的资料进行比较，以保证资料的准确性。

（2）二手资料的审核。二手资料是指间接调查获得的资料，主要指用文献调查法获取的资料，一般包括两类，即方案资料和统计资料。

对文献资料的审核，一般应注意：搞清文献作者的社会政治背景及目的；注意文献编写的时间，尤其是对记叙历史事件的文献，应把文献编写时间和文献中所描述事件发生的时间加以对照；确保各项数据真实准确、逻辑关系严密、填报完整。

（二）资料的分类

资料的分类是资料整理的第二步工作，即按一定的标准将资料分门别类，使繁杂的资料系统化、条理化。它不仅能方便资料的存取，也有助于加深对调查对象的认识和了解。

1. 确定分类标准

分类的关键在于选择和确定分类标准。分类标准可分为品质标准和数量标准两大类，前者反映事物属性差异，如性别、民族、职业等；后者反映事物数量差异，如年龄、收入、人口等。

确定分类标准一般应做到以下两点：

（1）反映调查的目的。例如，要研究影响青年人择业行为的基本因素，如果事先提出的假设是“家庭的社会经济背景是影响青年人择业行为的重要因素”，那么确定的分类标准就应以家庭的社会经济背景为核心。

（2）反映事物的重要特征。根据其与调查目的的关系，可以区分为重要特征、一般特征和无关特征。由于受研究条件（时间、人力、财力等）的限制，应选取有关的重要特征作为分类标准。

2. 选择分类方法

资料的性质不同，分类的具体方法也有所不同。无论是定性资料还是定量资料，必须遵循下述三个原则：

（1）互斥性原则。所划分的各类别之间不能相互重叠，每一个对象只能归于一类，不能既属此类，又属彼类。

（2）完备性原则。所划分的各类别应是周延的，即类别的确定应当使每一个对象都有所归属，分类的结果应使所有对象都包容进去，无一遗漏。

（3）显著性原则。分类的效应具有显著性，亦即类别界限的确定应使各类别之间的判别尽量增大，每一类别内部的差异尽量缩小。

二、调查资料的统计分析

调查资料的整理工作完成以后，就进入了调查资料统计分析阶段。专业的资料分析可分为统计分析和理论分析两个部分。统计分析作为一种定量分析方法，是调查资料的具体化和数量化，并为进一步的理论分析提供数据支持。因此，统计分析是公共关系调查中常用的分析方法。

统计分析包括描述性统计分析与推断性统计分析。描述性统计分析是指用统计图表或统计指标的形式反映调查对象的基本特征与相互关系的一种统计方法。它是统计分析的基本方法，适用于以各种调查方式获取的资料，具体包括变量分布的分析、集中趋势的分析、离散趋势的分析和相关分析等。推断性统计分析则是通过统计数据的态势和走向，合理推断调查对象的变化趋势，由此获得调查的基本结论。

三、调查报告的编写

调查报告反映的是调查研究的成果，调查报告的内容和质量是公共关系调查活动成败的关键，调查人员要完成公共关系调查，首先必须熟知调查报告的要求与结构。

（一）调查报告的基本要求

一份优秀的调查报告，必须具备下列条件：

（1）报告应该能让读者了解调查过程的全貌。

（2）报告语言简洁、有说服力，词汇尽量非专门化，便于领导层审核与参考。

（3）报告必须以严谨的结构、简洁的体例将调查过程中各个阶段收集的全部资料有条理地呈现，让人一目了然。

（4）报告应该对调查活动所要解决的问题提出明确的结论或建议。

（二）调查报告的结构

调查报告虽然会因调查课题、调查人员的写作风格不同而有所区别，但是其基本结构应该是相同的。规范的公共关系调查报告一般应该包含下列五个部分：

（1）序言。主要介绍公共关系调查的基本情况。

（2）摘要。概括地说明调查活动所获得的主要成果。

（3）引言。介绍公共关系调查进行的背景和目的。

（4）正文。对调查方法、调查过程、调查结果以及所得结论和建议作详细的叙述。尽管调查报告包括的内容较多，但无关的、不可靠的资料要剔除掉。

（5）附录。呈现与正文相关的资料，以备读者参考，包括调查问卷、调查时间安排、抽样调查的说明、原始资料的来源、调查获得的原始数据图表等。

（三）调查报告撰写的注意事项

调查报告是公共关系调查活动成果的体现，调查的成败以及调查结果的实际意义都表现在调查报告上。撰写调查报告时，应注意或重视以下的问题：

（1）考虑读者的观点、阅历，尽量使报告适合读者阅读。

（2）尽可能使报告简明扼要，不要拖泥带水。

（3）用自然体例写作，使用普通词汇，尽量避免使用行话、专业术语。

（4）务必使报告所包括的全部项目都与报告的主旨有关，剔除一切无关资料。

（5）仔细核对全部数据和统计资料，务必使资料准确无误。

（6）充分利用统计图、统计表来说明和显示资料。

（7）按照每一个项目的重要性来决定其篇幅的长短和强调的程度。

（8）务必使报告打印工整，易于阅读。

第五节 网上市场调查

随着信息技术的发展，互联网渐渐在人们的生活中占据了重要的地位。于是，在传统的市场调查中衍生出了一种新兴的调查方式——网上市场调查。这种市场调查方式极大地扩大了调查的人群数及地域度，让更多的人能够参与到市场调查活动中来，既节省了人力物力，又能够使调查数据更符合现今的市场状况。

网上调查这股新生力量正向主流趋势发展，并有可能取代传统的入户调查和街头随访等调查方式。主要原因如下：

第一，从互联网应用的现状来考察，城市中知识层次较高的年轻人群的想法代表着未来城市社会的意识形态，经济相对发达地区的今天代表着经济欠发达地区的明天，在互联网比较普及的环境下，进行网上调查研究具有一定的现实意义。

第二，从发展趋势看，在欧美等互联网发达国家，网上市场调查和网上民意调查已经相当普遍。国外还针对网上调查开发出一些调查软件。对于公共关系调查来说，采用网上调查是完全必要的和切合实际的。

一、网上市场调查的内涵及特点

（一）网上市场调查的内涵

网上市场调查是指在互联网上针对特定营销环境进行简单调查设计、收集资料并进行初步分析的活动。市场调查有两种方式：一种是直接收集一手资料，如问卷调查、专家访谈、电话调查等；另一种是间接收集二手资料，如报纸、杂志、电台、调查报告等现成资料。因此，利用互联网进行市场调查（即网上市场调查，简称网上调查），相应也有两种方式：一种是利用互联网直接进行问卷调查，收集一手资料；另一种是利用互联网的媒体功能，从互联网上收集二手资料。现在，报纸、杂志、电台等媒体，以及政府机构、企业等均有官方网站，因此互联网上的信息极其丰富，关键是如何发现和挖掘有价值的信息。

（二）网上市场调查的特点

网上市场调查的实施可以充分利用互联网作为信息沟通渠道的开放性、自由性、平等性、广泛性和直接性的特性，这使得网上市场调查具有传统的市场调查手段和方法所不具备的特点和优势，如图 5－2 所示。

1. 及时性

网上调查获得的信息经过统计分析软件初步自动处理后，可以马上查看到阶段性的调查结果。

2. 低费用

网上调查可有效节省传统调查所耗费的大量人力和物力。

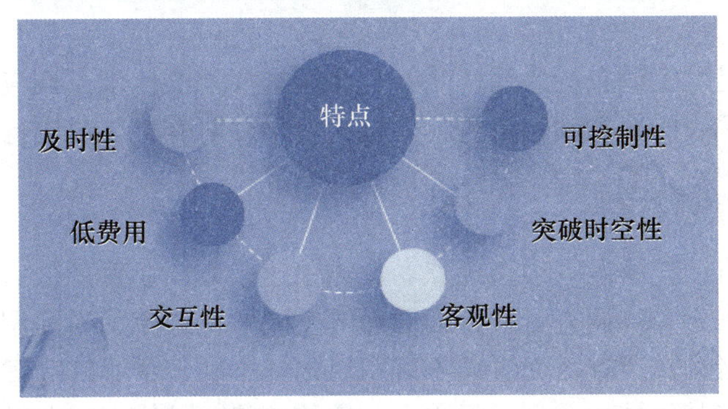

图 5-2　网上市场调查的特点

3. 交互性

网络的最大好处是交互性，因此在网上调查时，被调查对象可以及时就问卷相关问题提出自己的看法和建议，可减少因问卷设计不合理导致调查结论偏差。

4. 客观性

实施网上调查，被调查者是在完全自愿的原则下参与的，调查的针对性更强，信息更可靠，调查结论更客观。

5. 突破时空性

网上调查可 24 小时全天候进行，这与受区域制约和时间制约的传统调查方式有很大不同。

6. 可控制性

利用互联网进行网上调查，可以有效地对采集信息的质量实施系统的检验和控制。

二、网上调查步骤

（一）确定目标

在确定网上调查目标时，需要考虑的是被调查对象是否上网，网民中是否存在被调查群体，规模有多大。只有网民中的有效调查对象足够多时，网上调查才可能具有可行性。

（二）确定方法

网上调查的主要方法是问卷调查法，因此设计网上调查问卷是网上调查的关键。由于互联网交互性的特点，网上调查可以采用调查问卷分层设计。这种方式适用于过滤性的调查活动，因为有些特定问题只限于一部分被调查者，所以可以借助层次的过滤寻找合适的被调查者。

（三）选择方式

网上调查采用较多的方式是被动调查，即将调查问卷放到网站上等待被调查对象自行访问和接受调查。因此，吸引访问者参与调查是关键。为提高访问者参与的积极性，可提供小奖品等。另外，必须向被调查者承诺并且做到有关个人隐私的任何信息不会被泄露和传播。

（四）分析结果

这一步骤是调查能否发挥作用的关键。网上调查也要尽量排除不合格的问卷，这就需要对回收的问卷进行综合分析和论证。

（五）撰写报告

撰写调查报告是网上调查的最后一步，也是调查成果的体现。调查报告主要在分析调查结果的基础上对调查的数据和结论进行系统说明，并对有关结论进行探讨性阐述。

三、网上调查的局限性

利用互联网进行调查的确有很多优点，比如快速、方便、费用低、不受时间和地理区域限制等。由于不需要和被调查者进行面对面的交流，也避免了当面调查可能造成的倾向误导，或者被调查者顾及调查者面子而不好意思选择不利于企业的答案。

尽管网上调查有其优越的一面，但也有一定的缺陷，具体表现在以下几方面。

（一）在线调查表的设计

无论采取什么调查方法，设计相应的调查表并预先进行测试，在大多数情况下是必不可少的，而且调查表设计水平的高低直接关系到调查结果的质量。由于在线调查占用被访问者的上网时间，因此在问卷设计上应该简洁明了，尽可能少占用填写问卷表的时间和上网费用，避免被调查者产生抵触情绪而拒绝填写或者敷衍了事。因此，网上调查对于调查表的设计要求很高。

（二）样本的数量

样本数量难以保证也是在线调查最大的局限之一。如果没有足够的样本数量，调查结果就不能反映总体的实际状况，市场调查也就没有实际价值。足够的访问量是进行网上调查的必要条件之一。

（三）样本的质量

由于网上调查的对象仅限于上网的用户，从网民中随机抽样获得的调查结果可能与消费者总体之间有误差。另外，用户地理分布的差别和不同网站拥有特定的用户群体也是影响调查结果的不可忽视的因素。

（四）被调查者信息的真实性

被调查者所提供信息的真实性直接影响调查结果的准确性。进行网上调查，被调查者出于个人信息保护的目的，填写的某些信息的真实性和准确度要大打折扣。

（五）建立信息分析处理体系

收集到信息后必须进行有效处理，最好由专人完成信息收集与处理工作，使用数据库对信息进行组织管理，以备将来查询。在网上调查过程中，可能会收到很多无效的问卷，所以网上调查有赖于一个高效的信息分析处理系统。

拓展知识

公共关系调查与市场调查

本章小结

进行公共关系调查对组织十分重要，必须遵循实事求是、尊重被调查者和讲求效益的原则。公共关系调查的一般程序为：确定调查任务、制订调查计划、准备调查条件、收集调查资料、整理分析资料和撰写调查报告。根据取得调查资料的具体方式不同，公共关系调查可划分为一手资料和二手资料的取得。一手资料的取得包括观察法、访谈法和问卷调查法。对调查阶段收集的大量资料进行科学的整理和分析。统计分析是公共关系调查中不可缺少的环节。调查报告的编写是整个调查活动的最后一个阶段。一旦提交调查报告，全部调查活动就告结束。另外，在互联网深入影响社会的环境下，还要了解网上市场调查的优点，掌握网上市场调查的步骤及关键点。

职业实训

1. 案例剖析

调查带来的公共关系效应

移动电话和智能手机引发了关注公共健康的人的担忧，他们认为司机在开车时使用手机是导致交通事故增多、伤亡人数上升的原因之一。将交通事故保持在最低水平符合全美保险公司的利益，所以这家公司同福莱公司联合发起了一项活动，来让人们了解“分心驾驶”的危险。

全美保险公司先对全国范围内的 1 500 多名司机进行了调研，并依据数据开展了公共关系活动。全美保险公司在获得美国公共关系协会银砧奖时说，这些数据“使得他们深入了解了美国民众对于分心驾驶的看法，以及那些导致美国民众分心驾驶的行为和习惯”。

在直接从司机处收集完调研反馈后，全美保险公司在道琼斯路透商业资讯和律商联讯两个数据库中检索了分心驾驶的新闻报道。通过对报道进行内容分析，全美保险公司找到了报道过这个问题的记者，并将他们锁定为活动的目标公众。随后公司利用调研数据来发动媒体报道，如在多所高中举办教育活动，并且资助华盛顿特区举办了一场以分心驾驶为主题的研讨会，主要面向立法者。此外，这家保险公司还同神盾移动科技公司合作推出了一款“驾驶助手”软件，这款产品能“侦测出行驶中的车辆里的手机”，并在其分心驾驶时向司机发出提醒。

有关全美保险公司和调研活动的新闻报道吸引了 1.34 亿受众，这相当于投入了 210 万美元的广告费。

资料来源：［美］丹尼斯·L. 威尔科克斯，等. 公共传播的革命——公关. 尚京华，等译. 北京：中国人民大学出版社，2019：109-110.

（1）根据案例思考这次“分心驾驶”的调研活动对之后的公共关系活动发挥了什么作用。

（2）如果让你来进行该项调研活动，你会采用什么样的调研方式？

（3）在开展公共关系活动时，你会选择什么媒体？为什么？

2. 职场模拟

（1）选择一个调查内容，对社会公众进行访谈，列出访谈提纲，并实地做一次访谈。

（2）如果采用观察法进行调查，你会从哪些角度开展调查？

（3）如果采用二手资料法进行调查，你会从哪些方面入手？

3. 能力训练

（1）请设计一份有关大学生就业意向的网上调查问卷，并制定详细的调查活动方案。

（2）请设计一份调查问卷，调查你所在学校学生的网购情况，并进行实地调查，最后写出调查报告。

第五章在线练习

第六章

公共关系策划

本章思维导图

本章学习目标

通过本章的学习，你应该能够：

1. 了解公共关系策划的含义与特征。
2. 掌握公共关系策划的原则。
3. 熟悉公共关系策划的程序。
4. 学会做公共关系专题策划方案。

课前思考题

1. 公共关系策划是怎么回事？
2. 公共关系策划活动的模式有哪些？
3. 什么是新闻策划？组织为什么要进行新闻策划？
4. 大型公共关系专题活动策划的基本步骤是怎样的？

导入案例

欧莱雅中国携手环保部推出行业首个“绿色消费倡议”

项目背景

近年来，中国政府大力倡导绿色消费，将生态文明建设和环境保护提上更加重要的战略位置，做出了一系列新部署、新举措和新要求。欧莱雅集团于2013年推出的“美丽，与众共享”可持续发展承诺与国家的可持续发展战略不谋而合。

2017年两会期间环保部将环保宣传教育列入环保核心工作，而其中教育公众如何践行绿色消费便是重中之重。借此契机，欧莱雅中国携手环境保护部宣传教育中心共同发起首个聚焦在美妆行业的“绿色消费倡议”，并以“一选二节三回收，绿色生活齐分享”

这一深入浅出、朗朗上口的简易口诀帮助大家在享受美妆产品的过程中更好地支持并践行环境保护与社会发展，做最潮、最范儿的绿色消费者。

项目策划

1. 目标公众。让更多消费者了解“绿色消费”的概念和践行方式，教育广大消费者如何辨别产品环保性，鼓励更多消费者践行“绿色消费”。

2. 公关策略。与政府密切协作推广绿色消费；由内及外在总部办公室倡导绿色消费；政府层面正式发起“绿色消费”倡议；走进高校让绿色消费理念浸润校园；深入公众间广泛传播，扩大绿色消费影响力；走进社区推广绿色消费，全面构建可持续之城。

3. 传播策略、媒体计划。通过一系列线上线下的全渠道传播，欧莱雅大力推广“绿色消费倡议”，调动品牌影响力撬动社会资源，让广大消费者真正了解并加入践行“绿色消费”的队伍中，以“绿色的名义”，共同打造美丽中国。

线上，欧莱雅打造卡通“可持续发展大使”——BB熊，发布“BB熊的一天”视频以及“熊猫森林蜜”视频，鼓励每一位购买和使用欧莱雅产品的消费者支持和践行绿色消费，为共同打造更美好的生活环境，为实现人与自然的共赢而贡献一份力量。

线下，欧莱雅让BB熊走进15所高校，在学校打造可持续发展“绿色消费宣传角”。携手泰瑞环保开展“爱满空瓶”回收项目，宣传欧莱雅绿色消费倡议之回收利用的环保理念，鼓励消费者用实际行动支持绿色消费，共同打造更美好的生活环境。在欧莱雅企业公民日，向藏区贫困家庭捐物，以绿色低碳的方式助力扶贫帮困，更在天猫超级品牌日与不同品牌以及菜鸟物流联合组成“绿色品牌联盟”，开展绿色包裹行动，旨在引领消费者进入人与自然更加和谐的美好时代。

项目执行

打造“绿色消费”IP——“可持续发展大使”BB熊

在娱乐化的传播时代，欧莱雅意在不断寻找轻松有趣的方式与消费者互动，扩大绿色消费倡议的影响力，配合倡议的发起，欧莱雅打造“绿色消费”IP，首次授予代表着自然和生态环境的“熊猫”——BB熊为可持续消费大使，而非使用明星。

病毒式视频传播“绿色消费”生活方式，欧莱雅以BB熊为视频主角，拍摄“城市生活真熊秀”，用“BB熊的一天”来取代单纯宣传教育的方式，通过拟人化的故事来增强消费者的代入感。在影片中BB熊不仅有自己的身份和办公桌，还会和欧莱雅员工互动，纠正违反绿色消费原则的行为，并以身作则选择有益于环境和社会的绿色产品；影片最后，BB熊边歌边舞，演绎《美丽与众共享》这一具备网红气质的烧脑神曲，一反影片本身小清新的风格，通过BB熊的歌舞演绎，来抓取消费者记忆点并促进口碑传播。

大型BB熊公仔路演，进校园引领“绿色消费”理念。欧莱雅带领大学生穿上BB熊公仔服，将“绿色消费”理念引进校园，在全国15所高校特辟绿色专区，分享最新的绿色消费倡议，让绿色消费理念深入行动，浸润校园。

推动开放式合作——跨消费品产业价值链，扩大绿色消费倡议影响力

NGO——泰瑞环保 & 山水："百万空瓶"回收，即旗下自然洗护发品牌淳萃（Ultra DOUX），携手泰瑞环保"爱满空瓶"环保回收项目，践行健康、自然的可持续新潮流绿色生活方式；"熊猫森林蜜"可持续采购，即旗下美即山水蜜光面膜使用"熊猫森林蜜"作为其配方，保护野生大熊猫栖息地，同时将环保意识传递给消费者，使自然的价值得到尊重，让绿色生态发展成为共识。

政府——环保部宣教中心 & 静安区政府：携手环境保护部宣传教育中心共同发起首个聚焦在美妆行业的"绿色消费倡议"；在上海市静安区环保局举办的企业优秀环保案例评选中获奖，作为唯一一家外企登台分享。

国际性组织——联合国开发计划署：作为美妆行业领军者参与新浪公益、联合国开发计划署共同举办的"全球可持续发展新媒体展"，宣传欧莱雅中国与环保部推出的"绿色消费倡议"。

不同行业：欧莱雅中国旗下科颜氏以及13个来自不同行业的品牌与天猫超级品牌日以及菜鸟物流联合组成"绿色品牌联盟"，率先开启了天猫超级品牌特辑日——"绿色包裹行动"。

模式创新：打造首个聚焦在美妆行业的"绿色消费倡议"，携手环境保护部宣传教育中心共同发起首个聚焦在美妆行业，且朗朗上口的绿色消费倡议——"一选二节三回收，绿色生活齐分享"，从可持续选购到可持续回收，覆盖全产业链的绿色消费模式。

技术创新：旗下淳萃品牌"百万空瓶"回收项目中，行业首创树型产品电子发放装置。新奇的设计吸引了大量消费者排队参与，成为沪上城中热事。消费者通过扫描二维码签署空瓶回收协议，即可参与本次活动，在现场免费领取淳萃洗发产品。

项目评估

从三个维度对该项目进行评估，即影响人群的多元化、传播渠道的立体化和媒体价值的最大化。

影响人群的多元化："绿色消费倡议"系列活动覆盖了高校学生、普通消费者、社区老人等多个群体，社会影响广泛。

传播渠道的立体化：围绕"绿色消费"，在四大门户、IT垂直、新闻、时尚等网站大量传播，影响超过100万人次。移动端攻占新浪手机客户端、今日头条手机客户端、搜狐手机客户端、腾讯手机客户端、网易手机客户端、太平洋电脑网客户端，影响人次上亿，自制"熊猫森林蜜"环保视频点击量超过3 920 000，自制"BB熊的一天"环保视频点击量超过4 060 000。

媒体价值的最大化：截至2017年6月25日，媒体价值达9 401 545元。

资料来源：国际公关，2018（4）：64-65.

注：该案例获第十三届中国最佳公共关系案例大赛公益传播类金奖。

欧莱雅中国携手环保部开展的公共关系活动，成功之处在于策划。企业如何才能策划出具有创意的公共关系活动来提高企业的知名度和美誉度呢？

第一节 公共关系策划的程序及模式

一、公共关系策划的含义

策划，简单地说即筹划或谋划，就是根据各种情况与信息，判断事物变化的趋势，确定可能实现的目标和预期结果，再以此来设计、选择能产生最佳效果的资源配置与行动方式，进而形成正确的决策和工作计划的过程。策划既是组织决策的前提，又是决策的重要组成部分。

公共关系策划是公共关系人员根据组织的环境现状和目标要求，分析现有条件，设计最佳行动方案的过程。从广义的角度理解，公共关系策划包括了公共关系日常计划的全部内容，是公共关系工作程序中的第二个步骤；从狭义的角度理解，公共关系策划一般是指专项公共关系活动的谋划和设计，如制造新闻、重大公共关系活动的筹划、公共关系问题的解决、公共关系危机的处理等。公共关系策划是公共关系计划的深化和具体化，具有相对的独立性。

二、公共关系策划的原则

公共关系工作的中心环节是公共关系策划，组织形象管理工作是否有效，在很大程度上取决于策划的成败。公共关系人员在进行公共关系策划时，应遵守如下原则（见图6-1）。

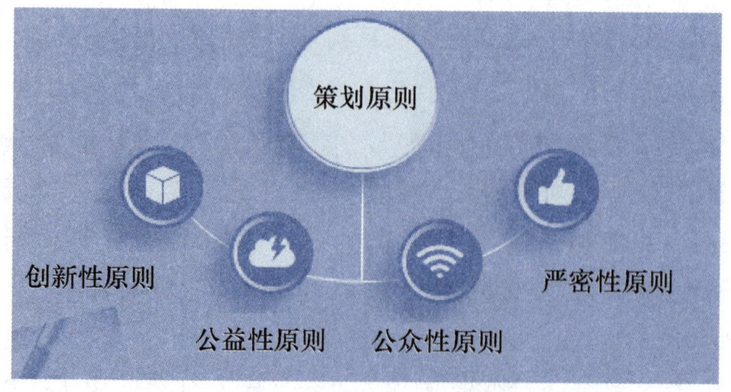

图6-1 公共关系策划原则

（一）创新性原则

策划需要创新，跟在别人后面人云亦云，是策划的悲剧。创新包括：创意新颖，手法不落俗套，内容贴近公众，时机恰到好处，规模恰如其分。

（二）公益性原则

组织在策划公共关系活动时要本着服务公众的意识，避免功利性，强调策划的公益性，这样才能真正在公众心中树立起良好的组织形象。

（三）公众性原则

公众是组织公共关系的对象，公共关系的目的就是要赢得公众。因此，开展公共关系策划要把公众利益放在首位。只有这样，才能得到公众的好评，才能使自身获得更大、更长远的利益。

（四）严密性原则

公共关系策划是一项复杂的工作，策划的过程一定要严密，不能有任何的漏洞和失误，“差之毫厘，谬以千里”，只有进行严谨周到的安排，确保活动顺利进行，才能使公共关系策划收到应有的效果。

公共关系策划是一项有计划、持久性的工作。为了实现公共关系的某一个目标，需要执行数个计划。在编制计划时，既要考虑计划之间的衔接，又要注意实施周期不宜过长。

三、公共关系策划的程序

公共关系策划分两个阶段，即准备阶段和策划阶段。

（一）公共关系策划的准备阶段

1. 分析公共关系现状，确定“公共关系由头”

分析公共关系现状，即对组织现状及原因进行分析。公共关系人员在公共关系策划前，对策划所依据的调查资料要进行认真分析、审定。同时，在进行公共关系活动策划时，须考虑一个“师出有名”的问题，亦即寻找“公共关系由头”。有些单位或企业大搞开业剪彩、周年庆典等，非但未取得良好的公共关系效果，反而招致公众的反感、新闻媒介的批评，原因就在于没有公共关系由头。

所谓公共关系由头，是指一个公共关系活动得以开展的价值和依据。它一般包括三个要素：一是符合公众利益，为公众提供了信息、知识、服务等。如义务咨询活动、体育比赛、大型展览等。二是符合组织机构的总体目标和自身利益。活动内容与本组织的工作性质有联系，或与组织的总体目标相一致。三是具有新闻价值。具有新鲜性、突发性、接近性、公益性的事件，才能得到新闻媒介的关注和报道。只有这三者交汇，才是最佳的公共关系活动。

那么，如何寻找公共关系由头呢？

第一，运用各种固定的特殊机会来开展公共关系活动。

（1）重大节日。中国的元旦、春节、端午节、教师节、重阳节、中秋节以及建党节、建军节、国庆节等；西方的圣诞节、复活节、万圣节、情人节等；国际妇女节、儿童节、劳动节等。

（2）重大纪念日。如国家、机构逢五、十周年的纪念日；政治家、科学家、文学家、艺术家的诞辰日、忌辰日等；名作、名牌产品、名著的纪念日等。

（3）其他重要的时机、节会。如学校开学日、放假日、假期；新疆的古尔邦节、内蒙古的那达慕大会、哈尔滨的冰灯节、洛阳的牡丹文化节、广州花卉节等。

第二，运用现存设施、条件等开展公共关系活动。亦即借花献佛、借题发挥，一般也会收到良好的社会效果。

第三，运用各种信息传播的事件或活动来开展公共关系活动。如商贸展览活动、学术活动、调研活动、艺术展览、比赛活动等。

2. 确立公共关系目标

确立公共关系目标是公共关系策划的前提。公共关系目标是同公共关系调查中所确认的问题密切相关的。一般来说，调查发现的问题就是公共关系活动的目标。在确定目标时应注意，目标应是结果式的而不是过程式的；是可测量的、具体的、可控的；目标有明确的时间限制；尽量是单一的而不是多个的，一个目标只解决一个问题。

（二）公共关系策划阶段

确立了公共关系目标之后，就进入了策划阶段。

1. 设计方案主题

设计公共关系主题，是对公共关系活动的高度概括，主题既要能明确反映公共关系目标，又要鲜明、精确。主题的表现方式多种多样，有口号式、陈述式、表白式等。如北京申办奥运会的宣传主题是“新北京、新奥运”。

在设计公共关系主题时要考虑三个因素：

（1）公共关系目标。公共关系活动主题必须与公共关系目标相一致，主题内容能充分表现目标，点出活动的目的。

（2）信息特性。公共关系活动主题应结合形势，有鲜明的个性，并具有强烈感召力和扩散性。

（3）公众心理。公共关系活动主题要能迎合或适应公众心理的需要，既富有激情，又贴切朴素；既积极向上，又亲切自然。

2. 分析公众状况

根据公共关系目标，组织应确定公众情况，分析不同公众的权利与利益，以便开展有效的公共关系活动。

公共关系活动的公众是广泛的，但某一项公共关系活动不可能以所有公众为对象。因为那样做的话，只会浪费大量人力、物力，影响公共关系活动的效果，甚至会对组织的声誉产生不利的影响。因此，公共关系活动一定要根据各种公众对象与组织的密切程度确定出关键的对象、重要对象。只有这样，公共关系活动才能有的放矢、重点突出，顺利实现特定时期的公共关系目标。

对公众的分析可以从以下几个方面入手：

（1）公众分属于哪些不同的组织？这些组织属于什么性质？

（2）公众的共同利益和要求与特殊利益和要求是什么？

（3）公众的经济状况、生活状况、媒体接触习惯是什么？

（4）公众对组织的看法如何？公众对本组织感兴趣的原因是什么？

（5）公众与本组织的关系如何？这种关系是如何造成的？

对这些问题分析得越透彻，公共关系目标的针对性就越强，计划就越可行。

3. 选择沟通手段

公共关系活动就是与公众的沟通活动，一般情况下，公共关系活动无法离开大众传播媒介。因此，在公共关系活动中，必须选择恰当的信息传播工具，如报纸、杂志、书籍、广播、网络、电视等，有的放矢地进行公共关系传播活动，努力实现公共关系目标。

由于各种媒介各有所长、各有所短，只有恰当地选择媒介，才能取得较好的效果，选择媒介的依据有：

（1）根据公共关系目标要求。如果组织的目标是提高社会知名度，则要选择大众传播媒介；如果目标是缓和内部关系，则可以通过人际传播与群体传播。

（2）根据目标公众。要想使信息有效地传达到目标公众，就必须考虑目标公众的经济状况、受教育程度、职业目标、生活方式及他们通常接收信息的习惯。

（3）根据传播内容。各种传播媒介都有自己的特点，在选择媒介时，应将信息内容的特点和各种传播媒介的优缺点结合起来考虑。如内容简单的，宜选用广播；内容复杂且需要深入研究的，宜选用印刷媒介；开业庆典，宜选用报纸媒介；企业宣传，可选用网络媒体。当然，只针对本区域公众的则不选择全国性媒介；只对一小部分特定公众有意义的可考虑合适的专业报纸、杂志。

（4）根据经济条件。“量入为出”是总原则，争取以较少的开支取得最佳效果。

4. 制定经费预算

公共关系预算的基本构成包括行政开支和项目开支。行政开支包括劳动力成本（公共关系人员的工资和其他酬金）、管理费用（通常包括房租、水电费、保险费、电话费、办公文具费、差旅费、取暖费等）、设施材料费（如电脑、传真机、摄像机、视听器材、打字机、复印机、印刷品、纪念品等的费用）。项目开支指实施各种公共关系活动项目所需的费用，如赞助费、重大庆典活动费用、重大项目的专家咨询费、调研费、专项组织形象广告费及应付偶发事件、突发事件等的经费，它具有较大的弹性。

确定公共关系预算总额的方法，较常见的有：

（1）固定比率法，即按照经营业务量的大小（业务量根据销售额或利润额计算）确定固定的百分比来安排预算。

（2）量入为出法，根据组织的财务状况，恰当确定公共关系预算。

（3）实际操作法，根据公共关系目标和任务的难易程度确定公共关系预算。

（4）竞争需要法，根据竞争的需要确定公共关系预算，一般预算都要超过或至少等于竞争企业或竞争产品所花费的资金总额。这种方法风险较大。

5. 评估策划方案

对公共关系策划方案进行评审，进一步优化方案，并进行论证，最后形成书面报告，报上级领导审核、批准。

总体来看，公共关系策划程序如图 6-2 所示。

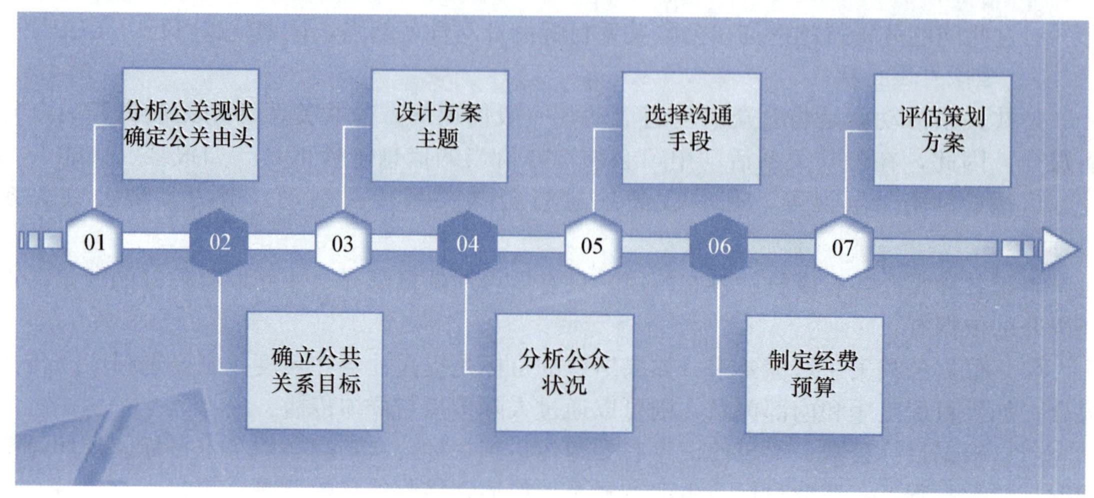

图 6－2　公共关系策划程序

四、公共关系策划方案的构成要素与基本格式

（一）公共关系策划方案的构成要素

一份完整的公共关系策划方案应当具备 5W、2H、1E 要素：What（什么）——策划的目的、内容；Who（谁）——策划组织者、策划者、策划所涉及的公众；Where（何处）——策划实施地点；When（何时）——策划实施时机；Why（为什么）——策划的缘由；How（如何）——策划的方法和实施形式；How much（多少）——策划的预算；Effect（效果）——策划结果的预测。

上述 8 个要素即是一份完整的公共关系策划方案应当具备的基本柜架。不同组织、不同内容与形式的公共关系策划方案，都应当围绕这 8 个要素展开。

（二）公共关系策划方案的基本格式

公共关系策划方案的基本格式，大致包括下列五项。

1. 封面

封面内容一般包括题目、策划者单位或个人名称、策划方案完成日期、编号等。

2. 序文

如果策划方案内容较多、较复杂，可根据需要以简洁的文字作一个引导或概括。

3. 目录

目录是标题的细化和明确化，通过看标题和目录，可使阅读者了解整个方案的概貌。

4. 正文

正文是对前述 8 个要素的表述和演绎。其主要内容有：

（1）活动背景分析。

（2）活动主题。

（3）活动宗旨与目标。

（4）基本活动程序。

（5）传播与沟通方案。

（6）经费概算。

（7）效果预测。

正文的写作需要考虑周到，条理清楚，以纲目式排序，不过分详尽地去加以描述渲染。

5. 附件

重要的附件通常包括：

（1）活动筹备工作日程推进表。

（2）有关人员职责分配表。

（3）经费开支明细预算表。

（4）活动所需物品一览表。

（5）场地使用安排表。

（6）相关资料。主要是为决策者提供参考的辅助性材料，如完整的或专项的调查报告、新闻文稿范本、演讲词草稿、相关法规文件、平面广告设计草图、电视片脚本、纪念品设计图等。并不是每一份策划方案都需要相关资料。

（7）注意事项。将策划方案实施过程中应当注意的事项重点列出，如完成活动须事前具备的其他条件、活动实施指挥者应当拥有的临时特殊权限、需要决策者出面对各部门的协调、遇到特殊情况时的应变措施等。

第二节　公共关系策划的方法

一、公共关系策划中的创造性思维

所谓创造性思维，就是思维主体借助逻辑推理与丰富的想象，对概念、表象等思维元素进行组合加工，从而产生创造性思维成果的过程。公共关系策划离不开创造性思维，因为公共关系人员在每一次公共关系策划中，面临的环境不同、公众不同，必须打破思维定式、突破常规模式，策划出与众不同的、具有新意的活动内容和方式，去吸引公众，影响公众的态度和行为。

常见的创造性思维方法有以下几种。

（一）德尔斐法

德尔斐法又称专家意见法，是指反复征求意见的一种策划方法。它将主题内容、目标、要求一并寄给专家，请其独立完成一个方案，限期收回，再经过专门整理后，以不公布姓名的方式将其寄给其他专家，继续征询意见，经过几轮反复，直到意见趋于集中时为止。

（二）头脑风暴法

头脑风暴法又称脑力激荡法、畅谈会法，是 1953 年由美国创造学家 A. F. 奥斯本创立的一种集体策划方法。它通过一种特殊的小型会议（5～10 人），按照一定的规则和程序，在轻松融洽的气氛中，使与会的专家毫无顾忌地提出各种想法，面对面地互相激励，引起联想，导致创造性设想的连锁反应，从而产生众多的创造性设想。在创意进行中，不允许重复别人的意见，可以补充和发展，也不要对别人的意见提出反驳和批评，且想法越多越好，不受限制。

（三）灵感诱导法

灵感是一种突如其来的创造性思维的成果，其产生往往要靠外部诱因的出现，即当外部的诱因与个人头脑中隐藏的某个知识信息点相结合时，就会产生灵感，而这种灵感往往会带来好的策划“点子”，从而设计出好的方案。因此，策划人员要善于使用灵感诱导法，充分利用引起灵感的各种外部诱因，进行自我激发，产生新颖的策划灵感。

（四）逆向思维法

日常生活中，人们总习惯按正常思维去分析和解决问题。其实，这样容易扼制许多创意的产生。为此，策划人员要善于运用反向思维方法来思考问题，以找到出奇制胜之道，这也是策划中常用的一种方法。

❖观点链接

头脑风暴的确有缺陷，成功的头脑风暴的实施要依赖于那些面临问题的人的参与，他们明白这些问题、想去解决问题并有解决的能力。如果事先没有好好规划或者处理了错误的问题，头脑风暴就变成了个人时间的极度浪费。关于事先未能规划好的头脑风暴，格雷厄姆·兰开斯特在接受采访时曾经对此评论道，从总体上看，对于自由发挥创造性的情况来说，头脑风暴很可能不是一个好主意，人们在简洁这方面做得很不够，而且总是炫耀一些零星闪烁的点子，而不管这些点子是否具有战略性，在危机情况下更需要迅速的决断和清晰的领导责任制，头脑风暴在这种情况下就不是一个好主意；对于结构清晰的情况来说，已经有了直接的解决方案，头脑风暴也不是个好方法；头脑风暴最适合于那些详细而有限制的开放性问题。

资料来源：［英］安迪·格林. 公关创造力：第二版. 王树国，等译. 北京：北京大学出版社，2008：74.

二、公共关系策划的基本方法

（一）审时、借时

审时是指对时机的选择与把握；借时是指借助于有利的时间和时机。公共关系活动具有很强的时效性，公共关系策划者必须认识到这一点，审时度势，充分利用有效的时间，抓住机遇适时开展公共关系活动，以增加信息传播的有效性。

一般来说，公共关系人员在策划中抓住时机，可以从以下三个方面人手：

（1）争先。要有捷足先登的意识，在激烈的竞争中占据优势，以获得良好的公共关系效应。

（2）乘机。善于把握机遇，在恰当的时机策划出公共关系活动的杰作。可以把握的时机有节假日、纪念日、工程竣工日、公司开业之时等。

（3）后发。在对诸多相关信息进行分析、运筹之后，策划出更为成熟的公共关系活动，以达到后来居上的效果。

（二）借势、造势

借势指的是借助和运用一定的形象、事件，开展公共关系活动；而造势则是指制造一种气氛，创造有利的形势。公共关系策划不仅要审时借时，还要借势、造势，以制定出切实可行的公共关系活动方案。

1. 借势

借势是指借用比组织更受人关注的各种事物，与组织即将要进行的公共关系活动结合起来，从而把新闻界及公众的关注目光转移到本组织方面，收到公共关系活动的良好效果。常用的借势方法有：

（1）借名人之势。名人具有一种光环效应，吸引着广大的公众，也是新闻记者追踪的对象。因此，公共关系策划者可以借名人之势进行策划。如法国白兰地酒打开美国市场，就是借给美国第 34 任总统艾森豪威尔祝寿之际，一举打出了白兰地酒在美国市场上的知名度。

（2）借热点之势。热点是指新流行或者被人们普遍关注的事物或现象。公共关系策划者如果能恰到好处地借用到热点，也能收到意想不到的效果。如“健力宝”的扬名就是借用洛杉矶奥运会、汉城奥运会、北京亚运会、上海东亚运动会、巴塞罗那奥运会等体育热点之势，一步步扩大知名度的。一般来说，体育大赛、政治风云、战争烽火、文化盛事等都是可以借用的热点。

2. 造势

造势是指策划者通过巧妙思维，利用某一表面看似微不足道的契机，为组织与公共关系的建立和发展烘托出一个有利的趋向或环境。常用的造势方法有：

（1）无中造有。即在没有任何可资凭借的事物时，公共关系人员经过策划，营造出有利于组织的舆论环境。

（2）小中造大。即抓住一件微不足道的小事或小细节，将其中动人的或丰富的内涵通过公共关系传播予以放大，创造一个有利于组织公共关系建立和发展的良好态势。

（三）择术

择术是指在公共关系策划中，公共关系人员如何选择和运用合理的技术与战术。由于人们的长期实践，已渐渐形成了一些稳定的、常用的方式技巧，即“术”。常用的“术”有以下几种。

1. 以诚换诚术

立诚是公共关系活动最为重要的原则，体现到具体运用中，便是说诚实话、做诚实事，从而赢得公众的信任与诚心相待。

2. 以攻为守术

以攻为守术是指在组织与外在环境产生不协调时所进行的主动策划活动，表现为积极主动地出击以达到保护自己的目的。

3. 自扬家丑术

“家丑不可外扬”是一条古训，直到现在它仍然是大多数中国人的信条。事实上，绝大多数消费者虽是挑剔的，但又是实事求是的，当企业能向消费者说明产品的缺陷时，消费者也会理解，甚至认为企业是诚实可信的，这样也就在无形中提高了企业的知名度和美誉度。当然，公共关系人员对自扬家丑术的运用必须十分谨慎。一般来说，家丑的内核应具有一定的美，或者是微不足道的丑，否则不分利害地自扬家丑，就有可能适得其反，自落陷阱。

4. 强化特色术

特色是一个组织所独具的区别于其他组织之处。在公共关系活动中，组织的特色得到强化突出，经过传播后，组织的形象便会很鲜明地在公众心目中得到确立。因此，在公共关系策划中，强化特色是经常被采用的。

5. “借尸还魂”术

产品的生命具有周期性，人们的消费习惯也具有周期性，两个周期的简单重叠，便使得一些产品衰亡了，更多的新产品脱颖而出。但如果两个周期有所错位，则行将衰亡的产品就有可能中兴。此时，如果策划者能审时度势，给已经衰亡的产品注入新的活力，对人们崇尚传统的心理予以诱导，就完全有可能使老产品重新焕发生机、走俏市场。需要注意的是，运用借尸还魂术时要考虑有关公众对传统、对回归的心理需求，只有正确地把握这种需求，才能找到运用此术的最佳时机。

第三节　一般公共关系活动的策划

一般公共关系活动指组织日常的各种宣传活动，包括公共关系新闻策划、公共关系广告策划等。

一、公共关系新闻策划

公共关系新闻的巨大影响力是其他任何公共关系传播手段无法比拟的。公共关系新闻策划对于最普遍地赢得公众，最广泛地宣传本组织，在同行竞争中率先产生对社会的吸引力无疑是重要的手段。一般来讲，组织进行新闻传播，通常采用以下三种方式。

（一）撰写新闻资料和新闻稿

1. 撰写新闻资料

新闻资料是提供给报社、电台、电视台编写新闻消息的文字材料，它不直接同公众见面，要经过记者的加工。因此，新闻资料的撰写要求不高，只要把新闻的五要素，即“五个 W”表达完整即可。

“五个 W”指何时（When）、何地（Where）、何事（What）、何因（Why）、何人（Who），这是新闻中不可缺少的五个要素。把这五个方面的材料提供给新闻单位，新闻单位就可据此编写新闻，把信息发布出去。

2. 撰写新闻稿的要求

新闻稿是直接提供给报社、电台和电视台对外发布的文字材料，它的写作基本要求是：

（1）主题突出。新闻稿的主题一定要鲜明，让人一目了然。

（2）简明扼要。内容应该直截了当、简明扼要，在众多新闻中引人注目，能给人留下深刻印象。

（3）生动活泼。新闻稿应该生动活泼，有较强的可读性。

3. 撰写新闻稿

要写好新闻稿，应掌握下述三个方面：

（1）新闻稿的结构。

常见的新闻稿结构有三种：倒金字塔结构、并列结构和顺时结构。其中最常见的是倒金字塔结构。倒金字塔结构由导语和事实两大部分组成，导语之后是一般的新闻事实，按“重要在前、次要在后”的原则排列。并列结构以概括性导语为主体，让新闻事实排列其中，成为一个有机整体。顺时结构按新闻事实发生的时间先后有序排列，发生在前的事实排列在前，发生在后的事实排列在后。

（2）导语的写作。

导语在新闻稿中的地位十分重要，虽然通常篇幅不大，但要概括一篇新闻中最新、最重要的信息，使人只看导语便可了解新闻的基本要点。由此可见，导语的写作是新闻稿写作中极为关键的部分。

人们常把“五个 W”作为新闻五要素，缺一不可。早期的导语写作通常“五个 W”要素俱全，导致文字多、句子长，重点难以突出。为了突出重点，让人过目不忘，现在人们在写导语时只突出一两个要素，其余部分放到新闻事实写作中逐一交代。写作导语时，可以用叙述法、提问法、对比法等来增强导语对读者的吸引力。

（3）新闻背景材料的运用。

新闻背景材料是对新闻人物和事件起衬托、补充或说明等作用的材料。新闻背景材料运用得当，可以使新闻人物的形象更加丰满，使新闻事件更加吸引人。

一个组织的公共关系人员应该保持新闻的敏感性，经常发掘本组织有新闻价值的材料，写成新闻资料或新闻稿，主动投送新闻单位。无论新闻单位采用与否，这种与新闻界的信息联络都应该长期、主动、积极地保持下去。

（二）策划新闻事件

策划具有新闻价值的事件也叫“制造”新闻或“策划”新闻，是组织争取新闻宣传机会的一种技巧。即在真实的、不损害公众利益的前提下，策划或举办具有新闻价值的事件或活动，吸引新闻界和公众的注意力，制造新闻热点，争取被报道的机会，使本组织成为新闻的主角，以达到提高知名度、扩大社会影响的目的。这需要公共关系人员具备新闻意识，富于创造性和想象力。

1. 制造新闻的特点

（1）是经过公共关系人员精心策划安排的。一般新闻是在事物发展变化中自然发生的，而“制造”新闻是经过公共关系人员精心策划、推动挖掘出来的。新闻传播的主动权在新闻界人士方面，而制造新闻的主动权则在公共关系人员方面。

（2）能明显提高组织的社会声誉。经过公共关系人员精心、周密策划的新闻活动、事件，带有很强的目的性，都是围绕提高组织的社会声誉而展开的。因此，成功地策划一个新闻事件，能大大提高组织的知名度与美誉度。

※观点链接

新闻策划的五大核心要素

在新闻策划的运用中，策划的基本出发点就是对新闻价值的把握——如何理解新闻媒体的关注要点、理解新闻媒体的传播规则，这就是新闻策划成功与否的最重要核心。

从新闻传播的角度，媒体对事件新闻价值的判断有五个方面：

第一，时效性。这是新闻的时间内涵，从时间角度界定了“新闻”之独特性质。要求新闻必须将事实信息以最快的速度传播出去，以满足受众的需要。

第二，新奇性。这是从内容角度对新闻的界定，是作为新闻的事实必须具备的性质。有新意的事情人们才有了解的兴趣。

第三，重要性。这是新闻的核心要素之一，它从社会意义的层面界定了新闻之特质。从重要性的角度去激发人们的关注度与参与感。

第四，接近性。这是从态度的角度上对新闻的界定。要求企业进行新闻策划时，必须顾及不同区域媒体的关注点，以更加切合该媒体的报道习惯来策划事件。

第五，显著性。这是从观念的角度对新闻的界定。要求新闻中的主要人物及新闻发生的时间、地点有非同寻常之处，有一定的知名度，以引发消费者的关注。但这一特质只是部分新闻所具有的特质，而不是所有新闻所具备的元素。

资料来源：何五元，林景新．公关策划的策略、技巧、案例——营销造势Ⅱ．广州：暨南大学出版社，2018：112.

2. 新闻策划的步骤

新闻策划从实施的角度来说，主要有以下七个步骤：

（1）市场分析。

做新闻策划，必须先对策划对象所在行业及相关情况有深入的了解，比如行业的历史和现状、行业发展的新特点、相关的法律等。情况了解得越详细，掌握的信息越多，就越有可能从中挖掘出有价值的新闻点。

（2）确定宣传目标。

主要需要确定的是宣传的范围和宣传的目标人群，因为宣传目标影响着后面新闻点的策划、媒体的选择和预算的编制等步骤。

（3）策划“新闻点”。

找出具有新闻价值的人物与事件，将公众的目光吸引到这些人物与事件上来。

（4）选择媒体。

新闻策划都是通过媒体的传播来完成的，因此媒体的选择非常重要。通常根据公共关系宣传目标和产品的特性来选择媒体，比如大众产品应选择大众媒体，快消品可以选择网络媒体。

（5）编制预算。

策划新闻事件当然要衡量投入产出比，对预算做到心中有数。新闻策划的费用主要是新闻事件的实施费用，优秀的新闻策划只需要少量的媒体费用甚至不需要媒体费用。因此，新闻策划费用很难像广告投放费用那样在今年就可以计划好明年的投入。新闻策划不同个案的实施费用会因具体的策划而有所不同，因此可采用"目标任务法"来编制预算，即先确定一个新闻策划的目标，然后估算出所需的费用，包括新闻事件实施费用和新闻发布费用等。

（6）策划的实施和控制。

这是新闻策划中的另一个重要环节。再精妙的策划，也需要通过媒体进行传达。如果媒体不配合，新闻策划是不可能获得成功的。现在不少媒体已出现排他性倾向，一条新闻如果其他媒体（尤其是竞争媒体）已经刊播了，就不再采用。这为新闻策划所需要达到的"大规模轰炸"效果制造了困难，需要策划人有很强的媒体运作和控制能力。

（7）策划效果衡量。

对策划效果进行有效评估，有助于判断整个策划成功与否，也能给下一次策划提供有价值的参考。

对企业来说，新闻策划的效果可以通过以下几个标准来衡量：

1）刊登播出数量。在策划实施后统计媒体刊登播出的新闻数量，看是否达到了原先设定的目标。

2）刊登播出质量。主要指篇幅、字数、播出时间长度、刊登的版面（是否头版或其他重要版面）、播出的时间段（是否黄金时段）、企业和产品的名称是否出现、产品性能是否有介绍等。

3）市场反应。包括两个方面：一是看销售业绩，通过对策划实施前后市场销售情况作出比较，分析策划是否推动了销售；二是看企业或产品的知名度是否提高，这需要在策划前后各进行一次问卷调查。

4）采用比较法。即与其他竞争产品的市场表现进行比较，从而对新闻策划的效果作出评估。

总之，公共关系人员要成功地制造新闻，必须通过大量的实践去总结经验，使公众对组织有更多的了解与认同。

（三）策划新闻发布会

1. 确定新闻发布会的主题

明确召开新闻发布会是发布一项重大事项，还是就某一事件进行解释，或者发布产品信息等。

2. 确定应邀记者的范围

这主要依照新闻发布所涉及的范围与产生的影响而定，如果事件发生的范围及影响仅限于县城，那么就应邀请县报社、县广播电视台的记者到会；若涉及全省乃至全国，那么就邀请省级或中央一级新闻机构的记者到会。

3. 选择恰当的时机

新闻发布会一般都是为公布与解释组织的重大新闻而举办的，通常在十分必要的情况下才能召开，因此，必须选择恰当的时机。

4. 做好请柬的发放工作

请柬的发放以在新闻发布会前的三四天送到邀请对象手中为宜。请柬上应说明举行新闻发布会的目的，并注明举行新闻发布会的日期、地点、单位名称及联系电话。

5. 确定会议主持人和发言人

会议主持人一定要具备很高的修养，最好是一个有幽默感、能随机应变且责任心极强的人。同时，还要确定有关发言人，主题若是有关工程技术方面的，应当安排工程技术方面的最高负责人发言；若是有关组织全局的，应当请组织最高负责人发言。

6. 准备充分的发言和报道提纲

要事先全面收集资料，写出通俗、准确、生动的书面发言稿，并将宣传要点和背景整理成报道提纲，事先打印或复制，以便在会议开始时及时发给与会的有关人士和新闻记者。

7. 精选会议工作人员

新闻发布会是组织向外界打开的一扇窗口，它可以反映组织的精神面貌及各方面的素质。因此，要严格挑选会议工作人员，并注意不同性别的选择与安排，从外表到内在的修养均要合格。

8. 布置会场

在室温、灯光、外部环境等方面均要考虑周全，努力使会场既体现组织文化，又使来宾产生宾至如归的感觉。

9. 准备好通信设施

准备好电话、电传、电源及其他设备。

10. 筹划好会议的程序

会议程序要周密、紧凑，避免到时出现冷场或忙乱局面，并要安排记者提问和对举办方的重要人物进行采访，最后可安排招待会、鸡尾酒会或茶会，以不浪费和奢华、能达到增进友谊、扩大新闻发布会的效果为目的。

二、公共关系广告策划

公共关系广告是组织付费购买大众传播媒介的版面（时间），广而告之，主动宣传组织形象的一种特殊手段。公共关系广告是一种特殊形态的广告，也是一种特别的公共关系活动方式。

（一）公共关系广告的定义及类型

1. 公共关系广告的定义

所谓公共关系广告，就是通过付费的方式，利用一定的传播媒介向社会公众传递组织重要信息、缔造组织良好形象的表现方式。

公共关系广告与一般商品广告不同。一般来说，商品广告是向公众提供商品或服务信息，以推销商品和提供有偿服务为目的的传播活动。而公共关系广告则以“推销”整个组织的形象为目的。公共关系广告是一个组织谋求生存和发展所需要的重要宣传手段。

❖观点链接

广告是风，公关是太阳

《伊索寓言》中，有一个风和太阳争论谁更强大的寓言。

它们看到一个旅行者在路上走，于是决定设法让旅行者脱下外套来解决这个问题。风先行动，但是风刮得越厉害，旅行者把身上的外套裹得越紧。然后，太阳出现，并开始照耀。很快旅行者感到了太阳的炙热并脱下了外套。太阳获胜了。

你不能强行进入潜在顾客的心智。广告被认为是一个加强的力量，一个不受欢迎的闯入者，销售力量越强，风刮得越大，潜在顾客就越努力地抵制销售信息。

广告人谈论影响力。报刊、插页、折页和彩色印刷广告，电视商业广告中的疯狂行为、疯狂角度和跳跃剪辑，在电台广告中调大音量，但是实际上这些特性是在对潜在顾客说："别关注我，我是广告。"

一个广告越是努力强行进入心智，它就越不可能达成目标。潜在顾客偶尔会放松防守，风会获胜。但是这种情况并不普遍。

公关是太阳。你不能强迫媒体传播你的信息。它完全受媒体控制。你能做的只有微笑并确保你的公关资料尽可能有帮助。

资料来源：[美] 艾·里斯，劳拉·里斯. 广告的没落，公关的崛起. 寿雯，译. 太原：山西人民出版社，2009：216.

实际上，公共关系广告是组织为引起公众对自身的注意和兴趣，进而产生好感和信任，最终获得公众的支持和合作所进行的传播活动，也是一种持久地着眼于建立并维系与公众之间的情感联系的传播行为。它不直接为组织赢得经济利益，但它的努力所产生的效应会为组织的未来发展创造良好的环境，其价值是不可低估的。

2. 公共关系广告的类型

公共关系广告的具体形式在不断发展，其最基本的形式有以下四种：

（1）形象广告。形象广告是以提高组织知名度、树立组织整体形象为目标的公共关系广告。形象广告的内容大致上可以包括：组织的名称、标志设计；反映组织文化的特定口号或典型歌曲；组织的经营范围和特色；组织的实力和业绩；组织的历史和传统；有关组织活动或事件的主题；与组织的人物、环境、日常活动有关的图片；组织对公众的关怀和诚意等。形象广告设计注重组织整体形象，不表现某个具体产品，广告文稿和图像尽量避免商业化气息。

（2）公益广告。公益广告指组织为社会公益活动提供服务的广告传播，包括完全以公益宣传为主题制作的广告（如保护环境、社区安全等）和配合组织直接参与某项公益事业而制作的广告（如修建公益设施、资助慈善机构、援助受灾的灾民等）。这种广告不仅完全不以商业利益为目的，而且直接投资于公益事业，将公益事业本身作为传播的主题。公益广告在为社会公众服务的同时，也为组织扬了名。

（3）观念广告。观念广告是通过提倡或灌输某种观念和意见，引导或转变公众的看法，影响公众的态度与行为的一种公共关系广告。其内容可以是宣传组织的宗旨、信念、文化或某项政策，也可以是传播社会潮流的某个倾向或热点。这类广告不直接宣传商品，甚至不宣传组织本身，只是对某个问题表明看法和陈述意见，因此也称为意见广告。观念广告常用暗示的方式引发公众的联想，在潜移默化中影响公众的观念和态度。

（4）响应广告。响应广告即用来表示组织与社会各界具有关联性和共同性的一种广告。其内容可以是联络感情性质的，如表达对其他组织的祝贺、支持和赞许，也可以是社会性的，如响应和支持公众生活中的某一重大主题。这种广告一方面显示组织关心、参与公众生活，向公众或其他组织表达善意；另一方面借助于社会主题的影响或传播对方的机会来扩大本组织的影响。

（二）公共关系广告策划

1. 公共关系广告策划的定义及构成

所谓公共关系广告策划，就是对公共关系广告的整体战略和策略的运筹与规划。它不是具体的广告业务，而是广告决策的形成过程。它是个系统工程，包含一系列具体内容：公共关系广告目标策划、策略策划、方式策划、时机策划、区域策划和效果测定。为了传播组织声誉，提高组织在社会上的影响力，往往需要开展公共关系广告活动，以达到花钱少、效益高、影响深远的广告目的。

2. 公共关系广告策划的内容和程序

（1）公共关系广告策划的内容。

公共关系广告策划的具体内容一般包括对公共关系广告的对象、媒体、主题、策略、方式、时机、空间、效果、预算等要素的策划，以及对以上各要素的组合策划。

（2）公共关系广告策划的程序。

1）选择目标，确定主题。确定广告主题，建立在对公众和市场调查的基础之上，要求依据组织的宗旨、目标、思想、文化及发展的需要，依据公共关系目标与原则来确定。一般情况下，公共关系广告的主题可以从以下几个方面来选择：一是以建立组织信誉为主题的公共关系广告；二是以宣传组织社会贡献为主题的公共关系广告；三是以公共服务为主题的公共关系广告。

2）立足实际，找准媒体。组织自身的定位是立足实际、找准媒体的关键。必须充分考虑媒体的性质和社会公众的习惯，同时还要考虑广告目标及组织的实力。

3）把握时机，果断出击。在确定主题、选准媒体后，公共关系人员应当审时度势，敏锐观察，抢抓机遇，果断行动。

以上这些工作的完成，并不标志着公共关系广告策划工作的完全结束，最后还必须通过对公共关系广告效果的分析，实现信息反馈，及时修正公共关系广告形象，不断充实和调整公共关系广告策划工作。

第四节　大型公共关系活动的策划

大型公共关系活动是服务于组织整体公共关系目标的大型专题活动的总称，是公共关系实务工作的重要内容之一。大型公共关系活动是组织有目的、有计划地精心策划的，具有主动、积极、进取和开拓的特点，能最大限度地发挥公共关系人员的主观能动性，体现公共关系人员的智慧。

一、大型公共关系活动策划的内容

如同新闻报道有“五个 W”一样，公共关系人员在策划大型公共关系活动时，也必然要考虑这五个方面，即何人（Who）于何时（When）在何地（Where）发生何事（What），以及为什么发生（Why）。

（一）策划的主要内容

策划的主要内容即“五个 W”中的何事（What）。一般而言，下列事情可以作为大型公共关系活动专题策划的内容。

1. 典礼仪式

利用各种较为隆重的典礼仪式为组织提高知名度，如奠基典礼、落成典礼、开幕典礼、剪彩典礼等。

2. 节日、周年庆典

利用社会生活中的各种盛大节日，以及各种有意义的周年纪念日，开展公共关系活动。

3. 专题喜庆活动

如职工联欢会、消费者联欢会、军民共建联欢会、招待会、舞会、大型文艺演出活动等。借专题喜庆活动可与某一类公众或某几类公众密切联系。

4. 专题竞赛活动

如各种以组织名称命名的体育比赛、唱歌比赛、摄影比赛、演讲比赛、征文比赛、绘画比赛等。组织通过为专题竞赛活动提供资金和奖品，可以扩大组织的社会影响。

5. 学术研讨会

赞助和承办全国性、地区性的专题学术研讨会，与专家名流加强联系，进而通过理论界的传播，扩大组织在全社会的影响。

6. 社会公益、慈善活动

发动和倡导有意义的社会募捐活动，为社会做善事，深化社会公众对组织的了解与认识。

7. 社会公共活动

组织除了自身组织活动以外，还可积极策划参与其他组织或团体组织的社会活动。比如组织自建专业或业余的体育队、文艺演出队，参加各种体育比赛，参加国家、民族节日的庆祝活动，都会给社会公众留下良好、可亲、可信赖的印象。

8. 展览会

展览会是为展示组织发展成就、传播组织文化、特色和品牌而进行的一种宣传活动，是塑造组织声誉的最佳公共关系活动之一。举办展览会还会提高所在城市的知名度，带动其他产业的发展，同时对服务业（比如交通、食宿、通信等）的发展也有很大的带动作用。

（二）策划的时机

策划的时机即"五个W"中的何时（When）。要想成就一件事，多从天时、地利、人和三者来考察。策划大型公共关系活动时，自然也要选择好"天时"。公共关系人员应善于分析，把握好大型公共关系活动开展的时机。

公共关系人员应善于利用下列时机：

（1）重大事件发生的自然时间。如某工程奠基之日、落成之时；组织创办、开业之际；企业推出新产品或服务之时；企业销售额达到一个大的整数之时。

（2）组织的纪念日和社会生活中的节日。组织的周年纪念日、国家规定的节日、民族节日等都可以作为大型公共关系活动的时机。

（三）策划的地点

策划的地点即"五个W"中的地点（Where），这里指公共关系活动举办的地点。

公共关系活动的举办地点一般选择在事件发生地、目标公众所在地。如果是展览会，可选择在交通要道、流动人口和参观人员较多的地点举办。

（四）策划的人员和规模

策划的人员即"五个W"中的何人（Who），这里指参加公共关系活动的人员及规模大小。

策划公共关系活动是以扩大组织的影响为最终目的的。有些活动有人员和规模的限制，有些活动没有人员和规模的限制，人越多越好。但公共关系活动规模大，所需经费也多。在一定的经费范围内，应使尽量多的公众加入。在人员结构上，除了一般邀请对象外，要特别邀请新闻媒介单位的人员加入，因为新闻媒介通过报道可以影响更广泛的公众。

（五）策划的氛围

策划的氛围即"五个W"中的为什么（Why）。要使公共关系活动取得最佳效果，公共关系人员在活动开展之前，应当营造一个良好氛围。组织可围绕活动开展一系列辅助性的公共关系宣传，如在新闻媒体上做广告等，以增加社会公众对活动的了解、期望，从而为公共关系活动的开展做好铺垫。

二、大型公共关系活动策划的特点

大型公共关系活动在国外常常被称为公共关系的特殊事件，一般来说，其具有以下特点。

（一）目的性强

公共关系活动，从总体目标而言，是为组织的整个公共关系目标服务的。通过公共关系活动，可以使公众潜移默化地接收组织的各种信息，增加对组织的亲近感，提高组织的知名度，扩大组织的影响。对于每一个具体的专题活动而言，都有具体的分目标。

（二）主题明确

每一次公共关系专题活动都有一个明确的主题，在每次活动中往往只能将组织的某一方面展现在公众面前，与公众进行这方面的重点沟通。

（三）积极主动

由于公共关系专题活动主题明确、目的性强，因而活动策划具有主动性、积极性和开拓性的特点，这也能最大限度地发挥公共关系人员的主观能动性，体现公共关系人员的智慧。

（四）计划性强

公共关系活动成功与否以及成功的程度，是与事前计划密切相关的，计划越周密，成功的概率就越高。一般来说，对活动的时间、地点、参加人员的数量和结构、方式等都要作出周密的安排；活动所需设备、工具事前都要准备齐全；谁主持，哪些人负责联络，哪些人负责后勤服务，事前都要确定下来；活动过程中可能有哪些异常情况（如突然停电）会发生，发生了有何相应的措施，都要事先考虑周全；等等。总之，对各种可能的情况都要事前设计、计划好，以确保公共关系活动顺利开展。

（五）灵活驾驭

公共关系活动的内容丰富、形式灵活，所以组织在开展活动时，需要灵活驾驭，既能使活动忠实于原定方案，按照既定的程序进行，又能及时利用活动过程中出现的各种机会，灵活应变，取得更大的公共关系效益。

三、大型公共关系活动策划的基本步骤

（一）明确目的，制订周详的计划

要事前对活动内容进行计划，明确主题。时间、地点、规模、活动方式、交通、气候、设备等各方面因素都要纳入计划之列。总之，应把公共关系活动作为一个整体和系统工程来设计、规划。

（二）对计划进行可行性研究

制订计划时要反复推敲，如预计要达到什么目的、取得什么样的成效，对照目标对计划进行可行性研究。

（三）设计一个醒目的标题或口号

公共关系活动应根据主题设计一个既令人耳目一新又有利于传播的标题或口号。

（四）组织精明能干的班子

班子应由那些热情、大方，知识面广，熟悉活动内容，具有公共关系知识和公共关系能力，有开创精神的人员组成；在班子内部，要有恰当的分工与协作。

（五）编制预算

开展公共关系活动要有一定的财力作为后盾，因此，要编制好预算。在活动开展前，必须筹措到必要的经费；否则，一切无从谈起。

（六）注意时间的安排

在时间安排上应特别谨慎，要选择恰当的时机。

（七）制订传播计划

事先联系好新闻界，为媒体采访和报道提供一切便利条件，以使活动取得更好的效果。

（八）做好活动前的宣传

活动开展前，应把与活动有关的消息传播出去，创造一个良好的氛围，以利于公共关系活动的开展。

四、几种大型公共关系专题策划

（一）展览会

展览会是通过实物、文字和图表来展现组织成果或者普及科学知识等的一种宣传形式。展览会的传播范围虽然局限在一个地区，影响的也仅仅是到场的公众，但它的说服力和感染力却是巨大的。

筹划和举办展览会应做好以下几点。

1. 构思主题

举办展览会，首先需要明确主题。只有主题明确，才能把实物、图表、照片等资料有机地组织起来，达到展览目的。在主题明确后，应指定一名负责人，由其负责构思整个展览会的布局，安排会标、主题画设计，撰写前言及结束语等。另外，要确定参展单位和参展项目。

2. 选择类型

要根据展览会的主题需要及客观条件来选择合适的展览类型。展览会的类型可分为如下几种：

（1）从举办的地点看，有室内展览会和露天展览会。大多数展览会在室内举行，但是室内展览会的布置较为复杂，所需的费用也较多。露天展览会的最大特点是布置工作较为简单，费用可大大减少，且接待观众人数多。那些较为精致、价值高的展品，则只适宜在室内举办展览。

（2）从所展出的内容种类来看，有单一内容展览会和综合内容展览会。单一内容展览会也称纵向展览会，展出的主要是组织某一方面发展成果或历史；综合内容展览会也称横向展览会，展出的内容丰富而完整。

（3）从展览的性质看，有贸易展览会和宣传展览会。贸易展览会的目的是做实物广告，促进商品的销售，这种展览会展出的展品主要是实物产品。而宣传展览会的目的是宣传某一成果、思想和知识，或者是让人们了解某一段史实。例如，交通安全展览会就是宣传展览会。这种展览会一般通过展出照片、资料、图表等来达到宣传目的。

（4）从展览的规模看，有大型综合展览会、小型展览会和袖珍展览。大型综合展览会一般由专门的单位举办，参展企业通过报名参加。这种展览会往往规模大，参展的项目很多。如世界博览会就属于这种类型。小型展览会的地点常常选择在车站的候车室、图书馆门厅、酒店的大厅和机场的入口处等。袖珍展览指商品橱窗展览和流动的展览车等。

3. 准备资料及设备

根据总体构思及展览类型，组织工作人员要到各参展单位采集实物和有关资料，撰写展览脚本，提交设计室，由总设计画出展板小样及展品排列方式，交美术摄影组。美术师按照展板小样要求，绘制或放大。

组织要成立一个专门机构负责和新闻界进行联系，还要准备一些辅助宣传资料。例如，介绍组织的幻灯片和录像带、各种小册子以及展览会的目录等。展览会还要准备辅助设备。

4. 撰写解说词

解说词要写得具体、精练。写好后，交给解说员，要求他们正确流利地讲解。

5. 编排内容

要层次分明、条理清楚地把展览会的内容表现出来。

6. 进行经费预算

展览会的费用通常包括以下几项：场地费用，如租金、电费等；设计和建造的费用；人工费用，包括所有工作人员的薪金、伙食费、车费等；联络费及交际费；宣传费用，用于登广告、印刷宣传品、联络媒体等；保险费及运费。

（二）开业（工）典礼

开业（工）典礼是一个组织在社会公众面前的首次亮相。精心设计、气氛热烈的开业（工）典礼，可以为主办单位创造良好的社会形象。

开业（工）典礼的形式并不复杂，但是要办得丰富多彩，给人留下深刻的印象却不容易。它要求公共关系人员认真策划，创意新颖，有鲜明的公共关系意识。在活动组织方面，要注意典礼程序与活动内容紧张有序。稍有不周，精心准备的开业（工）典礼就不能达到公共关系活动的目的。

具体来说，应做好如下几项工作：

（1）公共关系部门要拟订出席典礼的宾客名单，包括政府有关部门的负责人、社区负责人、社团代表、新闻记者、员工代表及公众代表，并提前3天将请柬送到出席人员手中。

（2）拟订典礼程序和接待事项。负责签到、接待、摄影、录像等的有关工作人员，应及时到达指定岗位，按照典礼程序有条不紊地进行工作。

（3）确定剪彩人员。除主方负责人以外，还应邀请宾客中地位较高、有一定声望的知名人士同时参加剪彩。

（4）事先确定好致辞的宾客名单，并为本单位负责人拟订答谢词。贺词和答谢词都应言简意赅，起到沟通感情、增加友谊的作用。

（5）安排一些必要的助兴节目，如舞狮、歌舞等，以营造热烈欢快的气氛。助兴节目最好由本组织员工承担，这样可以培养员工当家做主的精神和职业自豪感。本组织没有这方面人才的，也可以邀请外单位的人前来助兴。

（6）仪式结束后可以请与会代表参观本组织。这是请上级、同行和社会公众了解自己、宣传自身的好机会。

（7）活动结束后，组织可以通过座谈会或留言簿的形式广泛征求意见，以达到总结经验、鼓舞士气的目的。

（三）开放参观

一个组织为了使公众对其有更好的了解，要经常安排一些开放参观活动。组织利用这些活动可以向公众进行宣传，以获得公众的理解和支持。安排开放参观活动要有明确的目的，围绕这一目的，确立一个主题，这样才能使开放参观活动收到良好的效果。

安排开放参观活动要做好以下几点：

（1）准备简单易懂的说明书，或者在参观之前先放映介绍组织的短片或幻灯片，以帮助参观者了解组织的概况。之后，由向导陪着参观者沿着一定线路作进一步解说并回答问题。

（2）开放参观的时间，最好安排在一个特殊的日子里，如周年纪念日、节假日等。

（3）最好成立一个筹备委员会，委员可包括公共关系代表、员工代表及人事主管代表等。

开放参观活动的程序包括寄发请柬、准备入场券、训练接待人员、准备接待场所和用品、编制来宾登记册、规划参观路线等。除此之外，还要对内部员工进行宣传教育工作，让员工理解开放参观的意义并予以配合。

（四）赞助活动

组织可以通过赞助活动树立自身关心社会公益事业的良好形象，培养同其他组织或某类公众的良好感情。常见的赞助类型有体育活动赞助、文化活动赞助、社会福利赞助、学术活动赞助、某一职业奖励基金赞助等。

为获得最大的公共关系效果，组织应精心策划每一项赞助活动。开展赞助活动的具体流程如下：

（1）研究赞助项目。主要是调查外部需要赞助的公益事业情况，制定赞助方向和政策，并据此考核要求赞助的项目。为了做好赞助工作，应组织一个赞助委员会，由赞助委员会负责调查研究，进行赞助成果和效果的分析，以保证赞助活动取得最佳效果。组织为提供某项赞助而进行决策时，主要应考虑以下几点：此项赞助的社会效益；组织的经济效益；本组织的财政状况。组织应优先考虑与本组织有联系的项目。

（2）制订赞助计划。赞助的项目确定后，还要考虑赞助的具体方式、赞助的数额以及赞助的时机，以便制订出赞助的具体计划。在设计赞助计划过程中，应充分运用各种公共关系技巧，使赞助活动尽可能扩大影响。

（3）评价赞助效果。一项赞助活动完成后，应该对其效果进行评价测定，以一定的格式写成报告，归档储存，为以后的赞助工作提供参考资料。效果评价主要是了解各方面公众及受赞助的组织或个人对提供赞助的组织的看法，了解赞助是否达到了预期的效果，实现了哪些预定的目标。

拓展知识

整合营销传播策划

本章小结

公共关系策划是对各类公共关系活动的谋划、运筹，是公共关系活动的灵魂。本章主要介绍公共关系策划的基本理论，并在此基础上重点讨论公共关系专项活动的策划。公共关系策划分准备阶段和策划阶段。准备阶段又包括分析公共关系现状，确定“公共关系由头”及确立公共关系目标两个步骤。策划阶段包括设计方案主题、分析公众状况、选择沟通手段、制定经费预算、评估策划方案五个步骤。公共关系策划活动的模式有多种。公共关系新闻策划和广告策划在普遍赢得公众、广泛地宣传本组织、率先产生对社会的吸引力等方面无疑是重要的工具。策划大型公共关系活动要明确目的，制订周详的计划；对计划进行可行性研究；设计一个醒目的标题或口号；组织精明能干的班子；编制预算；注意时间的安排；制订传播计划；做好活动前的宣传。

职业实训

1. 案例剖析

医院新闻连续报道策划

一位年过花甲的患者，患皮肤湿疹10多年了，吃的、抹的全试过了，可总不见好。而当他到南通六院就诊时，医生就给他开了一盒曲安奈德新霉素贴膏。到收费处一结账，只有9毛钱。

这个在医护人员看来很平常的一件事，医院却洞察到了它的新闻价值。加之当时社会上刚报道了几起恶性医疗事件，医患关系处于敏感时期，于是医院决定对该事件进行分阶段策划，为建设和谐医患关系传播正能量。

1. 第一波策划——着眼认知落差

医生治病竟然只开了9毛钱的处方！这与大众的就医认知严重不符。在大众潜意识里，就医一贯都是“高消费”，然而南通六院竟然只给患者开出了9毛钱的处方，这种现象对大众来说极为罕见，所以引发了他们的极大好奇，而好奇是促进事件传播的第一步。医院抓住这一点，立刻策划撰写新闻稿，并向当地媒体投稿，《江海晚报》和南通当地电视台第一时间响应，分别对该事件进行了重点报道。

2. 第二波策划——着眼医患关系

第一波策划实施完毕，根据医院新闻策划的价值最大化原则，团队开始就此事件进行第二波传播策划，纵深挖掘新闻价值，并致力于把事件的影响范围扩大到全国。这一阶段，医院把目光转移到了医生给患者开出“9毛钱处方”这件事上，进而抛出“医患关系”这个话题，策划撰写评论稿并向多家媒体投稿，最终《楚天都市报》根据这个信息刊出了评论稿，该稿刊出后，新浪、网易、搜狐、腾讯等全国知名媒体纷纷转载。医院的品牌在无形之中得到海量曝光。

3. 第三波策划——着眼处方价值

从心理学和传播学的角度分析，前两波的“话题策划”，更容易引起大众的注意力和参与热情，而当好奇和讨论归于理性，一切最终是要回到医疗的本质上来——治病救人。第二波评论稿引起网络热转后，《健康时报》对医院进行了远程采访。由于《健康时报》是全国实体发行，并有网络转载，医院的正面品牌形象再次得到轰动性传播。

看似平常的事件，医院审时度势，紧扣新闻主题，一起事件策划三大话题，零成本帮助医院实现了品牌多番曝光！广东、福建、湖南、陕西等多地患者纷纷致电咨询，更有患者不远千里到医院就诊，知名度和美誉度实现双丰收！

资料来源：医院新闻连续报道策划案例.（2018-11-14）[2020-03-28]. http://www.yelot.com/cases/400.html.

（1）这个新闻策划用心之处在哪里？

（2）如何看待这样的新闻策划？

（3）在新媒体时代如何进行有效的新闻策划？

2. 职场模拟

假如你所在学院为了扩大影响力，在新年到来之际，想组织一场开放参观活动，以加深社会公众对学院的了解，你怎样策划该活动？

3. 能力训练

（1）你所在的学校要举办周年庆典活动，请你为本次活动制定一份活动策划书。

（2）某大型商场开业在即，为使商场开业伊始便有较高的知名度，商场策划了一个别出心裁的活动，开业当天，在商场外进行抛发礼券活动，每张礼券800元，共抛发1 500张。活动当天，先后有数万人争抢礼券。受活动影响，商场周围交通中断，引起部分市民的不满，活动秩序失控，导致一些人被挤伤。当地几家媒体对活动所带来的问题进行了报道。尽管该活动的开展客观上使商场有了一定的知名度，但也带来了商场不希望看到的结果。如果你是该商场的公共关系部经理，会如何策划这项公共关系活动？

第六章在线练习

第七章

公共关系活动实施

本章学习目标

本章思维导图

通过本章的学习，你应该能够：

1. 理解和掌握公共关系活动实施的原则。
2. 掌握一般公共关系活动和大型公共关系活动实施的步骤。
3. 了解影响大型公共关系活动实施的因素。
4. 掌握危机处理的工作程序，提高公共关系危机应对能力。

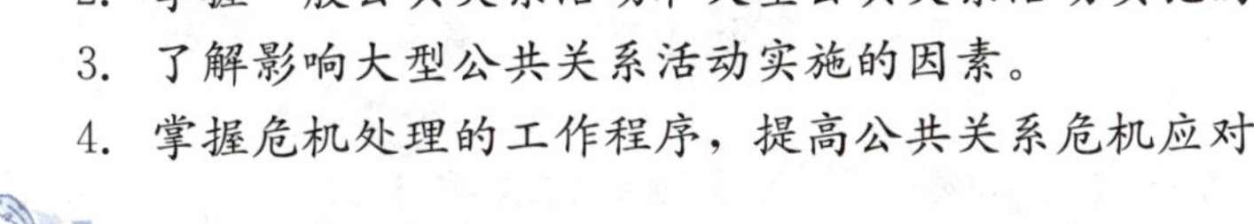

课前思考题

1. 公共关系活动实施是不是公共关系策划方案的简单实施？
2. 一般公共关系活动开展的程序是什么？
3. 什么因素影响公共关系活动的实施？
4. 危机事件有哪些特点？引起危机事件的原因有哪些？
5. 在危机事件中，怎样处理与新闻界的关系？

导入案例

二青会上的山西味儿

捏、搓、揉、掀，用小竹刀灵巧地点、切、刻、划，塑成身、手、头面，上色，几分钟时间，吉祥物“青青”就出现在山西省级非遗文化太原传统面塑传承人王博的手中。第二届全国青年运动会（以下简称二青会）即将接近尾声，在运动员用拼搏奋斗的体育精神为观众献上一场场精彩赛事的同时，运动员驻地青运村里，文化互动展示中心和文化广场则是运动员在紧张比赛之余放松身心的好去处。

在太原传统面塑的展位前，20多位运动员目不转睛地盯着王博的双手。王博演示完后，几位运动员迫不及待地动手制作面塑。王博告诉记者，运动员最喜欢做的面塑形象是青青和金猪，在他的展位前，最多的一天接待了200多名运动员和教练员。

王博面塑展位的旁边，是他的爱人赵淑霞的太原糖人展位。这里同样有不少运动员驻足观看。赵淑霞是山西非物质文化遗产太原糖人赵氏糖人第三代传承人，经过她捏、吹、拉、剪，一个个动物生肖、花鸟鱼虫栩栩如生。赵淑霞一边制作，还一边向运动员讲述着糖人的历史："糖人也叫'戏剧糖果'，距今有600多年的历史，原料由麦芽糖、蜂蜜、冰糖精心熬制而成……"赵淑霞说，糖人的互动性极强，运动员可以亲自体验，让他们更多地了解中国独有的老手艺。

除此以外，文化互动展示中心还展示着永乐桃木雕刻、琉璃烧制、太原剪纸、木版年画、晋源风筝、贾氏泥塑、太原漆器、核桃木雕刻镶嵌、武氏绣法、镂空木雕、清徐砖雕、古法斫琴、清式传统家具制作等一系列国家级和山西省级非物质文化遗产，同时还有来自省内的22位非遗传承人现场制作非遗产品。入住青运村的运动员们可以上手制作，并将成品带走，零距离感受独特的山西非遗文化。

展示中心志愿者王瑞琪负责中心的讲解工作，她告诉记者，很多运动员都十分喜欢展示中心，人数多的时候有500多人，不少运动员在比赛之余经常前来学习体验。太原市非遗保护中心主任张建民表示，从太原市200余个非遗项目中，筛选出22个进入运动员村文化互动展示中心，以固定展览和互动体验相结合的方式，让运动员在传统文化中寓教于乐，放松身心，感知历史，感知山西，让青运村的山西文化扑面而来。

除了展示中心外，还有一场场文化盛宴丰富着运动员的文化生活。从8月4日到8月18日，每晚8点开始，在青运村的文化广场，具有山西特色的文艺节目竞相上演；8月9日晚，为给二青会助兴添彩、鼓劲加油，第二届全国青年运动会山西大剧院系列专场文艺演出以"龙猫·天空之城——久石让与宫崎骏动漫作品视听音乐会"拉开了帷幕；8月16日，蜚声国际的舞台艺术精品舞剧《一把酸枣》在山西大剧院上演。

整个二青会期间，参赛运动员达4万人，接待总规模接近6万人。二青会不仅是全国各地的青年运动员竞技的舞台，还是青少年文化交流的平台。借助二青会文化中心，向参赛运动员全方位介绍中华文明、山西文化，让运动员在赛事之余能感受和体验多样文化的精彩，给二青会插上了文化的翅膀。

资料来源：李建斌. 二青会上的山西味儿. 光明日报，2019-08-18.

从这个案例可以看出，公共关系活动的实施不仅要求公共关系人员充分调研和周密计划，还要精心选择活动实施的具体形式，并认真设计和组织实施。所以能否成功地举办各种形式的公共关系活动，是对公共关系人员综合能力的考验。那么，一个完整的公共关系活动该怎样实施呢？

第一节　一般公共关系活动的实施

一、公共关系活动实施的原则

对一个组织来说，公共关系活动的策划方案审定后，便进入公共关系活动的实施阶段。公共关系活动的实施是公共关系活动中实践性最强的一个环节。公共关系活动实施成功与否、所传播信息的影响程度和范围大小，直接关系到组织的生存与发展环境营造的效益；同时，公共关系活动实施过程本身也丰富了公共关系人员的经验，增长了公共关系人员的才干。所以，必须重视公共关系活动的实施。

为保证顺利实施公共关系活动，有效实现公共关系目标，公共关系活动实施应遵循以下几个原则，如图 7-1 所示。

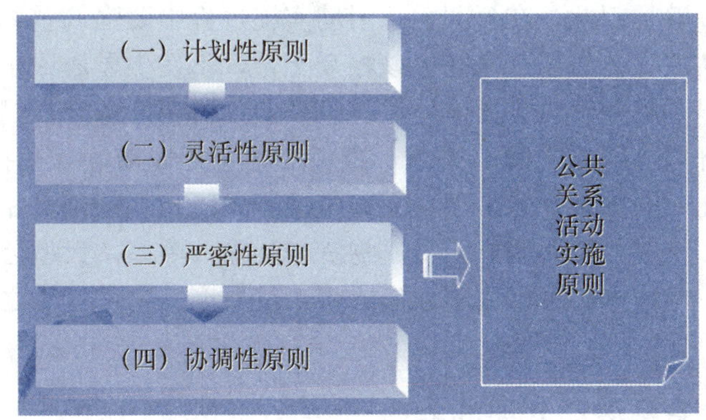

图 7-1　公共关系活动实施原则

（一）计划性原则

凡事都应有计划，公共关系活动也不例外，而且要求有周密的计划。组织者要对活动进行通盘考虑，将公共关系活动纳入组织的整体规划，使活动中的一切策略、技巧都和组织的公共关系目标相一致，为实现公共关系目标服务。公共关系目标一般都是在充分调研和科学预测的基础上确定的，不会因客观环境的变化失去其合理性。以目标作为公共关系活动实施的控制手段，能很好地把握实施的目的、步骤、任务，减少公共关系活动实施中的随意性和盲目性，保证公共关系目标的顺利实现。如果在公共关系活动实施过程中一遇到新问题和新情况就改变公共关系目标和基本步骤，组织一定会被变化无常的情况所左右，无所适从。

（二）灵活性原则

公共关系活动是一种创意性、灵活性、艺术性都很强的实践活动，所以，在公共关系活动实施过程中，既要坚持原定公共关系活动策划方案的计划性，又要加强检查和监测，随时根据公众的反应以及活动中各种因素的变化作出调整，使活动实施具有灵活性。由于现实社会的复杂性，很多突发事件难以事先估计，一些计划好的策划方案，可能在实施时已经失去了开展的条件，如果不随机应变，只是机械地照搬预先设计的程序，往往会南辕北辙，甚至贻笑大方，产生不希望出现的结果，最终使公共关系活动失败。

（三）严密性原则

组织在实施公共关系策划方案时，应根据公共关系目标的要求，尤其是变化了的客观环境，对活动的时间安排、地点选择、对象确定、程序控制、内容构思、形式采用、人员分工、费用支付等详加斟酌、认真研究，制定更详尽的方案，确保目标实施方案的严密性和有效性。组织的公共关系活动不像拍电影，可以在拍摄之后再重新编辑，每一次公共关系活动的实施都是现场直播，成功的机会只有一次，一旦出现失误就无法弥补，所以绝不能掉以轻心。

（四）协调性原则

由于公共关系工作的阶段性和多样性，在开展活动时往往会过分重视整个计划中的某一阶段或某一方面的工作而忽略整体目标的实现。这种现象的产生，是因为对整个公共关系工作的统筹协调不够。因此，在公共关系活动实施过程中要强调整体协调，即各个环节之间、部门之间及实施主体与公众之间应该相互配合，不发生矛盾或少发生矛盾；当矛盾产生时，要及时加以调解和解决。具体地说，第一，要协调好各个部门之间的关系，如宣传、供销、广告等部门与团体之间的关系，避免产生互相脱节、互相扯皮的现象；第二，要协调好各个项目之间的关系，各个项目在实施过程中既相互区别又相互关联，要做到有机过渡、精心协调；第三，要协调好人员、物资与运输的关系，大型公共关系活动的人员调度、物资运输是一门技术，可以用图表形式将人员调度、物资运输之间的相互关系明确地呈现出来。

二、一般公共关系活动开展的程序

（一）确定负责人员及实施者

组织的公共关系活动面向多层次、多领域、多类型的传播媒体及各类公众，并要与之开展信息沟通、观念分享和关系维护等活动。因此，组织应设置公共关系部，由公共关系部负责人主抓全面宣传事宜，并指派专人负责广告联络、媒体联络、公共关系协调、美工及摄影等工作。例如，广告联络实施人员负责组织的整体形象设计、产品包装、广告投放、组织内外印刷宣传品的印制等业务；媒体联络实施人员负责新闻稿的撰写与编辑及稿件发布与追踪，发掘各种宣传资源，与媒体保持不间断的联系和有效的沟通。

（二）准备资料（新闻稿、宣传资料）

公共关系人员在公共关系活动开始之前要准备有关的宣传资料。例如，根据组织内的高层管理人员任命、慈善助学活动、新产品推广、技术上的新成就、员工获得的荣誉等有价值的新闻事件，准备文字、图片和影视资料，撰写、绘制和印刷各种供不同媒介选用的新闻稿；向有关记者提供一些独立于活动之外、篇幅短小的、有趣的资料，供他们写报道时参考；为媒介准备一些介绍有关活动项目、有关机构、有关人员的宣传小册子等。新闻稿如能配上生动而富有特色的照片、图解或视频资料，将有助于增强新闻报道的魅力，比较容易被新闻媒介采用。对于一些公众不了解的组织，公共关系人员还可以提供相关的背景资料，增强报道的全面性。一般来说，组织提供的资料只要具有一定的新闻价值，都易于被媒介采纳。

此外，公共关系人员还应提前设计、制作各种宣传品，如组织标识、传单、小册子、大型画册、广告词、主题词、目录、海报、条幅等，因为这些事情往往要受到制作工期的制约。另外，在宣传品设计上要突出本组织的公共关系意图、活动主题、组织标识与代表色、主题词等。广告词制作要求新颖、活泼、生动诱人、富有情感。在公共关系活动实施中，这些工作应有条不紊按时展开，不可拖延。

（三）选择传播媒介

公共关系活动的实质是针对目标公众进行信息传播活动。要想使这种传播活动取得最大的效果，必须使发出的信息全部或大部分为目标公众所接收，这就需要通过公众所经常使用的传播媒介或渠道来传递信息。公共关系活动目标一经确定，就要明确传播媒介。面对众多的媒介，应该如何选择和使用才更加有效和经济？公共关系人员必须考虑三方面的因素：

（1）由于各种传播媒介各有鲜明的特点和一定的适用范围，因此，公共关系人员必须对各种传播媒介有深入全面的了解，并根据组织的传播主题、内容和形式，扬长避短，选择不同的媒介，以取得良好的宣传效果。

（2）根据不同的公众对象选用不同的传播媒介，才可能使信息有效地传达给目标公众，被公众接收。公众来自不同的社会阶层，具有不同的经济状况、教育背景、职业习惯、生活方式及接收信息的习惯（如阅读、听广播、上网等），因此，每个人受传播影响程度的大小也是不一样的，组织应根据这些情况去选择适当的传播媒介，以最大限度地实现公共关系活动的目标。如对文化程度不高的公众宜采用广播、电视和微信；对于喜欢思考的知识分子应多采用报纸、杂志、互联网；对于经常加班加点、行踪不定的出租车司机最好用电台广播；一个产品的信息要引起儿童的注意和兴趣，最好制作成电视卡通节目等。

（3）根据传播的内容来决定传播的媒介，使传播形式的优势得以充分发挥。比如开展改变公众观念的公共关系活动，需要反复传播才能被理解、接受，就应该用印刷媒介；而对于一些大型公共关系专题活动，采用电视、电影等具有视听结合功能的传播媒介，其效果大大优于报纸。借助互联网特别是手机这个平台进行网络传播，是一种完全新型的信息传播活动，已成为传播领域极为重要的新兴力量，需要十分重视。

（四）确定宣传活动的时间、地点及宣传范围

宣传活动时间选择得是否恰当，直接影响公共关系活动的总体效果。选择恰当的宣传活动时间就是在最能强化公共关系效果的时间内，把所要传播的信息及时传播出去。一般来说，以下时间是开展公共关系活动的理想时机：节假日；重大纪念日；开业之际；新产品、新服务推出之际；组织转产、合并、合资、迁址之际；组织社会公益活动之际；产品畅销之际；组织荣获重大荣誉之际；领导人、重要外宾参观组织之际；发生重大责任事故之际；采取重大决策措施之际。这些时间是组织发展过程中的关键阶段，敏感度高，在这

些非常时刻，适时地开展相应的公共关系活动，容易引起公众的注意和好感，形成轰动效应，从而获得良好的公共关系效果。当然，最佳的宣传时间对于公共关系人员来说是一种不可控因素，必须在长期的实践中不断摸索。公共关系活动地点最好安排在组织所在地或公众熟悉且有好感的地方，要交通便利。宣传范围的确定要根据组织的活动目标、主题、经费等因素综合考虑。

（五）建立信息反馈系统

在公共关系活动中，组织应设专职机构和人员收集各类与公共关系活动有关的信息，诸如国家政策、法规、经济、技术、资源、竞争者、消费者、社会公众等方面的信息。公共关系人员必须对收集到的信息资料进行认真整理、分析、处理，及时总结，并将情况反馈到组织决策者那里，用于指导组织的公共关系活动，调整活动策略，以适应各种客观环境变化，保证公共关系活动效果。例如，注意哪些因素的变化会影响组织的公共关系活动，是如何影响的，会影响哪些方面，哪些因素的影响是至关重要的，应采取哪些措施来调整公共关系活动。组织应把借助信息反馈而对决策方案的修正补充情况，及时返回给信息反馈者，以调动其执行新决策和反馈信息的积极性。

（六）提供必要的经费

公共关系宣传活动成本较高，开支的项目一般有劳务费、宣传费用（广告费、印刷费、文具用品费）、实际活动费用、调查研究费用、培训费用、赞助费、音响器材租用费、通信费、交通费、礼品费、茶点费等，所以应在公共关系活动实施前作出预算，提供必要的经费。在公共关系活动预算中，应留有机动性较强的活动经费，避免因费用的限制而使工作陷于被动。

（七）准备意外事件的应对措施

在公共关系活动开始之前，公共关系人员应检查各方面工作的准备情况，分析研究可能会产生的不利因素。比如广告公司搞错了日期，以致广告不能及时登出，在此情况下，公共关系人员怎么办？原定发布的新闻消息由于特大新闻的发生而不能如期发布时怎么办？总之，应对措施在实施公共关系活动时是必不可少的。有了应对措施，公共关系负责人在意外事件中就能得到实施人员的帮助。这种帮助不仅仅体现在提出合理化的建议方面，而且体现在他们全力支持的行动上。因此，公共关系负责人应根据每一个实施人员的实际工作能力，考虑他们在应对措施中可能作出的努力，以书面的形式明确每一位实施人员的职责。这样，就能做到职责分明、临危不乱。

第二节　大型公共关系活动的实施

大型公共关系活动，亦即大型专题公共关系活动。组织需要精心策划大型公共关系活动，以实现组织更大的公共关系目标。

一、大型公共关系活动实施的特点

（一）难度大

大型公共关系活动，往往是组织公共关系形象的集中展示。它体现着一个组织及其领导者的公共关系意识、组织能力、社交水平和文化素质，易于成为社会公众对组织取舍、亲疏的标准；同时，它又是一项多人员参加、多部门配合、多单位协作，需要经过较长时间准备并由较高素质的公共关系人员全身心投入才能最终实施的系统工程，烦琐而细致，稍有不慎，就可能给组织形象及组织生存与发展环境带来不利影响。

（二）影响广

大型公共关系活动社会参与面大，与公众接触面广，社会影响力强，媒体关注度高，涉及诸多因素，其实施将呈多变量叠加效应。因此，活动一旦实施，必然会对各类公众产生广泛影响。比如举办展览会或开业庆典，就会集中组织的各类目标公众，再由他们将组织的信息传到四面八方，从而有效地提高组织的社会知晓度和信赖度。

（三）经费多

大型公共关系活动要求高、难度大，占用各方面的时间也较多，往往会耗费很多资源和财力。组织在发展过程中一定要根据自身的财力、物力、人力，在合适的时机举办规模适当的大型公共关系活动。经费的使用要有计划、有控制，不要追求奢华排场，哗众取宠。只有这样，公共关系目标才能既可望又可即，最终得以实现。

二、大型公共关系活动实施的步骤

大型公共关系活动效果的好坏，不仅取决于活动实施时组织公共关系人员的组织管理能力、调度控制能力、指挥能力和出众的表现力，而且取决于前期的策划和筹备。要使公共关系活动顺利完成预定的内容和要求，使公共关系活动的目标得以实现，活动实施分步骤进行也是十分必要的。

（一）确立专项经费

任何公共关系活动，都需要一定的经费支持，尤其是大型公共关系活动，所需经费较多，必须专门立项拨款，确立专项经费。在实施公共关系活动时，根据公共关系活动的方向和政策，制订专项公共关系活动经费预算计划，通过经费预算可以确定活动规模的大小，有计划地分配公共关系活动所需的各项资金，防止超支和浪费。同时，在活动结束时，可以及时评估活动的效果。

（二）成立领导组

对于大型公共关系活动，由于经费多，对组织影响大，必须组建得力的领导组进行统一安排与部署，领导组由组织的高层人员担纲，成员包括公共关系活动策划人员及各部门的管理人员。他们对整个公共关系活动进行安排和落实，制定详细的公共关系活动实施方案，并分工主管各部分、各环节的工作。领导组中既要有经验丰富、具有很强的组织和指挥能力且能统筹全盘的领导人，也要有一名或数名具备较强的组织能力与控制场面能力的组织者，既能使活动按原计划进行，又能对活动中出现的各种情况随机应变，保障公共关系活动的实施质量，提高公共关系活动的感染力。领导组要明确每一位实施人员的职责，以保证各个岗位的工作互相协调，确保公共关系活动顺利进行。

（三）安排并训练实施人员，做好接待工作

实施人员的素质及操作技能的高低，对大型公共关系活动的效果起着重要的作用。因此，应对实施人员（发言人、主持人、接待人员等）进行事先的培训，以满足公共关系活动的要求。

在活动开始前，实施人员应及时到达指定岗位。要设置专门的接待室或会议室，以便在正式活动开始前让来宾休息或与组织的领导交谈；在活动场所应有明显标志，在大门口应设有迎宾员，对来宾表示欢迎并为他们提供便利；在签到处要多设几张桌子和签到簿、签到笔，以避免拥挤；为便于交际，有些大型公共关系活动可为来宾事先制作好胸卡或胸花，在来宾签到时随宣传材料和纪念品发给来宾；对未持请柬的客人，要问明身份和情况后灵活处理，不得态度生硬；活动开始时，应先请一般客人入场，待会场秩序稳定后，再由组织负责人陪同领导人、社会名流进场并安排在主席台或突出位置就座；活动开始后，主持人应首先宣布领导人、知名人士参加活动的信息，使与会者感到这次活动的规格很高，同时也表现出对领导人和知名人士的尊重。如果请领导人或知名人士讲话，应事先征求他们同意，不能搞突然袭击。

（四）确立新闻媒体并与之联系

公共关系是一种传播活动，通过大众传播媒介同公众取得广泛的联系和沟通，是组织公共关系部门的常规工作。在举行大型公共关系活动时，借助新闻媒体的力量树立组织美好的形象，传递组织的信息，以求取得公众的好感和了解，是组织公共关系活动实施中要实现的重要目标。

当组织确定大型公共关系活动日期后，公共关系人员应提前三四天与确定的新闻媒体预约，并把请柬送到邀请对象手中，向其说明活动的时间、地点、内容、规模等，向他们提供有关的资料、图片等，便于记者们在活动前有充足的准备。对新闻记者，组织要有专人接待、陪伴，主动为他们的工作提供方便，以达到通过新闻媒体报道扩大自身影响的目的。

（五）布置现场

布置大型公共关系活动现场应以隆重热烈、大方得体为原则。主席台及主宾位置应放在现场前方突出的部位，并根据活动的需要放置桌椅、铺上台布、摆放鲜花和茶具、悬挂横竖条幅或张贴主题词、宣传画；会场应设有专用通信设施，供对外联系和内部指挥使用；要有必要的视听设备，如扩音机、投影仪、计算机及录像、摄影设备等。在公共关系活动现场，应有完善的安全措施并由专人负责，要预见可能出现的意外事件并事先准备好应对措施。

（六）邀请记者与嘉宾

在大型公共关系活动实施前，要确定好拟邀请记者与嘉宾的范围。邀请的嘉宾一般应包括领导人（政府、社区）、社会名流、记者、社团代表、同行代表、员工代表及公众代表等。组织大型公共关系活动应尽量避开节假日和重大社会活动，以免领导人、社会名流、记者等嘉宾不能参加。邀请记者要照顾各个方面，不仅要有报纸、杂志的记者，还应有电台、电视台的记者；既要有文字记者，也要有摄影、摄像记者。请柬要提前发出。公

共关系活动实施前两天再打电话或派人落实领导人、知名人士、记者等重要嘉宾的出席情况，必要时要有专车接送。

大型公共关系活动可根据需要设立专门的接待组并由组织高层领导人或公共关系部经理亲自接待重要嘉宾，以示重视和礼貌。领导人、知名人士在活动结束离开时，要送到门外，对他们能够出席活动进行指导表示谢意。在专项公共关系活动结束后，公共关系人员应通过面访、电话访问、信访等形式对各界人士，特别是领导人、社会名流、记者等重要嘉宾致谢并征询意见。

（七）准备新闻稿、宣传资料和讲演稿

公共关系人员应提前着手收集所有相关的事实材料，动手写新闻稿；编写、设计、印刷和制作公共关系活动的宣传资料；事先准备讲演稿、报告、致辞等。新闻稿的每一页都必须写上公共关系部负责人的姓名和电话号码，这样记者、编辑可以随时同组织联系。公共关系人员在给新闻媒介发送新闻时，要注意照顾到本地各种新闻媒介，让本地所有的报刊、广播电台、电视台都有机会获得有关组织的新闻。

公共关系人员在设计制作各种信息时，要更多地从目标公众的特点（文化、社会、心理等方面）和新闻媒介的要求出发，而不是单纯从本组织的立场出发。在遣词造句、行文格式、寄发时间等各方面都要慎重考虑、通盘规划，使制作出来的信息成为实现公共关系目标的有力工具。

（八）筹备活动必需品

大型公共关系活动所需的各种用品应提前准备好，如资料、活动标语、横幅、会徽、饮料等；剪彩用的彩带、剪刀；奠基、植树用的铁锹；供来宾签到用的登记簿；赠送客人的纪念品，如纪念章、印有组织活动字样的茶杯和提包等。

（九）事先广告宣传

组织在实施大型公共关系活动前，可开展形式多样的宣传活动或通过电台、电视台、互联网、报刊等媒介做广告，争取机会，制造舆论，从而引起社会公众的普遍关注。

（十）安排摄影与录像

大型公共关系活动要安排专人负责摄影、录像、录音等方面的工作，专门拍摄、录制活动现场的情景；活动后及时将音像资料归档，以备组织将来宣传和纪念之用。虽然制作影视宣传品需要花费一定的人力、物力和财力，但是，它的宣传效果是十分明显的。

三、影响大型公共关系活动实施的因素

在实施大型公共关系活动过程中，可能会出现各种矛盾和问题，对此，组织应有所预测和预防。对可能出现的各种干扰因素要防患于未然，不能等到事情闹大或问题堆积后才想到去解决，应该把矛盾和问题消除在萌芽状态，这样才能扫清实施公共关系活动过程中的一切障碍，使公共关系活动得以顺利进行。一般来说，影响大型公共关系活动实施的因素是多方面的。

（一）目标因素

目标因素是指在大型公共关系活动中，由于所拟定的公共关系活动目标不明确、不正确或不具体而给活动实施带来的影响。在公共关系活动实施过程中，公共关系活动目标过

高或过低，以及目标偏离组织生存发展的需要或与客观实际条件不相符合，都会影响活动的实施。公共关系活动目标过高，会使实施人员望而生畏，难以履行职责；公共关系活动目标过低，又往往不能唤起目标公众的支持与合作热情；如果公共关系活动目标不符合公众利益，则会遭到目标公众的抵制。排除目标因素干扰的根本途径就是：在制定公共关系活动目标时，应尽量使活动目标正确、明确且具体，具有可操作性；在公共关系活动实施过程中，及时修正活动目标，使之符合变化后的现实情况。

（二）组织因素

组织因素是指由于组织内部机构的设置不合理、各机构之间的信道不畅通等原因产生的沟通障碍。组织因素主要表现在以下六个方面：

（1）领导者的态度及行为。具体表现为：

1）口头上支持，实际行动上不支持。一遇到具体的人、财、物投入等问题，便打退堂鼓，使计划难以按进度实施。

2）随意干预计划的实施，凭主观臆断随便改变计划，使计划无法实施下去。

3）随意削减预算经费，对实施经费的使用横加干涉，打乱了原有的计划，延误了时机。

4）行为不协调。领导者之间行为不一致、不协调，使具体实施人员无所适从。

5）凭兴趣办事，使公共关系工作顾此失彼，无法统筹安排。

6）缺乏公共关系常识，以致做出一些令人啼笑皆非的事情，影响公共关系活动效果。

（2）机构臃肿导致沟通缓慢。如果一个组织机构庞大臃肿，必然造成信息流动速度慢，会严重影响沟通效率。

（3）组织职能重叠导致沟通渠道混乱。组织职能重叠必然导致信息流动杂乱无章，沟通渠道不顺畅。

（4）传递层次过多导致信息消减或失真。实践经验证明：信息在传递过程中，每传递一层就会消减或失真12%，经过4～5层传递之后的信息与原来的信息已大相径庭。因此，在公共关系活动实施过程中，减少信息传递环节，是保证沟通准确无误的有效措施。

（5）条块分割导致沟通“断路”。条块分割的组织结构很容易形成信息传播中的断路现象，只要有一个部门或环节通不过，就不能实现沟通。

（6）沟通渠道单一导致信息量不足，即信息只是单向传递，没有形成信息的双向反馈。

（三）操作因素

操作因素是指在大型公共关系活动实施过程中实施人员因传播媒介或工具选用不当、方式方法不妥、传播渠道不畅而导致计划实施受阻。在公共关系活动实施过程中，常见的操作因素有以下几种：

（1）语言文字障碍。语言文字是表达感情、交流思想、协调关系的工具，沟通离不开语言文字。不同国家、不同民族的语言文字不同，就形成了公共关系活动中的沟通障碍。比如由于语种不同造成的交流障碍，语义不明造成的理解上的困惑和失误，表达方法不当造成的语言理解障碍，这些障碍广泛存在于公共关系活动实施过程中。在大型公共关系活动实施中，公共关系人员要注意不同国家、不同民族语言在表达方式上的特点和具体的语境，以便准确、简明、得体地传播组织的信息。

（2）文化习俗障碍。不同的国家、地区和民族，其历史背景不同、文化各异、宗教信仰有别，形成了各种不同的风俗习惯。虽然这些风俗习惯不具有法律的强制性，但在公共关系活动中起着重要的作用，如道德习惯、审美传统等就对公共关系活动有重大影响。在公共关系活动实施中，实施人员必须认真研究当地的风俗习惯、风土人情，以免造成误解，致使公共关系活动受挫或失败。

（3）思想观念障碍。思想观念属于思想范畴，不同的年龄层次、不同类型的公众由于经历不同，阅历不一样，思维方式和观念也大不一样。对于同一信息，不同的人认识、理解的角度各不相同，容易在公共关系活动中形成思想观念障碍，因此公共关系活动实施过程中需要参与人员多沟通。

（4）心理障碍。指由人的认知、情感、态度、个性、品质等心理因素导致的沟通障碍。在大型公共关系活动实施中，要注意因年龄、性别、职业、文化、志趣等方面的不同而造成的差异，采取适当的方式和方法，因势利导，消除心理障碍，取得共识，达到沟通的目的。

（四）态度因素

公共关系活动的实施，可以说基本上是围绕信息传播展开的。公共关系活动要运用各种传播媒介把组织的有关信息传给公众，使他们认知、了解组织形象，而公共关系人员对公众的态度如何，直接影响公众对组织的印象与组织的声誉。公众对组织和公共关系人员的好恶感，往往取决于公共关系人员的态度：轻蔑鄙夷的目光，寻衅挖苦的话语，傲慢无礼的架势，都会使公众产生厌恶感；相反，如果公共关系人员能够做到彬彬有礼、态度和蔼、言语亲切、举止文雅，则会使公众感受到礼遇和被尊重，从而赢得公众的好感。这就要求组织不断提高员工的公共关系意识，按照公共关系活动的目标和要求，排除一切可能出现的有碍活动实施的组织行为。

良好的公共关系活动实施有赖于训练有素的团队与高效、正确的宣传手段。组织只有使全体工作人员在认识和行动上取得一致，才能保证公共关系活动发挥最大成效。

（五）危机事件

在大型公共关系活动实施过程中，往往会遇到许多突发的危机事件，这些危机事件对大型公共关系活动的实施干扰尤为严重，处理得好可以化险为夷，处理得不好则可能导致整个公共关系活动的彻底破产。组织应加强对危机事件的管理，注重活动实施中的进度控制和实施环境的监控，尽量减少危机事件对公共关系活动的不利影响。

在大型公共关系活动实施中，组织内部存在的影响因素除了上述几种之外，还有政治因素、技术因素、方法因素等。

总之，大型公共关系活动的实施过程是公共关系工作中的重要步骤和关键性阶段，它复杂多变，具体操作起来难度大，需要认真把握全过程的各个环节，不疏漏任何细节，同时在实施过程中要善于应变，及时根据实际情况修改与完善活动计划，主动排除各种干扰，确保公共关系活动有效实施。

四、开展大型公共关系活动时应注意的要点

（一）专人负责

公共关系活动涉及面广、技术性强，应派出专门的工作人员或组织专门的工作班子，

负责活动的具体实施。整个活动中的子项目或各个环节，如材料准备、文字撰写、摄影印刷、美工制作、广告设计、宣传片制作、迎宾礼仪、主持司仪、摄影摄像、乐队调音等各类具体工作，均应分派一批精干的专业人员负责落实，各负其责，互相配合，以免某些环节落空或出现失误。

（二）重点突出

公共关系活动是展示组织形象的平台，不是一般的促销活动，要确定活动重点，并以重点作为实施的依据和主线。很多公共关系活动花了不少钱，公众却不知是搞什么活动，效果很差。只有提炼一个鲜明的重点，才能把有关资源整合起来，完成活动目标。这个重点是公共关系活动环节设计中最精彩、最传神的地方。公共关系活动需要创造这样一个精彩的高潮，并把这个高潮环节设计得具有唯一性、相关性，使之易于传播。当然，集中传播一个重点，并不是只传播一条信息，而是把活动目标和目标公众这两项因素结合起来，突出一个重点，提高公共关系活动的有效性。

（三）及时反馈

反馈是公共关系活动中的一个重要环节。在活动实施过程中，由于客观环境和组织内部状况都是不断发展变化的，不管公共关系策划方案考虑得多么周密，难免出现与实际不符的现象。因此，对公共关系活动实施过程中的信息要及时进行收集和反馈，和总目标进行对照，总结经验，找出差距，及时予以调整，使实施过程受到良好的控制。另外，对于制订公共关系计划或方案的领导层而言，不仅要注意那些对计划加以肯定、持积极态度的正反馈信息，更要注意那些反映计划实施过程中存在的问题和失误的负反馈信息，并及时采取措施修正、调整原有计划，以缩小同既定目标的差距，这也是反馈的主要作用。

（四）自动协调

公共关系活动涉及面广，持续时间长，应做好各项协调工作，以求在总目标的引导下，使各方面工作达到同步和平衡发展。最常见的协调有两类：一类是纵向关系的协调；另一类是横向关系的协调。前者是组织上下级之间的协调，后者的主要目的是统一公共关系活动实施进度。无论是纵向协调还是横向协调，均要依赖信息沟通，做到明晰、一致、正确、完整。

（五）讲求实效

讲求实效就是要求组织在开展公共关系活动时，力争以较少的投入收到较好的效果，使有限的公共关系经费在尽可能大的范围之内影响众多的公众。比如从效益的角度考虑，做某项活动是否有利于组织在宣传方面节省费用，如果组织投放媒介做广告比做大型活动更有效，大型活动就可以不做。组织应选择适当的时机，利己利民，少花钱，办大事，建立信誉，增加效益。

第三节　公共关系危机管理

公共关系危机是指突然发生的、严重损害组织生存与发展环境、给组织造成严重损失的事件，如重大自然灾害、恶性事故、媒介的批评等。

对于一个组织来说，一切危机事件都可能发生，当发生突发事件或重大事故的时候，组织的公共关系便处于危机状态之中。强大的公众舆论压力和危机四伏的社会环境，不仅会使组织的经济利益蒙受极大损失，而且会导致组织声誉和生存环境的严重损害，危及社会、危及公众。危机管理就是要以最快的速度、最大的努力来重塑组织形象，减少或避免公众及社会的损失。

一、危机事件发生的原因

危机事件发生的时间、地点难以预料，涉及的范围有大有小，产生的原因也不尽相同。总的来说，危机事件的发生往往源于三个方面，如图 7－2 所示。

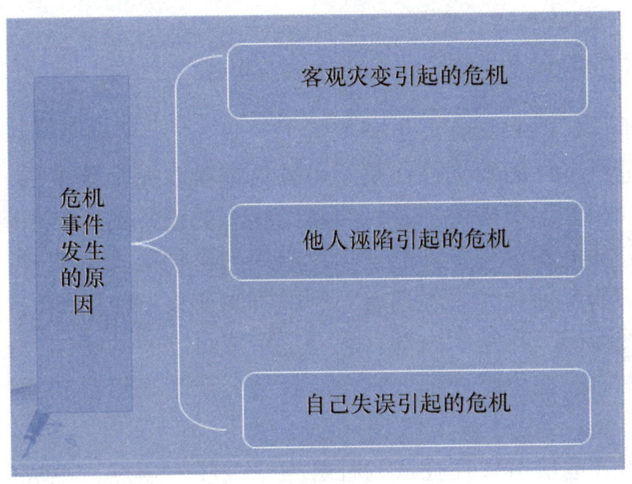

图 7－2　公共关系危机事件发生的原因

（一）客观灾变引起的危机

这类危机是指由于非预见性、外在因素引起的突发事件，导致组织公共关系形象受损的危机。如地震、海啸、火灾、洪水、飞机失事、火车脱轨等。这种危机一旦发生，对组织的影响极大。

（二）他人诬陷引起的危机

这类危机是指由于某些组织或个人采用不正当竞争手段而引起的人为危机。如造谣、诽谤、陷害等。这类危机看似可以预见，但往往难以估量其所带来的负面影响。在互联网时代，由于即时通信工具（如微信）的普及，负面信息的传播常常如病毒般快速蔓延，在短期内就可能给组织带来毁灭性的影响，组织如果不及时澄清或应对，会陷入被动的局面。

（三）自己失误引起的危机

这类危机是指组织在发展过程中，由于在决策、管理及公共关系等方面的失误引起的危机。如产品质量事故、重大工伤事故、严重食物中毒、投资失误、领导人言行举止不当、工作人员态度恶劣、产品广告宣传失误等。因为发生这类危机事件完全是组织的责任，最易引起公愤，对组织未来发展和形象的损害严重。

※观点链接

在如今这种充斥着实时的互联网交流、全天候社交媒体、有线电视新闻评论、广播脱口秀节目、小报新闻以及爆炸性的沟通挑战的世界上，可能会影响企业、政府、劳动者、非营利性组织甚至个人的种种危机事件，正在成倍增长。

21世纪初，可能对个体及组织产生重大影响的社会事件随时都有可能发生。从战争到和平，从贫困到堕胎，从差别待遇到公司裁员，从环境保护到节约能源，问题管理这一领域对于公共关系人员来说变得越来越重要了。

资料来源：[美] 弗雷泽·P. 西泰尔. 公共关系实务：第13版. 潘艳丽，等译. 北京：清华大学出版社，2017：375.

二、危机事件的特点

危机事件多种多样，但都具有如下基本特征：

（1）突发性。危机事件的发生往往是不可预见或难以完全预见的。危机事件一旦突然发生，会让当事人和相关组织措手不及，容易给组织的正常发展与声誉造成很大冲击。

（2）严重性。公共关系危机事件的发生对组织的影响很大，有时甚至是灾难性的。如危机事件可能使组织的各种社会关系朝着不利的方向变化，使组织的社会地位和声誉迅速下降，形成组织发展障碍。在组织内部，它会危害成员之间的团结，挫伤组织成员的积极性，涣散组织的凝聚力；在组织外部，它会给社会公众带来恐慌和损失，也可能给社会生活带来危害。

（3）复杂性。重大危机事件往往成为社会舆论关注的焦点，也成为新闻传播媒介的素材，牵动社会各界公众。同时，伴随危机事件而来的强大的社会舆论压力，成为危机处理中最为棘手的问题，组织往往需要调动所有的力量来应对危机。

（4）反面教材性。公共关系危机事件反面教材的作用，提醒人们要居安思危，要求组织对每件事都要进行缜密的思考，在复杂变化的各种关系中，尽量避免发生危机；万一发生了危机，则要全力开展公共关系工作，尽量减少危机造成的损害。

危机事件的上述特点，决定了对危机事件的处理不但事关重大，而且具有相当大的难度。因此，它被人们视为公共关系活动中最具挑战性的工作，越来越为公共关系界所重视。

三、危机管理方案

处理危机事件是公共关系人员的职责。据调查，89%的企业领导人认为“企业发生危机如同死亡和税收一样，是不可避免的”。作为公共关系人员，即使本组织处于稳定发展时期，也要防患于未然，做到居安思危，对如何处理危机应预先作出具体设想和计划。

危机管理方案指组织针对可能发生的危机事件所制订的应对计划。一般来说，制定危机管理方案需做好以下几项工作：

（1）培训员工。将对危机情况的预测和相应的应对措施制成通俗易懂的小册子（最好配有示意图），发给组织内每一个员工，使其对危机事件发生的可能性和应对办法有足够的了解。这样即使发生危机事件，也能从容应对。此外，可以对员工进行危机处理模拟培训，以锻炼员工在紧急情况下冷静处理问题的能力，积累开展危机公共关系的经验。

（2）同可能需要求援的单位建立起联系。应事先同医院、消防部门、公安局、疾病预防控制中心、科研单位、邻近的同行单位等建立联系，让其了解组织的基本情况，以及组织在发生危机后可能会向其寻求哪些方面的帮助。这样，在危机发生后，这些救援单位可以准确及时地向组织提供帮助。

（3）设立新闻发言人制度。危机发生时，往往是谣言四起、消息混乱。为了防止谣言散播，维护组织的形象，组织必须设立新闻发言人制度，由新闻发言人代表组织对内对外介绍事实真相以及组织在处理危机中所做的努力。“一个声音，一个观点”，通过新闻发言人以恰当的方式及时地公布事实，让人们了解情况，以正视听，掌握危机管理的主动性。

（4）事先制订应对危机的新闻计划。新闻界的报道对组织的信誉能产生极大的影响，所以应设专人负责与新闻界联系，包括平时同新闻界建立密切的关系，让其对组织的基本情况有所了解。公共关系人员要给新闻界这样一个印象，即组织将在一切可能的范围内竭力提供信息。

四、危机处理的工作程序

各种类型的危机虽有不同的处理方法，但在程序上是基本相同的，一般都经历如下几个步骤。

（一）深入现场，了解事实

这是危机处理的第一步。优秀的公共关系人员及组织领导者必须具备良好的心理素质，面对危机事件首先应该保持镇静，接受既成的事实而不要惊慌失措，迅速查明基本情况。对于重大危机事件，组织领导人必须亲自出马。领导人亲赴第一线，给公众一种敢于负责，有能力、有诚意解决危机的信号。具体可采取如下措施：

（1）组织人员奔赴现场。当得知发生危机事件后，应立即组织有关人员奔赴现场开展工作。

（2）保护现场，寻求援助。组织的公共关系人员赶到现场后，应该想尽一切办法保护现场，以便迅速、准确地查清事故的原委。如果危机事件还在继续，应及时采取紧急措施，根据现场情况与公安、消防、卫生等部门取得联系，使损失减少到最低限度。

（3）深入细致地了解情况。应迅速与目击者或当事人取得联系，了解事件发生的时间、地点、原因，了解人员伤亡程度和人数，了解事态的发展、控制情况以及公众在事件中的反应，调查相关公众在危机事件中的要求，找出发生危机事件的原因。

（4）整理分析，形成报告。要将在现场听到的、看到的所有情况认真记录下来，在可能的情况下可用照相机、摄像机拍摄，用录音机录下某些内容，以便帮助分析。在全面收集有关信息的基础上对材料进行分类整理，并组织有关人员进行分析，认真查找危机事件的真正原因，形成危机事件调查分析报告，上交有关部门。

（二）迅速隔离危机、控制危机

在了解事实的同时，要迅速控制危机，以免危机扩大。隔离危机可从人员隔离和危机隔离两方面着手。

（1）人员隔离。即把组织的人员划分为处理危机和维持日常工作两部分，规定领导人中何人负责危机处理，何人负责日常工作；一般人员中，哪些人参加危机处理，哪些人坚守原工作岗位，不能因发生危机造成日常管理无人负责、日常工作无人从事的局面，使组织陷入更大的危机之中。

（2）危机隔离。即对危机本身实施隔离。对危机的隔离在发出警报时就应开始。警报信号应明确表示危机的范围，以便维持其他部分的正常工作秩序，减少危机损失，同时也为危机处理创造条件。如处理列车相撞事故，除了抢救伤员以外，应被置于优先地位的是开通线路。线路不通，危机的危害就在不停地扩大，所引起的连锁反应也在延续；只要线路开通，危机就基本被隔离，不会影响全局。

（三）分析情况，确立对策

在全面调查了解危机事件的情况以后，要将所获取的信息进行整理分析，制定危机处理方案，即如何对待受害公众、如何对待媒介、如何联络有关公众、如何具体行动等。

1. 组织自身对策

（1）应把危机事件的情况和组织的对策告知全体员工，号召大家齐心合力、共渡难关，并要求统一对外口径。

（2）对不同的危机事件，采取不同的应对策略。

（3）制定挽回影响和修复组织形象的工作方案与措施。

（4）奖励处理危机事件有功人员，处理有关责任者，并通告各有关方面及危机事件受害者。

2. 受害公众对策

危机发生后，应该先安抚受害公众，真心诚意地向他们道歉，这样才有可能顺利化解危机。

（1）无论受害者是组织内部员工还是组织外部的人员，公共关系部门都应立即通知其家属或亲属，尽可能满足他们的要求，并组织周到的医疗和抚恤工作。

（2）如果责任在组织自身，要公开道歉，认真听取受害者及其家属的意见，主动赔偿受害者的损失，尽量满足受害者的要求。

（3）如果责任在受害者或第三方，也要给予受害者适当的安慰，需要受害者承担责任的话，不要在现场追究，最好等危机事件平息后再妥善处理。

（4）如果双方都有责任，组织要尽力避免为自身辩护，要积极地争取受害者的谅解与合作，使其承担应负的责任。

（5）要把事实真相毫不隐瞒地告诉受害者及其亲属，并表示歉意、安慰和同情。隐瞒真相是危险的，它会增加受害者及其亲属的焦虑和不安，甚至认为自己被欺骗而采取报复行动。

（6）耐心听取受害者的意见，最后共同确定赔偿损失的办法。

（7）在危机事件处理过程中，如无特殊情况，不要更换负责处理问题的人员。

3. 上级领导部门对策

当危机事件发生后，上级主管部门会十分关心。对上级主管部门，也要采取相应的沟通措施。

（1）危机事件发生后，应及时向上级领导部门汇报，不要文过饰非，更不允许歪曲真相、混淆视听。

（2）在危机事件处理过程中，应定期报告事态的发展，求得上级领导部门的指导和支持。

（3）危机事件处理后，应详细报告处理经过、解决办法及今后的预防措施等。

4. 新闻媒介对策

危机事件发生后，各种传闻、猜测都会出现，新闻媒介也会持续关注事件的进展。如何对待新闻媒介，是组织的一项重要工作。

（1）设立临时性记者接待站，确定一位高级负责人作为组织的新闻发言人，统一对新闻界的口径；由新闻发言人代表组织集中处理与危机事件有关的新闻采访，给记者提供权威性资料。

（2）尊重事实，主动向新闻媒介提供准确的消息，公开表明组织的立场和态度，减少新闻记者的各种猜测，帮助记者作出正确的报道。

（3）必须谨慎传播，在事实未完全明了之前不要对事发的原因、损失以及其他方面发布推测性的言论，不轻易地表达赞成或反对态度。

（4）对新闻媒介表现出合作、主动和自信的态度，不可采取隐瞒、搪塞、对抗的态度。对确实不便发表的消息，应妥善说明理由，求得记者的同情和理解。

（5）站在公众的立场和角度，不断提供公众所关心的消息，如补偿方法和善后措施等。

（6）随时关注新闻媒介有关危机事件的报道情况，发现不符合事实真相的报道，尽快向该媒体提出更正要求，指明失实的地方，并提供与事实有关的资料，同时安排重要发言人接受采访，表明立场，但要注意避免产生敌意。

（7）危机事件处理完毕，可通过新闻媒介发布公告，表达对有关公众的歉意和组织知错必改的态度，同时感谢有关方面的帮助和支持。

❖观点链接

在消除公众误解时，企业必须注意克服两个错误倾向：

一是认为危机本不是自己的责任，公众的误解也不是自己的问题，事实胜于雄辩，事情总有一天会澄清，真相总会水落石出，因而采取“等待政策”听之任之。然而，事实并不等于公众的认识。公众不会花时间去研究事实是什么，他们的信息与判断主要来自各种媒体的报道。如果企业采取置之不理的态度，坐等真相出现的那一天，那对企业的不利影响是可想而知的。

二是虽然是由于企业自身的政策和行为的失误，引发了公众的误解甚至舆论的谴责，但是许多企业采取“鸵鸟政策”，认为只要保持沉默，传言也罢，舆论也罢，经过一段时间以后自然会烟消云散。

采取这两种态度的企业都犯了一个致命的错误，就是过低地估计了公众误解的舆论作用。

无数事实证明，公众误解的舆论作用是不可忽视的，“等待政策”与“鸵鸟政策”无法使企业从不利的舆论环境中摆脱出来，反而有可能致企业于彻底的失败之中，最终导致企业被市场无情地淘汰出局。

资料来源：王广伟，李春林. 公关策划经典模式. 北京：经济科学出版社，2004：213-214.

（四）多方沟通，化解矛盾

确认那些在危急时刻，其利益可能与组织一致的公共或私人团体、权威机构，尽可能争取第三方的合作与支持，协助解决危机，这是增加组织在公众中信任度的有效策略和技巧。

（五）有效行动，转危机为生机

危机事件发生后，组织的公共关系人员应迅速会同有关职能部门，采取积极有效的行动，像灭火一样迅速果断地控制局势，变风险为机遇，最大限度地消除负面影响，协调改善组织内外部环境。成功的危机处理不仅能消除危机带来的危害，还可能创造新的机遇，提供给组织更大的发展机会。

危机事件出现的情形、背景、原因以及面临的公众不同，因此要具体问题具体分析。组织应选择适当的工作策略、方式、方法，努力赢得社会公众的了解与认可，尽最大可能消除危机事件带来的不良影响。

拓展知识

整合营销传播的实施

本章小结

公共关系活动实施对组织具有重要的意义，公共关系活动实施应遵循计划性、灵活性、严密性和协调性原则。无论是一般公共关系活动还是大型公共关系活动，公共关系人员都必须有计划地进行，考虑影响公共关系活动的各种因素，及时发现问题，排除障碍，以保证公共关系活动顺利实施。对于可能发生的危机，组织应提前制定危机管理方案，遵循危机处理程序，有效组织，在最短时间内化解危机。

职业实训

1. 案例剖析

开飞机前先喝酒？日本航空业轻视机长饮酒问题 多年形象毁于一旦

2018 年，日本航空公司多次发生因机长执勤前喝酒而影响飞行安全的丑闻，这一系列丑闻让日本航空公司苦心经营的形象毁于一旦，也在日本国内引起极大的质疑声。杜绝机长工作期间饮酒成为日本航空业亟须解决的问题。

据台湾联合新闻网 1 月 21 日报道，2019 年 1 月 3 日，澳大利亚航空公司评级网站针对全球 405 家航空公司进行飞行安全评定后，公布了全球前 20 名最安全的航空公司，过去一直名列榜上的日本航空公司 2019 年却落选了。

日本航空公司2019年之所以没能名列前20名，主要原因是该公司最近发生的数起机长起飞前喝酒甚至因此被逮捕事件，造成外界对该公司的飞行安全产生疑虑，因此被踢出前20名。就在该排行榜公布数天后，1月9日甚至还传出在2017年12月，该公司一名59岁的机长在进行执勤前酒精测试时，居然让同组的部下代替他进行酒精测试。

报道称，这个事件震撼了全日本，也让日本航空公司苦心经营的形象毁于一旦。日本航空公司高层不但连日召开记者会向外界道歉，同时展开内部调查。其实航空业机长饮酒的问题长期存在，2018年丑闻爆发后，民众才更加关注类似的事件。各家航空也纷纷开始亡羊补牢，除制定酒精测试新基准、更新酒精测试仪器之外，小林宏之认为，飞行员并非是机器，要维持良好的生活习惯，保持稳定休息与睡眠，才能有冷静准确的判断力，因此飞行员都应该自觉才是。

资料来源：参考消息网，2019-01-27.

（1）你从日本航空公司落选最安全的航空公司事件中看到了什么？

（2）如果你是日本航空公司管理部门的人员，应该如何对待此事？怎么做？

2. 职场模拟

（1）某化妆品公司的产品出现质量问题，引起消费者投诉。公司决定召开一个新闻发布会，由公共关系部负责新闻发布会的组织和实施工作。

（提示：此次模拟练习以每个活动小组为单位，先成立公共关系部，选出公共关系部部长，然后小组成员讨论交流，相互启发，形成实施方案，最后在全班进行模拟展示。）

（2）假定你所在的公司近日有一次重要的业务活动，但突遭天气意外，致使该项活动不能如期开展，请你拟定一个应急方案，减少或消除不利影响。

（提示：练习前同学们先设计事件背景。公司的业务活动可以是记者招待会、开幕式、周年庆典或其他的公共关系活动；地点可以是本市或外地；意外可以是大雪、暴雨等自然因素或人力无法预见的事故；活动的主体可以是营利性组织或非营利性组织。根据具体情况，这一练习可采用书面作业形式，也可以采用咨询答辩的形式。）

3. 能力训练

（1）有一家企业厂房发生坍塌导致员工伤亡，还没有来得及召开新闻发布会，各种问询的电话就不断涌来，其中许多电话是记者打来的。假如你是该企业的电话接听人员，你该怎样回答他们的问询？应注意哪些事项？

（2）某医科大学毕业生自主创业，在社区办了一家上门服务的便民诊所。请为这家诊所策划一个开业典礼，撰写具体实施方案。

第七章在线练习

公共关系活动效果评估

本章学习目标

通过本章的学习，你应该能够：

1. 认识公共关系评估的重要性。
2. 了解公共关系评估的类型、内容及标准。
3. 掌握公共关系评估的若干方法。
4. 学会撰写公共关系评估报告。

课前思考题

1. 公共关系评估的意义何在？
2. 怎样在公共关系实施的不同阶段进行评估？
3. 在撰写公共关系评估报告时应注意什么问题？
4. 如何科学地运用公共关系评估方法？

导入案例

感受中国最新科技和中国制造的魅力

——泰国孔子学院创新春节联欢大受欢迎

2020年1月11日至19日（春节前夕），泰国东部经济走廊、普吉、清迈和孔敬等地孔子学院（课堂）及汉语教师志愿者分别举办了一系列春节大联欢活动。今年的春节联欢活动形式新颖、互动性强，吸引了中泰友好人士近万人参加，在泰国大中院校掀起了一股“中国热”。

传统的春节联欢以文艺会演为主。在今年的春节联欢中，国家汉办驻泰代表处创新工作思路，在中国特色文艺会演板块的基础上，新推出了中国科技体验区、中国教育资源展、中国品牌泰国行、新春民俗体验四大板块，通过会演、展览、游园会、招聘会等多种形式，将“五大板块”在四地联动，为在海外庆祝中国春节活动做出了一次有益的探索。

科技体验板块以“传统遇见未来”为主题，汇集了大疆、小米、猎豹移动、优必选等国内多家知名科技企业参展，各个企业展示了最新消费级科技产品，让泰国学生与中国科技近距离接触。为了给现场参观者增加更多的智能体验感和互动性，本次活动特别设立了大疆无人机和 RoboMaster 机器人体验区、小米 VR 和平衡车体验区、优必选智能机器人体验区，以触手可及的模式，打造沉浸式全景体验。触摸、体验各个企业的系列产品，泰国学生切实感受了中国最新科技和中国制造的魅力。

教育板块吸引了来自北京语言大学、河南理工大学、南京工业大学、扬州大学、西交利物浦大学、中国进出口图书公司、北京语言大学出版社、中文路、沃动科技、新华乐知等 20 余家单位参加。七家图书出版机构的一百多种中文教材首次集中展示，中文路、沃动科技、新华乐知等公司的最新在线中文教育产品受到追捧，中泰教育和孔子学院（课堂）发展成果展览引起关注。记者在现场看到，新华乐知“魅力汉语”展台前人头攒动，人气爆棚。一群小学生挤坐在展台边，兴奋地涂画着以“中国年”为元素的各种贴图。几位年轻的大学生则饶有兴趣地在研究一张摆在地上的熊猫画像。在工作人员的指点下，通过下载一个手机 App，手机镜头里的这幅熊猫画像不仅站了起来，还摇头摆尾、憨态可掬。人们啧啧称奇，纷纷和这个神奇的熊猫合影留念。

新春民俗体验区一如既往地热闹非凡。书法、中国结、中国美食、中医针灸与拔火罐等中华传统文化和非物质文化遗产，让泰国民众不出国门便感受到最真实的中国年味。首届洽洽杯“中国品牌知识竞赛”成功举办，万余名中泰师生参与线上线下比赛，中国品牌的良好社会形象在泰国民众中广为传播。

泰国总理府主管教育的部长助理萧汉铭参加了清迈站的联欢活动，并在现场体验后当场购买了三个电子科技产品。他由衷地表示，春节大联欢系列活动通过精彩的文艺会演、创新的民俗科技体验区、丰富的教育文化资源展、有趣的中国品牌知识竞赛等活动，让广大泰国师生及民众切实感受到浓郁的中国年味。泰国教育部将一如既往地支持中文教育发展，感谢孔子学院总部及驻泰代表处和中国驻泰国使领馆对泰国中文教育、春节大联欢活动的大力支持。

资料来源：付志刚．感受中国最新科技和中国制造的魅力．光明日报，2020-01-20.

一项公共关系活动是否成功，关键要看公众的反响。了解公共关系活动的社会效果和经济效果，这就是公共关系活动效果的评估。那么，怎样开展公共关系评估呢？

公共关系评估是指根据一定的目的和标准，遵循一定的原则，运用科学的方法，对公共关系计划、实施及其效果进行质和量综合评价的活动。公共关系评估是公共关系“四步工作法”中的最后一步，它在公共关系实践活动中起着不可低估的作用。公共关系评估是改进公共关系工作的重要环节，是开展后续公共关系工作的必要前提；同时，它可以使组织的领导人看到开展公共关系工作的明显效果，从而更加自觉地重视公共关系工作。公共关系评估涉及公共关系全过程的所有内容，复杂程度和难度比较大，要取得成功，应该对以下问题进行较深入的研究：评估的类型、评估的程序、评估的方法和评估总结报告的撰写。有人说，许多公共关系活动的唯一致命弱点，就是没有使最高决策者看到这一活动的明显效果，这句话很有道理。

第一节　公共关系评估的类型和程序

一、公共关系评估的类型

（一）公共关系工作程序评估

公共关系工作程序评估，就是要对公共关系工作的各个步骤的合理性作出客观的评价。公共关系评估是一个连续不断的活动，一旦进入公共关系工作过程，评估活动也就开始了。公共关系工作程序评估的主要内容如下。

1. 调查研究过程的评估

（1）公共关系调研的设计是否合理？

（2）公共关系工作信息资料的收集是否充分？

（3）获得信息资料的手段是否恰当？

（4）公共关系调研对象的选择是否具有典型性、代表性？

（5）公共关系调研工作的组织实施是否有效率？

（6）公共关系调研的结论分析是否科学？

（7）信息的表现形式是否恰当？

评估时还要进一步分析：公共关系活动中准备的信息资料是否符合问题本身；调查活动在时间、地点、方式上是否符合目标公众的要求，有没有对沟通信息和活动产生对抗性行为。这种评估分析的结果，可以作为进一步审定或调整调查工作的重要参考资料。

2. 策划方案制定过程的评估

（1）各项准备工作、沟通协调工作是否充分？

（2）策划目标是否科学？

（3）实施的总体安排、步骤是否可行？

（4）日程安排如何？

3. 活动实施过程的评估

（1）信息内容准确度如何？信息表现形式如何？信息发送数量如何？

（2）信息被传媒采用的数量如何？

（3）接收到信息的目标公众有多少？

（4）注意到该信息的目标公众数量有多少？

4. 活动实施效果的评估

（1）了解信息内容的公众有多少？

（2）改变观点、态度的公众有多少？

（3）发生期望行为与重复期望行为的公众有多少？

（4）达到的目标与解决的问题有多少？

（5）对社会经济与文化发展产生的影响怎样？

（二）公共关系活动类型评估

按公共关系活动的形式，可把公共关系活动划分为日常公共关系活动和专项公共关系活动。按公共关系活动计划制订时间的长短，可把公共关系活动划分为年度公共关系活动、长期（3年至5年）公共关系活动。

1．日常公共关系活动效果评估

日常公共关系活动效果评估包括：组织的全员公共关系运作，组织内外部公共关系活动的开展情况，全体员工的公共关系意识和行为表现，组织的各部门在经营管理各环节上的公共关系投入，公共关系网络，内部公共关系协调状况，日常的组织沟通，人际协调，组织的外部公共关系，组织的知名度、美誉度，公共关系人员的工作状况，公共关系人员与领导工作配合和沟通情况，等等。

2．专项公共关系活动效果评估

专项公共关系活动效果评估包括：项目的计划是否合适，其目标与组织总目标、公共关系战略目标是否一致，项目的目标是否已经实现，传播沟通策略和信息策略是否有效，公共关系协调状况如何，对公众产生哪些影响，组织的形象有何改变，项目预算是否合理，组织管理工作成效如何，等等。

3．年度公共关系活动效果评估

年度公共关系活动效果评估包括：年度公共关系活动计划目标是否实现，年度公共关系活动计划方案是否合理，实现状况如何，年度内日常公共关系工作成效如何，年度内单项公共关系活动的类型、数量及成效分析，年度公共关系经费预算使用情况及合理化研究，内外部公共关系的开展和成效，公共关系机构与公共关系人员的绩效，组织的公共关系应变能力，等等。

4．长期公共关系活动效果评估

长期公共关系活动效果评估是指对某一长期公共关系项目及公共关系长期工作的成效分析，它是一个总结过程，需要将日常公共关系活动评估结果、专项公共关系活动评估结果、年度公共关系活动评估结果一并吸收进来，进行系统分析，从而获得一个总的结论。另外，还包括对公共关系活动的经历进行客观评估。要特别重视公共关系战略的得失问题、公共关系变动规律问题、公共关系与经营管理的关系问题等。

（三）公众关系状态评估

对主要公众关系状态进行评估研究，旨在通过各类公众关系的变化来评估以往公共关系工作的成效。公众关系状态分析应包括两方面：内部公众关系评估与外部公众关系评估。

1．内部公众关系评估

内部公众关系评估包括：组织的政策在沟通中被全员接受的程度，员工的士气，组织的凝聚力，组织中的各种工作关系处理情况和趋势，双向沟通效果，影响员工关系的因素测评，沟通渠道需做哪些改进，传播策略及目标有何欠缺，公共关系贯通于各种经营管理活动的各个环节中是否有障碍，等等。

2. 外部公众关系评估

外部公众关系评估包括：（1）消费者关系评估。了解消费者的态度、行为变化特点，评估组织对消费者关系的传播沟通及人际协调方面的工作成效。（2）媒介关系评估。看其态度是冷漠还是热情，积极支持与否，采取何种沟通策略及成效如何。（3）社区关系评估。了解各类社区公众对组织及有关活动的看法。（4）政府关系评估。了解政府的支持情况，组织与政府的沟通效果，政府关系的沟通协调策略。

（四）公共关系机构工作绩效评估

对公共关系机构进行工作绩效评估，便于评价公共关系机构人员的工作效率、实际能力、策略手段等。定期对公共关系机构工作绩效作出评估分析，对改进机构工作效率和提高工作水平很有帮助。

评估主要包括新闻宣传、专题活动、组织声誉、管理绩效评估等。

上述公共关系评估类型，在内容上互有交叉，只是评估的角度不同。公共关系评估工作可视需要，选取其中一类或几类进行。

二、公共关系评估的程序

（一）设立统一的评估目标

统一的评估目标是检验公共关系工作的参照物。有了参照物，才能通过比较来检验公共关系计划与实施的结果。即使这一评估目标更多的是定性的而非定量的，仍需制定出一个统一的评估目标。另外，还要详细规定如何运用调查结果。如果目标不统一，则会在调查中收集许多无用的材料，影响评估的效率与效果。

（二）取得组织最高管理者的认可

评估不是公共关系计划的附属品或计划实施后的事后思考与补救，而是整个公共关系计划的重要组成部分。因此，组织最高管理者对评估应该给予足够重视，对评估的方法、程序等应予以指导和把关。

（三）在公共关系部门内部取得对评估的一致意见

公共关系部门的负责人要认识到，即使是公共关系人员本身，也要给他们足够的时间认识效果评估的作用和程序，并对评估活动的操作有统一的看法。只有意见一致，公共关系人员才能积极主动地配合评估工作。

（四）从可观察与测量的角度将评估目标具体化

在评估过程中，首先应该将每一项目的目标具体化。例如，谁是目标公众，哪些预期效果将会发生以及何时发生。没有这样的目标分解，项目评估就无法进行。同时，目标分解还可以使公共关系计划的实施过程更加明确化与准确化。

（五）选择适当的评估标准

目标说明了组织的期望效果。如果一个组织将“支持当地福利机构，以改善自己的形象”作为公共关系活动的目标，那么，评估这样的公共关系活动就不应了解公众是否知道当地报纸上哪一个专栏报道了这一消息、占用了多大篇幅，而应该了解公众对组织的认识情况以及观点、态度和行为的变化。

（六）确定收集证据的最佳途径

调查并非总是了解公共关系活动影响的最佳途径，收集组织活动记录也能提供这一方面的大量材料。在有些情况下，小范围的试验也是十分有效的。在收集有关评估资料方面，没有绝对唯一的最佳途径。方法选择取决于评估的目的、评估的要求、提问的方式以及前面已经确定的评估标准。

（七）保持完整的计划实施记录

计划实施记录能够充分反映公共关系人员的工作方式和工作效果，尤其重要的是，它还能够反映计划的可行性程度，如哪些策略是有效的，哪些策略是无力的或者无效的，哪些环节衔接比较紧密，哪些环节还有疏漏或欠缺。

（八）及时、有效地使用评估结果

公共关系活动的每一个周期应该要比前一个周期表现出更大的影响力，这是运用前一个周期评估的结果对后一个周期进行调整的缘故。及时运用评估结果，会使问题确定及形势分析更加准确，公共关系目标将会更加符合组织发展的要求。

（九）将评估结果向组织管理者报告

这应该成为一项固定的制度，它的作用是：一方面可以保证组织管理者及时掌握情况，有利于进行全面协调；另一方面可指导今后的公共关系活动，不犯同样的错误。

第二节　公共关系评估的标准与方法

评估必须有标准。如何确定标准，确定什么样的标准，决定了评估结果是否科学、是否符合实际。一些专家、学者根据公共关系活动过程的不同阶段，提出了一些评估的标准与方法。

一、公共关系评估的标准

迄今为止，尚没有一个通行的标准来评判公共关系活动效果的优与劣。公共关系评估的标准因组织评估的角度不同而不同。

（一）主观标准

主观标准就是根据公共关系活动中制定的目标来衡量公共关系实际效果。用既定的活动目标作为公共关系效果的评估标准，具有直接性。因此，目标制定得越具体，评估越容易操作。但是，用目标作为评估依据，也会有一定的局限性。有的大型公共关系工作或专项公共关系活动周期较长，原定的公共关系目标随时间的推移会存在不适应或欠缺。因此，要尽可能科学地设置评估依据或采用客观标准。

（二）客观标准

客观标准，就是以公共关系实践活动的社会效果为标准。用这一标准，既可以判明组织公共关系活动计划中制定的目标是否符合实际，又可以确定组织的公共关系活动是否对社会公众产生积极的影响。这是一种比较全面的公共关系效果评估。

常用的公共关系评估依据有以下几种。

1. 根据大众媒介传播的情况来评估

（1）报道的数量，即被大众媒介报道的次数与频率。

（2）报道的质量，即正面报道还是负面报道。

（3）新闻传播媒介的影响力，即权威性较强的媒介还是普通媒介。

2. 根据组织活动效果来评估

（1）组织通过公共关系活动对公共关系目标达到程度和效果的记录进行评估。

（2）通过组织内部因活动而发生的变化，特别是销售量的变化情况等进行评估。

3. 根据组织外部公众的反映来评估

即通过消费者、政府、社区等公众对组织公共关系活动的效果反馈来衡量公共关系专项活动的成效，如公众对组织了解加深的情况、公众意见的改变等。

❖观点链接

公共关系活动实施效果评估标准

评估要素	评估标准						
	100% 最好	83.3% 很好	66.7% 较好	50% 中	33.3% 较差	16.7% 差	0% 极差
覆盖区域							
接待公众数量							
施加影响数量							
一般消息数量							
专题报道数量							
媒介引用次数							
增加知道数量							
增加了解数量							
增加信任数量							
增加忠诚数量							
合计							

在这10个要素中，评判它们的基数分为三个方面，第1～3个要素以公共关系活动策划方案的预定指标为标准；第4～6个要素以策划方案和业界通行惯例为标准；第7～10个要素以公共关系活动实施之前的状态为基数。除了这10个要素外，其他原始资料可作为补充。

资料来源：蒋楠．公共关系四步工作法（修订版）．杭州：浙江工商大学出版社，2015：287-288.

二、公共关系评估的方法

评估方法因评估人员、评估内容、评估对象的不同而不同，如图 8－1 所示。

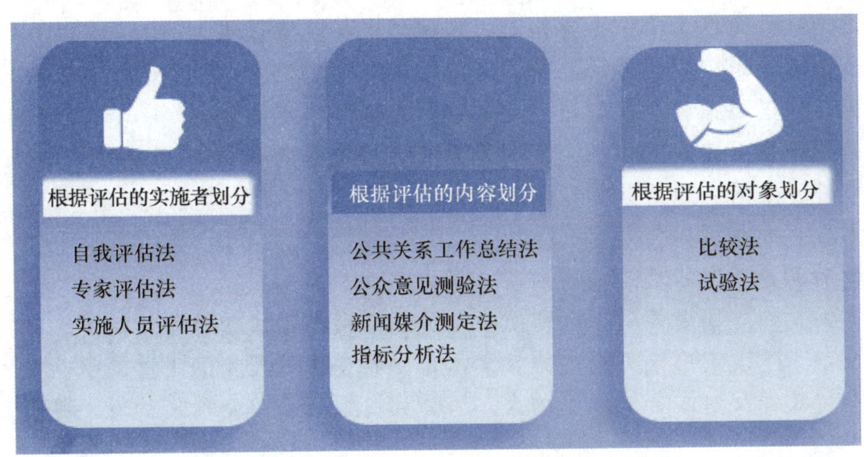

图 8－1 公共关系评估方法

（一）根据评估的实施者划分

1. 自我评估法

这是由公共关系活动的对象通过亲身感受而对公共关系活动给予评估的方法。这种方法的缺点是，可能产生不真实的评估结果，尤其是向调查对象提出一些比较敏感的问题时更是如此。因此，采用自我评估法时要特别注意问卷提问的方式，对敏感的问题宜采用灵活、委婉的方式进行调查。

2. 专家评估法

专家评估法即由公共关系方面及有关方面的专家来审定公共关系计划，观察计划的实施，对计划实施的对象进行调查，与实施人员交换意见，最后撰写出评估报告来鉴定公共关系活动的成效。专家评估法的价值完全取决于专家是否具备专门知识，如果他们对公共关系活动所涉及的某些领域的知识不足，那么他们也无法作出正确的评估。因此，采用专家评估法，一定要聘请那些知识丰富、熟悉情况的专家。

3. 实施人员评估法

即公共关系计划的实施人员自行对公共关系计划和实施的情况进行评估。这种评估能够及时、充分地利用实施过程中的实际情况，对该项活动的影响、效果进行判断。这种方法的优点是能够及时反馈调整，缺点是实施人员对其实施的计划可能会尽量“隐恶扬善”，从而无法看出公共关系活动的真实影响。

※观点链接

那么，公共关系活动的评价测定究竟有什么障碍，又该如何克服呢？

第 1 个障碍是公共关系专家害怕实际测评的结果与预期相差甚远，他们对此有较大的心理压力。但是测评公共关系活动结果的目的不是“回顾过去的活动”，而是为了更好地活用"战略的计划方案"，发挥"自我修正机制"，最终实现理想的双向沟通的效果。

应该换一个角度去想，抛弃担心，坦诚地对待现实结果。

第2个障碍是"公关活动的效果测定很难"。这对公共关系专家来说也是一大课题，因此在这里要强调之前就应设定那些"明确可测定的目标"，比如假设目标设定为"作为一个良好的企业公民，提高地方社会对企业的认知度"，那么：

现在地方上对企业的认知度是多少？

地方社会的范围如何限定？

认知对象是特定的还是地区内所有居民？

没有细化到这些要素的话，即使公共关系活动有了成效也很难测定。

另外，为了设定一个可测定的目标，还要具备沟通理论的一些常识。举例来说，对于那些持极端反对或赞成意见的人，用公共关系活动改变他们的看法是否可能？

……

即使有充足的时间和预算，如果公共关系目标设定得比较模糊，也很难做出具体的评价。另外，有些数字目标，如果设定的时候欠考虑，其结果会令人失望。总之，为了对战略的方案有效地做出评价，最初设定目标的环节十分关键。

资料来源：［日］井之上乔. 公关力——从避免崩溃到有效传播的战略要素. 陆一，等译. 北京：东方出版社，2010：148-149.

（二）根据评估的内容划分

1. 公共关系工作总结法

即组织在公共关系活动结束后，公共关系人员通过总结，检查和了解公共关系目标的实现程度，及各部门的配合协调情况，归纳取得的成绩和存在的差距。

2. 公众意见测验法

在公共关系活动结束后，评估人员通过对活动目标公众进行抽样调查，衡量其对组织的认知或态度的变化，以此分析公共关系活动效果。

3. 新闻媒介测定法

通过对新闻媒介的调查，了解新闻媒介对组织公共关系活动报道的深度、广度及报道频率，由此测定组织公共关系活动的影响力和效果。

4. 指标分析法

指标分析法是指通过对几个常用公共关系评估指标的调查和分析，考察公共关系活动效果的检测方法。公共关系评估指标主要有：知名度的变化率、美誉度的变化率、信任度的变化率、注意度、熟知率等。

（三）根据评估的对象划分

1. 比较法

对公共关系活动前后所做调查结果进行比较，以此来衡量活动的效果。这种方法主要用于对公共关系实施效果的评估。

2. 试验法

试验法是指从影响公共关系活动的若干因素中，选择一两个关键因素，在小范围内将其改变，进行试验，观察能否得到积极的结果，然后决定是否值得推广的一种方法。对公共关系活动方案的评估常采用这种方法。

在进行效果评估时应该注意到：一项公共关系活动总是处于一定的社会环境之中，它所产生的影响，可能是公共关系活动本身引起的，也可能是其他社会因素的作用，理想的、科学的评估应尽量排除公共关系活动以外的因素，以显示出公共关系活动的真正影响力。

第三节 公共关系评估报告的撰写

公共关系评估报告是对公共关系活动或工作的书面评价，是对公共关系工作的总结，是公共关系评估结果运用的依据。

一、撰写公共关系评估报告的基本原则

（一）针对性

公共关系评估报告的针对性很强，或者是针对综合项目的评估，或者是针对单项活动的评估。一般情况下，针对单项活动的评估较多。

（二）完整性

公共关系评估报告的完整性主要有三方面的内容：一是按照公共关系评估报告书的内容，对评估工作的目的、对象、原则、依据、方法、结果等进行全面的概括；二是正文内容与附件资料要配套一致，尤其要注意附件资料要起着完善、补充、说明正文的作用；三是被评估的范围和对象要做到完整无缺、无一遗漏。

（三）及时性

公共关系评估具有较强的时效性，公共关系活动及其面临的环境也在不断地变化，因此，在公共关系活动结束之后，评估人应及时写出公共关系评估报告书，否则容易失去评估本身的意义。

（四）客观性

在撰写公共关系评估报告时，必须真实、客观，有理有据。要避免空泛议论或掩饰缺点，应力戒片面分析或夸大其词。

（五）独立性

在撰写公共关系评估报告的过程中，通常要与公共关系活动主办单位的部分领导、员工等接触。评估人员在作出结论时，要保持独立性，避免受到他们主观意志的影响。

二、公共关系评估报告的内容

公共关系评估报告具有特定的目的，不同的目的，决定了评估的范围和对象不同。根

据公共关系评估实践的总结，公共关系评估报告的内容主要有以下几方面：

（1）评估的目的及依据。即为什么要进行公共关系评估，通过评估解决什么问题，以及评估所依据的文件或相关会议精神等。

（2）评估的范围。公共关系活动涉及方方面面，为了突出重点，缩减篇幅，利于评估结果的运用，报告书需明确公共关系评估的范围。

（3）评估的标准和方法。在报告书中，要说明评估标准或可测量的、具体化的目标体系，以及评估过程所采用的方法。

（4）评估过程。简要说明评估过程是怎样进行的，分哪些阶段。

（5）评估对象的基本情况。包括活动或项目名称、开展时间、实施的基本情况与特点等。

（6）内容评估、分析与结论。指对公共关系活动、工作或项目的内容进行评估，对运行与执行效果、效益进行分析，进而得出客观、公正的结论。

（7）存在的问题及建议。通过评估，有针对性地指出问题，提出解决问题的建设性意见。

（8）附件。附件主要包括附表、附图、附文三部分。

（9）评估人员名单。包括评估负责人、参加评估人员的姓名、职业、职务、职称等。

三、撰写公共关系评估报告应注意的问题

公共关系评估报告的写作是有相当难度的，既要求执笔人员客观、公正、全面，又要求报告书可读性强、简洁明了。在写作过程中，应注意如下问题：

（1）定量与定性相结合。通常，评估结论是定性的，但必须用定量的指标作说明。

（2）建议与策略具有可操作性。只有切合实际情况的建议才具有可操作性。

（3）语言准确、精练。尽量用最少的文字、篇幅来说明问题，提出建议，切忌太多的学术词汇，让评估报告的阅读者难以理解。

（4）结论客观、具体。评估结论尽量公正、客观，既要看到成就、效益，又要看到缺点和不足。所有的结论都应该有相应的材料作证明。

四、公共关系评估成果的运用

公共关系评估成果对于整个公共关系工作有极大的应用价值。它能够承前启后，使公共关系工作得以高效合理地开展，使组织步入良好的发展环境。

公共关系评估成果的运用，可以包括以下几方面：

（1）用于调整公共关系工作计划，使计划更趋于科学合理。

（2）对策划新的公共关系目标方案有直接的帮助，可以促进新的公共关系计划借鉴成功经验，吸取失败教训，避开误区，提高有效性。

（3）用于组织决策的改进。

（4）用于改进组织全面的公共关系工作。

通过运用评估成果，组织的管理层可调整自身行为、改善工作、提高绩效、寻找有效的策略和技巧，为下一步公共关系工作奠定基础。

拓展知识

公共关系评估对企业市场营销的影响

本章小结

公共关系评估是改进公共关系工作的重要环节，是开展后续公共关系工作的必要前提。公共关系评估的内容包括公共关系工作程序、计划制订、实施过程和实施效果的评估，以及日常活动、专项活动、年度和长期公共关系活动效果的评估等。公共关系评估有基本的程序，而评估标准与方法则体现在公共关系活动的准备、实施及活动效果之中。公共关系评估报告是对公共关系活动或工作的书面评价，其建议与策略应具有可操作性。组织应有效应用公共关系评估成果。

职业实训

1. 案例剖析

“星巴克事件”再掀种族歧视风波

2018年4月12日，两位非洲裔美国人在宾夕法尼亚州费城的一家星巴克咖啡店等待朋友，其间一直没有点餐。当他们欲借用店里的厕所时，遭到店内员工的拒绝，理由是其未在星巴克消费，所以不能使用厕所，店员还要求他们离开星巴克。但这两位非洲裔美国人一直待在店里不肯离开，随后店员报警。警察闻讯赶来后，用手铐将两位非洲裔美国人带走，在扣留数小时后对两人予以释放。有在场顾客将事件经过拍摄成视频，随后在社交媒体上播发，引发社会广泛关注，尤其是两位非洲裔美国人被警察用手铐带走的画面，被网友广泛传播。许多人认为，“店员报警和警方逮捕只是因为肤色问题”。两位非洲裔美国人的律师称，两人原本约在咖啡店谈业务，之所以未点餐是因为在等待其他朋友的到来。

4月16日，数十名示威者冲进事件发生的那间星巴克咖啡店，手持标语，高呼“抵制星巴克的种族歧视行为”的口号，要求星巴克开除涉嫌种族歧视的员工，要求警方追究逮捕黑人的警员。抗议活动导致该店营业一度中断，一时间“星巴克歧视黑人”的说法不胫而走，并在媒体上愈演愈烈。美国星巴克公司首席执行官凯文·约翰逊很快就此事件公开发表道歉信，他在道歉信中表示，星巴克员工报警的做法是错误的，这不代表星巴克的理念和价值观，他愿意亲自向涉事的两位非洲裔美国人道歉。道歉信还说，星巴克会认真对待此事并反思过往存在的不足，以在未来更为妥善地应对突发状况。星巴克还将举办培训班，集体学习反种族歧视。根据星巴克的相关声明，培训课程将参考外部专家意见制定，面向近 17.5 万名员工。据媒体估算，关门停业半天将导致星巴克损失 1 200 万美元。

资料来源：汤先营. “星巴克事件”再掀种族歧视风波. 光明日报，2018-04-20.

（1）阅读该案例，小组讨论如何评估星巴克在这次事件中的公共关系效果。

（2）对此案例，考虑可用哪些评估标准和方法。

2. 职场模拟

你所在的学校每年都有迎新活动，请回顾以往迎新的效果，试策划新的迎新活动，

（1）准备迎新方案。

（2）设计迎新活动的评估指标和评估方法。

（3）准备迎新活动效果评估的报告。

3. 能力训练

（1）在媒体上选取几个社会事件，对其所进行的公共关系活动效果进行评价。

（2）为“职场模拟”中的评估制定评估标准。

第八章在线练习

第九章

组织公共关系举要

本章学习目标

本章思维导图

通过本章的学习，你应该能够：

1. 了解企业公共关系的特点。
2. 学习工商企业公共关系工作的方法。
3. 把握政府公共关系的特征。
4. 认识医院、学校等竞争性非营利组织开展公共关系的方法。

课前思考题

1. 企业与政府及事业单位的公共关系活动有什么不同？
2. 竞争性非营利组织的公共关系活动有哪些特点？

导入案例

中日韩举行新冠肺炎问题特别外长视频会议

2020 年 3 月 20 日，应中方倡议，国务委员兼外长王毅同韩国外长康京和、日本外相茂木敏充举行中日韩新冠肺炎问题特别外长视频会议。

王毅表示，感谢韩方和日方积极响应中方倡议，以视频方式举行新冠肺炎问题三国特别外长会议，这体现了我们在重大挑战面前团结协作、共克时艰的坚定决心，展示了我们携手战胜疫情、致力于维护正常交往合作的积极意愿。

王毅介绍了中国在习近平主席亲自部署指挥下，在统筹推进疫情防控和经济社会发展工作取得的积极进展，并表示面对突如其来的疫情，三国加强合作，共渡难关是必然选择。中方建议三国共同采取有效措施，巩固各自抗疫成果；有序恢复三国经贸合作，为促进地区及全球经济作出贡献；同各国分享抗疫经验，与国际社会一道应对疫情挑战。

相信在三国的共同努力下，我们一定能够早日驱散阴霾，彻底战胜疫情，三国之间的友谊和互信也将进一步深化，合作水平进一步提升。

康京和、茂木敏充感谢中方就抗击疫情向两国提供支持和帮助，介绍了各自国家抗击疫情的努力和进展。他们表示，当前疫情在全球发展，危及三国及世界人民福祉，三方有必要团结一致，共享信息，相互协助，共迎挑战，阻止疫情蔓延，并尽量减少对三国必要经贸往来的影响，维护地区发展与安全稳定。

王毅表示，此次视频会议开得十分及时，也十分成功。我们就共同应对新冠肺炎疫情深入交换了意见，在此前三方工作层会议基础上，凝聚了新的重要共识。

我们同意加强三方合作，共同遏制疫情发展。

我们同意探讨相互衔接的联防联控机制，有效防止疫情跨境传播。

我们同意寻求共同接受的办法，努力维护与经贸合作有关的必要人员往来，稳定三国产业链、供应链。

我们同意尽早召开三国卫生部长会议，加强信息分享，开展药物、疫苗研发合作。

我们同意以共同抗疫为契机，不断增进三国民众间的友好感情。

我们还一致同意积极承担国际责任，提高全球公共卫生水平，携手为全球抗疫斗争作出应有贡献。

资料来源：中日韩举行新冠肺炎问题特别外长视频会议.（2020-03-20）[2020-03-30]. https://www.fmprc.gov.cn/web/wjbzhd/t1758607.shtml.

第一节　企业公共关系

企业公共关系以营造企业生存环境、塑造良好的企业形象为工作目标，以获得经济效益为根本。为了帮助企业在市场经济竞争中树立良好的形象，贯彻“内求团结，外求发展”的宗旨，必须灵活应用各种公共关系策略和艺术，在企业的经营管理活动中发挥催化剂作用，促进企业的发展壮大。

一、企业公共关系的特点

企业公共关系在实践中表现出以下特点。

（一）公众利益优先

企业在生产经营中会主动树立“顾客第一”的经营宗旨，把满足社会公众需要作为企业的首要目标，将之置于生产经营和各项公共关系活动的中心，这使企业的一切行为都以公众的利益和要求为导向，根据公众需要的变化随时调整企业的经营方向和营销策略，适时开展各类公共关系活动。

（二）关注经济利益

现代公共关系运用的范围主要有三大领域，即政府组织、企业组织和社会文化福利事业组织。在这三大领域中，企业组织是公共关系的最大使用者，其开展公共关系活动的根本目的是自身的发展或经济利益，即企业公共关系是以获取经济效益为目的的。这是企业开展公共关系活动同政府组织、社会文化福利事业组织开展公共关系活动的根本区别。

(三) 以营造企业环境为目的

任何一个工商企业，在生产经营过程中都随时会与外部环境发生千丝万缕的联系，并由此形成广泛多样的外部关系。多种外部关系从不同程度、不同侧面影响企业生产经营活动的顺利进行，制约企业的生存和发展。因此，越来越多的企业主动运用多种公共关系手段，积极协调与有关利害关系集团的关系，努力营造其生存与发展环境，减少外部摩擦，为企业的发展铺平道路。

二、企业公共关系活动的开展

(一) 工业企业公共关系的工作内容

1. 加强内部沟通交流，以公共关系提升竞争力

工业企业内部面临加快企业管理现代化的紧迫性，企业管理者需要运用现代化信息传播的理论和方法，确立和形成企业内部的信息流通模式，将企业管理者的意志与职工的观点、意见及时进行沟通，以协调和解决好企业与职工的关系。现代企业管理者应把企业的发展与职工的前途命运融为一体，努力促进职工工作的积极性和创造性，以此提高企业的管理水平和工作效率。企业运用公共关系加强内部管理，使企业精神和企业文化深入人心，从价值观上同化员工的思想，规范员工的行为，创造出本企业独特的企业风格、企业效益以及企业的内聚力，企业内部的其他问题就迎刃而解了。

凡是著名企业，如日本的松下公司等，无一不把公共关系引入企业管理中，使企业内部公共关系工作卓有成效，为企业的发展奠定了坚实基础。

在信息爆炸的现代社会里，一个企业如果仅凭借自己优质的产品和服务，满足于“酒香不怕巷子深”，是很难成就大业的。企业要在激烈的市场竞争中获胜，就必须借助制胜的“武器”——公共关系，即利用各种大众传播工具，建立起与外部社会环境的信息传播网络。一方面，把有关企业的各种信息向社会公众传递，树立和推广企业形象；另一方面，进行环境监测，及时反馈社会环境信息，准确掌握社会舆论的动向、变化，通过企业与外界充分的信息沟通和交流，提高企业的声誉和社会影响力，创造出和谐融洽的外部公共关系环境。

2. 建立广泛的社会关系网络，关注重要公众关系

工业企业的外部公众关系有政府关系、社区关系、新闻界关系、高等院校与研究机构关系及供应商关系、经销商关系等。企业要在现代社会中生存和发展，不但要有好的形象，还必须建立尽可能广泛的横向联系网，以争取更多的社会支持与帮助。因此，企业在搞好内部管理的同时，必须理顺社会各方面的关系，为企业的发展铺平道路。凡事都有轻重主次。工业企业在处理外部公众关系时，要根据社会公众对企业发展的重要程度，确定企业外部的重点公众，把对重点公众的工作放在首位。对工业企业来说，供应商与经销商是最主要的公众对象。

工业企业要维持正常的生产经营活动，首先要靠供应商的支持。供应商向企业提供的原材料、能源、零部件、机器设备以及工具的质量、价格直接影响企业生产的产品质量和企业的利润。因此，企业应重视建立、维持与供应商之间的良好合作关系，以得到供应商提供的质优价廉的原材料，降低企业的生产成本。同时，供应商还能向企业提供有关原材料的市场行情，或向企业提出有关生产经营方面有价值的建议，促进企业生产经营水平的提高，增强企业在市场中的竞争能力。

由于经销商（包括批发商、零售商、中间商等）肩负着让企业的产品顺利地通过流通领域转移到用户和消费者手中、实现产品的价值和使用价值的重任，因而也就成为工业企业产品价值能否实现的关键。经销商是工业企业与消费者之间的中介与桥梁，企业从经销商那里可以获得有关的市场信息、消费者信息，了解到企业及其产品在公众心目中的形象和地位。良好的经销商关系对企业的生产经营及参与市场竞争具有不可低估的作用。

3. 开展消费教育，树立稳固的市场声誉

工业企业总是在不断地扩大生产以取得更大的经济效益中向前发展的，这就必须占领广大的市场，拥有高份额的市场占有率。市场的主角是消费者，在市场机制中，消费者的态度和行为直接影响企业的生产经营及市场销售，消费者已成为影响企业生存与发展的重要条件。工业企业只有争取到更多的消费者，才能巩固和开拓广阔的市场。企业应通过免费培训、展览、赠送教材、完善售后服务等方式来吸引消费者。一方面，企业的生产经营要以消费者的要求为导向，为消费者而生产；另一方面，企业应把握消费动向，对公众进行消费教育和消费引导，组织消费，创造消费，从而获得比较稳定的消费者关系和稳固的市场，帮助企业在市场上占有优越的地位，使企业的市场占有率稳步上升。

（二）商业企业公共关系的工作内容

在商业企业中，开展公共关系活动的主要内容有以下几项。

1. 强化“顾客至上”的意识，塑造为顾客服务的形象

现代社会的商品经销者应十分重视树立和维护本企业在顾客心目中的信誉和形象。企业良好形象的基础是做好内部公共关系工作。商业企业内部公共关系工作的重点是：在内部职工中灌输和树立“顾客至上，信誉第一”的思想，教育职工认识到顾客就是企业的衣食父母，认识到企业的经济效益只有通过为顾客提供最佳服务才能取得，特别是在商业企业由单纯的经营型向经营服务型的转变过程中，更应该以“顾客至上，信誉第一”作为商业企业工作的最高准则。

现代社会的商业企业，树立的形象应该是：货真价实，信誉第一，保护用户和消费者利益，服务于顾客。尤其是在市场假冒伪劣商品泛滥的情况下，商业企业要以保护消费者利益为己任，为消费者提供货真价实的商品。对商业企业来说，保护消费者利益应是持久一贯的行动，贯穿在企业日常经营活动中，绝不能在“3·15”消费者权益日这一天用来装饰门面。商业企业在树立形象的过程中要一诺千金，即要重承诺、守信誉。商业企业良好的形象还体现在为顾客的服务上，通过扩大货源、增加花色品种，向顾客提供优质、丰富的商品，同时开展送货上门、包退包换以及其他方便顾客的活动。

2. 满足顾客需求，提升服务水准

商业企业的显著特点是以提供物质商品或服务来满足顾客需要，能否为顾客提供完善的服务、满足顾客的要求，直接影响企业的经济效益。顾客成为商业企业最重要、最关键

的外部公众。商业企业的公共关系应以顾客需要为主，建立良好的顾客关系，为顾客提供优质的产品和服务是商业企业建立良好顾客关系的根本保证。在此基础上，商业企业公共关系工作还要积极进行与顾客之间的信息沟通和交流。商业企业要了解顾客对商品的要求、顾客对企业服务工作是否满意、顾客对企业的基本印象和评价等。与此同时，商业企业应通过各种有效途径及时准确地向消费者传递有关企业的各种信息，使顾客充分了解企业的经营宗旨、发展状况、业务范围、销售方式及服务标准等。商业企业只有保持与顾客之间信息渠道的畅通，才能最大限度地满足顾客的需求，争取到顾客对企业的信任和支持。

顾客在购买商品时不仅要满足生存性需要，还要满足自身的社会性需求。这就要求商业企业在与顾客交往的过程中，既要想方设法帮助顾客买到中意的商品——满足其物质的即生存性的需要，又要为顾客提供良好的服务——满足其精神的即社会性的需要。这样，顾客才能产生自己被奉为“上帝”的真切感受，对企业产生好感和认同感，成为企业的忠实顾客。商业企业拥有了顾客，也就拥有了市场，才会产生良好的经济效益。

3. 精心策划公共关系活动，加强企业宣传工作

现代经济社会中的商业企业在竞争中生存，在竞争中发展，除了靠优质的产品和服务来吸引和争取顾客外，还应该抓住各种有利时机开展宣传，通过制造新闻引起社会注目，扩大社会影响。商业企业可以利用的时机很多，如商场开业、新设施落成、企业成立周年纪念日、各种节假日、商品展销以及试用、品尝、赠送等一些专门活动。在开展这些活动时，企业的公共关系人员要进行精心策划，只有使各种活动与社会需要相符合，与社会热点相吻合，出奇而不出格，方能引起舆论的注意，产生良好的社会效益。现代公共关系讲究“做好更要说好”，因此，商业企业的公共关系工作要通过精心策划的公共关系活动把本企业为社会所作的贡献、企业的公共关系目标等着重向社会进行传播，以树立和巩固企业在社会公众，尤其是消费者心目中的信誉和形象。

对于餐旅企业，其公共关系活动有一些特别之处，主要包括：

(1) 收集公众宾客信息，为企业经营决策提供依据。现代餐旅企业与环境的相互依赖性日益加强，其中除了地理、气候、资源等自然环境条件以外，外部社会环境的各种信息也将直接影响企业的经营决策，如政府部门的管理意见、公众宾客对企业的认识和评价，以及通过信息传播和舆论导向决定对企业支持或反对的态度，这些都将直接影响餐旅企业的客源市场。因此，公众宾客对餐旅企业的感情和态度在餐旅企业生存和发展中占有极重要的地位，必须引起餐旅企业的高度重视。餐旅企业的公共关系人员要通过各种联系网络和社交活动，广泛收集信息，经过分析处理后反馈给决策层，作为企业制定决策的依据。信息收集的方式有很多，比如进行问卷调查、走访重要公众、日常的社交活动以及剪报、收集新闻资料等。

(2) 加强内部管理，以高质量的服务吸引宾客。服务质量是服务性企业的生命。现代化的餐旅企业不但要以先进的设备吸引宾客，更要以优质服务赢得宾客，这是餐旅企业树立良好信誉的基础。因此，餐旅企业的公共关系工作要从加强内部管理入手，教育和引导职工树立“宾客第一，信誉至上”的观念。通过对职工进行公共关系的教育培训，强化职工的公共关系意识，并在餐旅企业内部形成“人人懂公共关系，人人做公共关系”的全员

公共关系氛围，使每个职工视企业的声誉如自己的生命，怀着对企业强烈的归属感和责任感，在本职工作中端正服务态度，提高服务质量、服务水平，根据宾客的需要不断改进和改善服务，以获得更多宾客的支持。

（3）妥善处理宾客投诉，维护餐旅企业的形象和声誉。服务性企业的最大特点是与各类公众进行面对面的直接接触。餐旅企业在向宾客提供服务时，一旦出现工作失误或不能满足宾客的要求，且不能妥善处理和解决的话，就会损害宾客利益，导致企业与宾客关系恶化，严重的还会影响企业的经济效益，损害企业形象。所以，餐旅企业的公共关系工作要把处理宾客投诉作为挽救和维护企业形象的重要工作，使之经常化、制度化。在出现失误，受到宾客的抱怨和批评时，企业公共关系人员应努力稳定宾客情绪，迅速纠正或消除失误，对宾客的投诉给予明确答复，作出诚恳的解释，妥善地解决问题，争取宾客的谅解。不论在什么情况下，都要尽可能减少不良影响，努力维护好企业的形象和声誉。

（三）企业网络公共关系的建立

企业网络公共关系的建立是一项较为复杂的工程，它涉及企业目标、经济环境、社会文化和网络技术等诸多方面。其中，技术是手段，而管理才是真正的核心。

1. 网络公共关系的建立

网络公共关系建立的关键和核心都是“人”。这里包含两层含义：其一，网络公共关系的目标是使企业亲近网络公众，树立良好的企业形象和产品形象；其二，网络公共关系是由人来策划和实现的。对于公共关系活动的主体而言，拥有复合型的网络公共关系人才是企业成功建立网络公共关系的保障。

网络公共关系建立的程序包括：确定网络公共关系目标，选择与设计网络公共关系模式，确定网络公共关系的传播载体，制作网络公共关系材料，发布网络公共关系信息。制作网络公共关系内容时要注意：可以在新闻稿件的顶部和尾部添加联系信息链接，将新闻稿件与本企业站点中过去的新闻稿及相关信息进行链接；也可以将新闻稿件与其他站点中的相关信息进行链接，或在新闻稿件中添加一定的图片以吸引公众的注意力。

2. 网络公共关系的维护

网络公共关系建立之后，企业的另一个较为艰巨的任务就是对其进行维护。以微博、微信为例，组织并不是简单地发发微博、微信，不只是想“我要搞什么内容”，而要多想想“我的公众想要看什么内容”。网络公共关系涉及的内容是多方面的，其中有数据、心理博弈、热点借势、资源利用、媒介合作、话题引爆等，承载着这个时代的更多公共关系、广告的职能。现在，越来越多的公共关系公司都日益注重网络整合营销。

3. 不同公众群体的公共关系策略

（1）与新闻媒体的公共关系策略。

与新闻记者建立友好关系的首要原则就是要开诚布公，并使自己成为他们可信赖的有效的信息来源。组织可以充分利用电子邮件和记者联系，建立良好的关系。在新闻宣传、邮件清单中应及时发现新闻媒体的要求，并提供相应的信息，保持资料的不断更新，吸引他们的注意，以保持长期的合作关系。

（2）与网络社区的公共关系策略。

在网络社区，企业可以直接发布新闻，让社区成员及时了解企业情况；可以创建面向网络社区成员的单向邮件清单，及时将企业的新闻发送给他们；可以帮助网络社区成员解决问题，提供多种形式的服务。

（3）与网络公共论坛的公共关系策略。

做好网络公共论坛的公共关系，组织要熟悉公共关系论坛的讨论环境，遵守论坛的行为规范；密切关注与企业有关的讨论，一旦发现对企业不利的言论，要及时消除不良影响；要积极与公共论坛的成员建立良好的关系；要掌握好在公共论坛上发布信息的频率，防止因过多发布信息引起他人的反感。

第二节　政府公共关系

一、政府公共关系管理

政府是国家权力的执行机关，即国家行政机关。这里的“政府”是一个广义概念，既包括不同行政层次，比如中央政府和各级地方政府，也包括不同职能部门，比如公安管理、司法管理、市场监督管理、税务管理、海关管理、物价管理等部门。

政府公共关系是公共关系的一般理论在政务活动中的具体运用。具体地说，政府公共关系管理是对政府组织与社会公众之间传播沟通的目标、资源、对象、过程与效果等基本要素的管理，是对政府的公众传播沟通活动进行决策、计划、组织、指挥、控制、协调和监督，以提高政府的美誉度，争取公众对政府工作的认同、理解和支持，最终实现政府目标。政府公共关系管理是现代行政管理活动的一个组成部分。就其基本性质而言，政府公共关系管理包括以下四层含义。

（一）政府的信息管理

政府的信息管理是指政府组织与社会公众之间信息流通的管理。在现代社会，政府组织与社会公众之间信息流通量日益增大。一方面，各种社会信息对政府组织的决策和行为的影响作用越来越大，面对日益增多、大量涌入的社会信息，如何通过过滤、提炼、分析、整理来去粗取精、去伪存真、由此及彼、由表及里，提高政府对公众信息的利用质量和效率，是政府信息管理的基本功能；另一方面，政府组织对公众环境的信息输出质量要求也越来越高，如果缺乏完善的信息输出管理机构和管理机制，就难以适应开放、多元、民主和竞争的社会环境。

（二）政府的舆论管理

舆论是公众信息的一部分，是一种集中的、强化了的公众信息。它是社会上大多数人对政府组织的看法和意见的公开表达，代表着大多数社会公众对政府组织的基本态度和行为，是衡量政府组织公共关系状态的重要标志。任何政府组织都生存在特定的公众舆论环境之中，其政策和行为既受公众舆论的左右和影响，又影响和左右着舆论。特别是在当今这个大众传播时代，社会舆论变得日益敏感，舆论对政府组织的压力也日益增强。通过政府公共关系去影响人们的看法、意见、态度和行为，为政府组织营造一个适宜和良好的舆论环境，是政府公共关系管理的重要职责。

（三）政府的公众关系管理

政府公众关系特指政府组织与社会公众相处和交往的行为与状态，其对象包括一切与政府组织的目标和政策存在现实或潜在关系、直接或间接关系的社会个体、群体或组织。他们是政府组织赖以生存和发展的社会生态环境，制约着政府组织目标、政策和行政行为的成败。在现代社会，政府组织的公众关系日益复杂多变，对公众关系的开发、疏通、建立、维持、协调、发展是政府公共关系管理的重要任务。

（四）政府的公众形象管理

政府的公众形象是政府实力和表现在社会公众中获得的认知与评价，即政府的社会认知度和社会信誉度，这是现代政府的一种无形资产和无形财富。政府公共关系通过对政府组织各种形象要素的设计、规划、控制和传播，对政府的社会认知度和社会信誉度进行创作、维护、调整和提升，以科学地调控和管理政府组织的公众形象，这是现代政府管理所面临的一个新课题。

二、政府公共关系的特征

政府公共关系的特征可概括为以下五个方面，如图 9－1 所示。

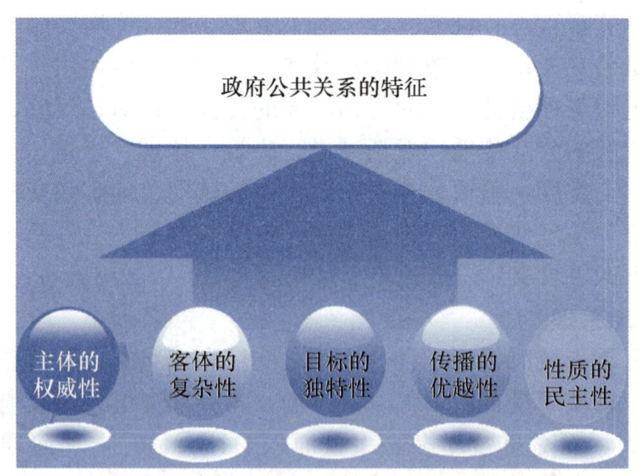

图 9－1　政府公共关系的特征

（一）主体的权威性

政府公共关系的主体有广义和狭义之分。广义的主体指各级政府机关及全体公务员。狭义的主体有两类：第一类指那些公共关系性质很强的政府机构，如新闻处、秘书处、信访办、外事办、统战和宣传部门等。这类机构虽没有以公共关系命名，实际上已经是具体负责某一方面的政府公共关系工作的职能部门。第二类指以公共关系命名的政府机构。当政府把政府公共关系作为一项专门的管理职能从其他工作中分离、独立出来，就产生了统一执行各项公共关系职能的专职政府公共关系机构。

政府是从社会中独立分化出来又居于社会之上的特殊权威管理组织，其区别于其他组织的突出特征就在于它拥有极大的权力，具有权威性。它可以制定政策、颁布法令，并可强制推行。同时，政府还具有唯一性。一般情况下，同一国家或同一地区只有一个政府，它往往处于独一无二的位置。

政府公务员以政府的名义工作，其工作能力、服务态度、廉洁状况以及办事效率都会直接影响政府的整体形象。因此，不仅公共关系职能部门的公务员要从事公共关系工作，而且政府内部的每一个人都应该具备较强的公共关系素质，自觉把公共关系理念和精神融于本职工作中。只有这样，才能提高人民对政府的认同感、信任感，自觉维护政府权威，服从政府领导，支持政府工作。

（二）客体的复杂性

政府公共关系的客体，即政府公共关系工作中信息沟通与传播的公众对象。政府公共关系的客体包括内部公众和外部公众两大部分。

（1）内部公众是政府机构内部的所有工作人员，政府公共关系应首先以他们为对象，通过良好的沟通，增强政府机构的凝聚力。

（2）外部公众泛指政府所面对的广大社会公众，不仅包括其他国家机关、群众团体等，还包括广泛的国际公众。

政府公共关系客体不仅数量庞大，而且显现出极其复杂的结构。以一定的利益关系为基础而结合在一起的社会公众，又可划分为不同的利益群体，政府必须有针对性地开展公共关系活动，重视和加强与各类公众之间的双向传播和沟通，了解公众对政府的期望，倾听其呼声，及时向公众报告政府的施政内容，正确周详地解释政府出台的政策和作出的行政行为，根据公众的需求不断改善政府的各项工作，树立全心全意为人民服务的良好政府形象。

（三）目标的独特性

政府公共关系目标的独特性主要表现在以下三个方面：

（1）促进公众的认知是政府公共关系的首要目标。政府是一个国家或地区的权威管理组织，以强制性的权力贯彻路线、方针、政策。如果广大公众对政府内部运作状况和决策过程缺乏足够的了解，就容易产生隔膜和误解，从而给政府政策的制定和执行造成困难和障碍，也不利于良好政府形象的树立。政府公共关系可增强公众对政府机构设置、运作状态及决策过程的认知，提高政府管理的透明度，影响公众的看法、意见和行为，密切政府与公众的关系，增加彼此间的信赖，为政府营造一个良好的公众环境，树立良好的政府形象。

（2）政府开展公共关系活动的另一重要目标是提高政府的美誉度。对企业等其他组织来讲，提高知名度和美誉度都是其开展公共关系活动的主要目标，而政府对于本国公众而言，几乎不存在知名度的问题。对国际公共关系来讲，各国政府在激烈的国际竞争中，都需要提高国际地位与声誉，以便更好地吸引外资，吸引旅游者，吸引人才，推动本国经济的发展。

（3）政府开展公共关系活动的最终目标是提高社会效益，其价值追求表现为公共取向，而企业和其他许多组织的公共关系一般都以本组织利益为取向。

（四）传播的优越性

一般而言，与其他组织相比，政府公共关系的传播条件最为优越，表现在以下几方面：

（1）政府掌握了大量的大众传播工具。在我国，主要新闻、出版单位和广播、电影、报纸等大众传播媒介在政府的管理之下，这在客观上给政府公共关系传播计划的顺利实施提供了有力的保障，政府可以通过各种传播媒体，从各个角度大量、反复地传播某种信息，加强公众印象，提高公众传播的效果。

（2）政府的传播工作严密而有效。政府机构虽然庞大复杂，但组织严密，信息的传输网络四通八达，其信息末梢延伸到社会的每一个角落。无论纵向传播还是横向传播，上行传播还是下行传播，信息都能畅通无阻，准确及时到位。这也为政府收集信息、了解公众、反馈意见等提供了便利条件，特别是在互联网普及的环境下，政府网上公共关系将成为一个热门渠道。政府可以通过政府网站或公共网站收集和传送信息，在电子空间中实现组织与公众之间的双向互动式全面沟通；政府可以在网上介绍自己的路线、方针、政策和机构设置、人员配置，公布官员讲话和政策公告，使政府的公共关系传播更为便捷，有利于提高政府公共关系效率。

（五）性质的民主性

真正意义上的政府公共关系是现代政府民主管理性质的体现，从深层次来看，政府公共关系是实行民主政治不可缺少的手段。社会主义国家的政府是由社会主义民主政治制度所产生的民主政府，我国政府的公共关系作为一项行政传播管理职能，是以社会主义民主政治关系为根本依据的。政府公共关系不仅是政府为了全心全意为人民服务而设立的一项新型行政管理职能，而且是人民议政、参政、当政的一种实际方式，是实现人民当家做主的途径之一。

❖观点链接

抗击“非典”的意义已远远超过了其成功胜利的本身，因为它悄然引发了一场脱胎换骨的革命，实现了突发信息事件从“基本不说”到“一定要说”的历史跨越。从这个角度讲，我们要感谢“非典”，是它“倒逼”所产生的强大反作用力，催生新闻发言人制度在中国大地呱呱降生。

……

诚然，“基本不说”终由“一定要说”所取代，其意义善莫大焉。此举极大改善了政府和人民之间的关系：人民成了政府信息的权利人，政府则是公众信息的责任人，且须无条件地满足人民的知情权、表达权、参与权和监督权。政府给予人民以坦诚的信任，“重大情况让人民知道，重大问题让人民讨论”。政府的决策也开始从幕后走到了前台，公民的基本权利获得进一步扩大，这无疑是中国政治文明史上的重要一页。

资料来源：武和平．打开天窗说亮话——新闻发言人眼里的突发事件．北京：人民出版社，2012：39-40.

三、政府公共关系的开展

政府公共关系的任务是加强与公众的双向沟通传播，促进公众对政府的了解、理解和信任，树立良好的政府形象，争取公众的拥护、支持与合作，营造政府工作的良好人文环境。具体体现在两大方面。

（一）完善公众传播机制，推动社会主义民主政治建设

政府公共关系工作是社会主义民主政治操作系统的一个组成部分，它是通过健全和完善政府与公众的沟通渠道和传播机制来实现的，主要包括及时、广泛地了解舆情民意，提高政府工作的透明度，鼓励公众积极地参政、议政，实现政府和公众之间的双向沟通。

1. 了解民意，为制定政策提供依据

现代民主政治高度重视舆论和民意，视舆论和民意为政治性和行政性决策与行动的根据。重视舆论就必须重视与公众的沟通，就必须建立各种有效的渠道去了解民意、跟踪民意和反馈民意。了解和反馈民意的渠道与方式是多种多样的。

（1）通过信访渠道直接了解民意。

长期以来，各级政府的信访工作部门在做好人民群众来信来访工作方面，发挥着重要的政府公共关系职能作用。公众通过写信、访问的形式向政府有关部门反映问题、提出意见和要求，以便得到政府的有效答复和解决。一般来说，信访行为往往是超越正常的行政程序的一种越级沟通，是公众直接与有关主管部门和领导的主动沟通，是一种送上门来的群众工作。这是政府了解民意和公众动态的一条重要渠道，可以使政府领导和有关人员有机会直接了解公众动态，听取群众的呼声，了解民众情绪，掌握社会脉搏。建立和完善信访工作制度，是政府公共关系工作的一个重要内容，应该配备具有良好公共关系素质的干部专职负责。

接待来访的注意事项有：1）热情接待。信访工作人员是代表政府机关的，要注意热情接待来访者，给对方留下良好的印象。2）认真听记。请来访者填写来访登记后，耐心听取和记录来访者的意见，将主要问题或重要情节复述一遍，并向来访者交代一般的处理方法和程序。3）恰当处理。及时将来访者的意见整理归纳，反馈给领导或有关部门协助解决，并将处理意见通知来访者；暂时不能处理的，须作出合理解释，保持联络，待处理后再回复。4）重点回访。对有影响的来访者可重点回访，深入地征询意见。

为了使一般老百姓能有机会直接与政府官员沟通，也可以建立行政首长接待制度（如市长接待日、局长接待日等）或专访接待制度（如离退休人员专访日等）。

（2）通过民意测验了解公众的意见。

政府应该通过民意测验来了解公众的基本态度和意见，为决策提供更充实可靠的根据。为了使民意测验的结果更加客观公正，最好委托中立的专业机构来进行，如专业的调查研究公司和民意测验机构、传播媒介和舆论研究机构、公共关系公司、大学里的相关研究机构等。这些机构应严格地按照科学、规范的抽样调查手段，对政府委托的调查项目进行调查。其结果可直接提供给政府决策者参考，或同时委托新闻界公布。

进行基层访问和典型调查是了解民意的一种传统方法，政府的有关负责人或专门机构的工作人员应直接深入社会基层，到民间察访，了解民情，倾听各类公众的倾诉；或用“下马观花”的方法，到某一地区或单位蹲点调查，研究典型。这种方法虽然较为费力，但有利于与公众沟通了解，塑造政府以人为本的良好形象。

2. 政务活动公开，提高行政工作透明度

政府公共关系工作除了要广泛了解民意、民情外，还要争取公众对政府情况的了解，

实现通畅的双向沟通。政府应加强自身的传播工作，提高工作的透明度，满足公众的知情权。为此，主要做好以下几方面工作：

（1）建立政府新闻发布制度。

政府行政管理工作涉及大量公共事务，与广大公众日常生活密切相关，如交通、治安、环境、卫生、住房、医疗、社会福利和保障等，需要经常答复公众的咨询；遇有重大的活动和事件，如重大社会危机事件、新的财政预算报告、重大工程立项、重要的外事活动、新制度与新法律的出台、政府领导人的人事变动等，更需要及时广而告之。政府的新闻发布制度就是适应上述需要而建立的传播沟通机制，是政府公共关系的一种常规性工作制度。

1）需要建立和完善政府发言人制度。政府发言人是政府正式授权、代表政府向新闻界和公众发言的全权代表。在遇到重大问题或在必要时，政府的行政首长不能回避公众，要直接出面应对公众舆论，应对新闻界。这种政府发言人制度不但适用于政府最高层，而且适用于具体的职能部门，特别是那些主管业务与社会公众有较密切联系的部、厅、局，都有必要指定正式的发言人，以便代表某个具体部门（如城建、交通、公安、环保、人事等政府机构）的行政首长对外发言。

2）完善政府新闻发布工作的内容，主要是保持政府消息来源的畅通。政府新闻工作机构首先要消息灵通，要与政府内部各机构、与新闻单位以及社会上各类企事业组织的公共关系部门保持密切联系，以便及时获取第一手的可靠消息。

3）做好新闻分析综合工作。对社会舆论的敏感问题，如治安、交通、环保、物价、水电、气象等，政府新闻工作机构要及时做好综合分析工作，并与有关部门保持联络，随时核实信息；涉及授权范围之外的重大消息，应及时报告主管行政首长；常规性的信息也应及时通报各有关政府部门和新闻单位；政府发言人要随时回答新闻界的咨询。建立政府新闻发布制度后，政府的新闻工作机构就成了政府消息权威来源，成为新闻界查询、咨询的焦点，因此要保证这条权威渠道畅通无阻，随时为新闻界提供新闻资料、图片等，对收到的消息进行核实，并接待好海内外来访的记者。

4）实行例行的新闻发布。政府公共关系工作应该建立例行的新闻发布制度。这种例行的新闻发布定期举行，由政府新闻处官员实施，可以以口头形式或书面公告形式进行，以“发布”和“告知”为主，不一定需要回答记者的问题，时间比记者招待会短。例行的发布会会派发新闻通稿。

5）安排专访。就重大议题，邀请或安排有特别影响力的媒体进行独家采访，对高层官员进行深度访问。政府的新闻官员要为专访做好一切准备和安排。

（2）加强电子政务建设。

行政组织的规模越大，结构越复杂，政府人员与公众之间的距离就越大，沟通就越困难，公众对政府的神秘感也就越强。为了加强公众对政府的了解，避免因为缺乏了解而造成误解，政府有必要利用现代网络技术，加强网站建设，建立健全政府电子政务内容，充分发挥网络的沟通渠道作用，努力提升行政运作的透明度。

1）遵循“透明、服务、民主”的原则，推动和谐社会建设步伐。把过去站在政府的视角办网站，转变为站在服务对象的视角建设政府网站，把网站定位为“政务公开的窗口、服务社会的平台、提高效能的工具”，突出“信息公开、在线办事、公众参与”的功能，使政府网站服务进一步贴近公众需求，为社会公众开辟方便快捷的新服务窗口，把政府变为全天候职守的“网上政府”，为和谐社会建设作出贡献。

2）实施政务信息公开，提升门户网站公共服务水平。信息在网络上发布具有时效性与传播的广泛性，通过政府门户网站发布政务信息已经成为各级政府信息化建设水平的标志。政府要及时上网发布政务信息，方便社会公众了解政府，推动“阳光政府”建设，通过政务信息的多角度发布，逐步实现政府财权、人事权的公开。

3）推进政府网上办事，提高门户网站公共服务能力。政府网站的在线办事功能，既是政府网站功能定位的重要组成部分，更是政府网站建设的核心内容。为使社会公众能够通过政府门户网站，更方便地享受到各种公共服务，政府需要对网上办事程序予以完善、明确，公开每一项办事指南，包括事项名称、办事程序、办理机构、办理地址、联系方式、提交材料、办理时限、收费标准、审批依据、相关表格等，方便社会公众足不出户办理各项事宜。

4）深化网上政民互动，进一步畅通门户网站沟通交流渠道。建立健全政府网站的政民互动渠道是电子政务建设中的一项重要任务，政府要高度重视政民互动内容建设，在网站上通过设立领导信箱、投诉信箱、建议信箱、在线交流等栏目，使政府与民众的沟通渠道保持畅通。对公众关注的热点问题，要有专人与网友进行面对面沟通，确保政府网站真正成为公众倾诉和解决问题的一个重要渠道。

3. 拓宽社会沟通渠道，吸引公众参政议政

一个社会的开放度越高，公众对政治生活的参与性就越强；公众对政治生活的参与性越强，政府机构与公众的双向沟通就越重要。拓宽社会沟通渠道，让公众的意见有比较充分的机会公开地表达出来，不仅能够使政府及时、广泛地了解各种不同意见，为制定政府政策提供依据，而且能够使各种潜在社会摩擦与冲突在“微调”的状态中得到释放和缓解，避免因长期压抑或积聚而引发冲突和震荡，有利于形成既生动活泼，又稳定和谐的政治局面与社会秩序。

（1）社会协商对话。

围绕公众关心的重大问题，政府机构负责人可以与有关的公众群体或团体进行平等、直接、公开的对话，面对面地听取公众的意见，回答公众的问题。这种社会协商对话会大大减少信息失真的问题，为领导在重大问题上直接了解公众的意见，为公众直接向领导反映自己的看法，提供了一条有效的沟通和表达渠道。社会协商对话除了要进一步发挥人民政协、各民主党派、各群众团体（工会、妇联、共青团等）传统的协商对话渠道的作用外，还要进一步拓宽其他社会沟通的渠道。政府可适当开展形式更为自由的公众咨询对话活动，吸引更多的公众以主人翁的精神参政议政。

（2）公众议政活动。

利用现代各种大众传播媒介，为社会沟通提供具有更为广泛参与性的方式。政府可以在媒体上围绕政府“头痛”或公众关心的热点问题，动员公众献计献策，集思广益，这也是政府公共关系的一种形式。比如，举办公众咨询日活动、“公众论坛”、“城市论坛”等，让公众直接为政府提意见，吸纳社会智慧，推动各种问题和矛盾更快、更好地解决。

（3）公众投票公决。

投票是公众表达个人意见的一种民主方式，投票不仅仅用于选举代表，也可用于表决重大的社会政治问题。某些重大问题交由全体公民投票公决，也是政治参与的一种重要形式。

（二）完善公共行政服务，树立人民政府良好形象

政府公共关系的主要目标是提高政府的威信，增进人民群众对政府的信心和好感，树立政府的良好形象。为此，要从以下四方面入手。

1. 公众至上，双向沟通

政府公共关系工作首先要确立“公众至上”意识，这与现代化公共关系意识和精神是完全一致的。服务人民、公众利益至上是我们社会主义国家的根本宗旨。在现代社会，每个人都享受着政府提供的一系列公共服务，政府一系列服务的质量高低已成为公众认识政府形象的一扇重要的窗口。

政府工作人员树立“公众至上”意识，重点在于关注群众需求，倾听群众呼声，加强政务公开。政务公开是政府与公众实行双向沟通的一种必要方式。双向沟通加深了政府与公众相互间的了解，缩短了彼此间的心理距离，有利于密切政府与公众间的关系。

2. 多办实事，取信于民

全心全意为人民服务是政府公共关系的宗旨，广大人民群众的实际利益是政府的最高利益。一般情况下，群众以现实的、看得见、摸得着的“实惠”作为评判政府官员政绩的标准，只有勤政为民，多为群众办实事、办好事，才能得到群众真心实意的拥护。政府应该将公众最关注、意见最大、最迫切需要解决的问题作为办实事的重点，限期解决，取信于民。同时，完善各种便民措施，提高工作效率，改善服务态度。人民政府是为人民服务的，必须给予人民群众极大的热忱和方便，改变那种“门难进，脸难看，话难听，事难办”的衙门现象。凡是与公众有关的行政工作程序，都应该以方便公众、提高效率的原则来安排，努力为公众创造一个轻松、亲切的办事环境。

3. 言必行，行必果，讲求信誉

政府公共关系的另一个重要方面，体现在制定和执行有利于公众切身利益的社会、经济政策上。只有保持政策稳定，才能取信于民。政府的政策牵涉千家万户，涉及社会全局，如果朝令夕改，政策多变，说了不做，就会失去信誉，失去民心。因此，没有把握做到的应该不说，说了就要做到；因主客观原因无法实现的，要如实说明；已经实现的要及时向公众报告。对公众的质询和申诉，要作出负责任的答复，答复之后要认真地跟踪查办落实。公众对政府官员总是“听其言，观其行”，因此，政府能否说到做到很重要，它会直接影响政府及官员的声誉和形象。

4. 加强廉政建设，纠正不正之风

在改革开放和市场经济条件下，政府必须不断加强廉政建设，克服官僚主义，消除腐败现象，这样才能保持政府的良好形象。政府中极少数工作人员利用职权，搞权钱交易、贪污受贿等，严重玷污了人民政府的形象。要根除这类丑恶现象，除了依靠国家的法律手段和行政监督手段之外，还要形成社会监督的机制，发挥公众舆论监督、新闻舆论监督的作用。为此，需定期向公众公布政府人员的政绩，公布政府人员尤其是领导干部的经济待遇和福利标准，并适当地向公众介绍政府官员的日常工作和生活情况，这样一方面将官员

直接置于公众和舆论的监督之下，另一方面使公众有机会了解政府官员。

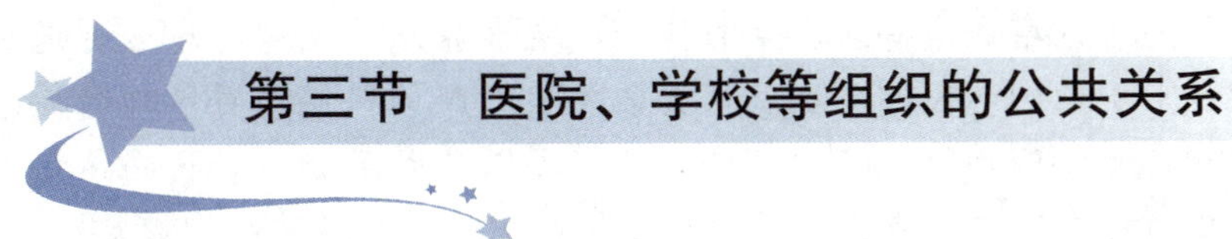

第三节　医院、学校等组织的公共关系

一、医院公共关系

医疗制度改革的不断深化，打破了医院原有的管理模式，公立医院与民办医院之间、公立医院相互之间的竞争日趋激烈，医院的公共关系建设随之被提上议事日程。医院与其他组织不同，它的主要公众对象是患者。因此，医院公共关系的主要工作除了与其他组织一样要处理好与职工的关系、与社区的关系外，更需要与患者及其家属进行沟通，以赢得社会公众的信赖。

医院的公共关系活动主要有以下几方面。

（一）与患者沟通

患者如同商店里的顾客，是医院的“上帝”。虽然医院是非营利性组织，但患者的医药费用也能弥补医院的部分开支，以维持其发展，因此，医院与患者之间的沟通是医院公共关系的主要工作。与患者沟通要做好以下几点工作：

（1）医生询问患者的病情要仔细、耐心，对患者的生活起居要体贴、关心。

（2）医院印制一些宣传资料，介绍医院的医疗水平，使患者对医院充满信任。

（3）医院公共关系人员和行政人员要经常深入病房，与患者或家属交谈，听取患者或家属对医院的评价或意见，或者反馈患者或家属提出问题的处理结果等。

（4）医院对患者要一视同仁，不因其地位、身份的高低，财产的多少而采取不同的态度。

（二）与新闻媒介沟通

由于医院的特殊性质，医院内发生的重大事件，如医疗事故、改革举措、救死扶伤的典型事迹等经常成为媒介关注的焦点。新闻媒介对医院的声誉、形象影响很大，因为外部公众主要是从新闻媒介的报道中知晓医院的情况的。医院要把有利于树立医院形象的重大事件及时通报给新闻媒介，如救死扶伤的先进事迹、先进设备的引进、高超医技的发挥、医务人员的良好医德表现、医院的优美环境等。

❖观点链接

近几年，中国医患纠纷不断增加，医患矛盾持续激化，造成这些纠纷和矛盾的原因细究起来十分繁复，如国家相关医疗法律法规不完善，媒体对于医疗行业报道的错误引导，部分患者及家属缺乏医学常识，医院对于应急公关处理方法不健全等。中国医大附属盛京医院曾经进行过医患关系的相关调查，在“引发医患纠纷的最主要矛盾”的单项数据中，缺乏沟通成为大众普遍认同的归咎点。

研究表明，沟通虽然不能从根本上解决医患纠纷，但是却是解决问题的最直接的方式。首先，沟通可以增进患者对医生的信任，增进彼此的理解，患者走进医院往往是带着忐忑和对病痛的恐慌的，这就需要医生在诊断的时候尽可能地表述清楚患者的病症，并提出合理的治疗办法。其次，沟通可以及时宣泄不满情绪，让不满情绪在演变成暴力行为之前及时发泄出去，有助于减少纠纷。再次，沟通是双向的，不是患者或者医生单方面的诉求与掌控。与以往不同，现今公众对健康问题的关注度提升，对患者的诊治已经从医生掌控演变为解释或者商量，相当一部分患者想要参与到诊疗过程中，但是因为患者受自身的受教育水平和所掌握健康知识不足的影响，使得其在治疗过程中判断能力极为有限，所以在与医生的交流过程中，容易产生医患纠纷。因此沟通看似简单，行动起来却有一定的复杂性，绝不是一句“只要医务人员保持良好的态度，遇事多加解释”这么简单，而是要创造一个良好的医患沟通氛围，这就需要医疗机构建立一个合理完善的公共关系体系。

资料来源：矫沂儒．和谐医患关系中公关的作用．国际公关，2020（1）：30.

（三）危机事件的处理

今天，医院已经成为危机事件的高发区，一些医患纠纷不断引起社会关注。医院在应对危机事件时应注意把握以下几个原则：

（1）迅速查清事件的真相。负责处理事件的院方负责人一定要深入一线，直接了解事件的来龙去脉：起因是什么？事态发展到什么地步？当事人双方的状况如何？媒体的介入及负面影响情况怎样？同时，要冷静客观地分析事件的责任：我方的责任在哪？我方的理由是否成立？对方的责任在哪？对方的理由是否成立？对这些情况的调查了解要尽可能做到准确、清楚，不要忽略每个细节，对责任和理由的推断要尽可能从第三方的角度去思考。

（2）积极主动表明态度。在认真完成第一步的基础上，主动及时地表明态度，不要拖延。许多事件一旦有媒体介入，拖延只会引起媒体进一步的追究或更多媒体的介入。如果责任在对方，就要积极向对方作解释，主动与媒体进行沟通说明，特别是医疗纠纷往往涉及大量专业知识，只有耐心细致地解释说明，才能得到媒体的理解和支持，而不能因为自己占理，就态度傲慢，这样只会引起媒体的反感，更不利于正确处理事件。如果责任在我方，那就要表现出诚恳认错的态度，并积极主动与对方沟通，协商解决办法。与对方具体的协调过程，也是个谈判过程，要注意谈判技巧，不是一味地满足对方。其中，态度至关重要，表明解决问题的态度，就能使自己掌握一定的主动，而不至于陷入被动的局面。

（3）加强与媒体的沟通。表明我方努力解决事情的态度，尽力争取获得媒体的理解。

（4）迅速提出整改措施。当出现责任在我方的情况时，在积极表明解决问题的态度、努力与对方及媒体沟通的同时，要尽快地拿出合理的整改措施以助于事情的解决，特别是针对收费、服务等方面的纠纷事件，及时提出合理的整改措施往往是最好的解决之道，这样就向对方及媒体表明，我方不仅有解决问题的态度，更有解决问题的行动。

二、学校公共关系

学校肩负着为国家培养建设者和接班人的历史重任。随着改革开放的不断深入，市场经济的发展、完善，教育体制改革也不断深化，竞争机制被引入学校，学校之间的竞争越来越激烈。只有教育质量高、信誉好的学校，才能在竞争中吸引优秀教师、优质生源，优先获得科研项目及经费支持等。当今的学校与社会其他组织一样，处在一个开放的社会大系统中，与社会各方面的联系日益加强。经济社会发展对教育的需求不断增强，社会各界对学校的关注度也非常高，学校面临的公众关系更为复杂。学校的发展要适应这种新形势的需要，必须运用公共关系这一新的管理方法，促进学校的良好发展和人才培养水平的不断提高。因此，学校公共关系的开展，对于国家教育事业的发展具有重要意义。

保证学校与社会公众之间双向信息传播渠道的畅通，树立学校教书育人的良好声誉，是学校公共关系工作的根本目的。学校内部公众包括校长领导团体、中层干部、教职员工和学生。学校内部公共关系的管理，应尽可能实践人性化的管理哲学——合理的制度约束＋人格管理＋情感管理。学校外部公众主要包括学生家长、社区、政府、媒体等。内部公共关系管理要以人为本，外部公共关系管理要以和为贵，其基本理念就是为师生提供贴心的超值服务。

（一）学校内部公共关系的策略

学校内部公共关系的基本理念与策略是，学校与全体教职员工、学生之间通过双向沟通方式，在互利互惠原则下寻求并达到和谐一致，使学校形成足以抵制外部不良影响的凝聚力，使学校和内部公众之间消除内耗，齐心协力完成共同目标。学校内部公共关系工作的主要内容有以下两项。

1. 学校管理者与教职工的沟通

学校管理者与教职工之间沟通的内容一般应符合下列要求：必须是教职工关心的信息；应该是他们感兴趣的信息；应该是一定需要他们知道的信息。这些信息包括：学校核心价值观和目标，学校在竞争中的排序和位置，教学改革情况，职务职称晋升与进修培训，榜样及其贡献，教职工新闻，教职工生活和福利情况等。

学校管理者与教职工，可运用各种方式和途径及时告知、沟通学校的一切活动信息。通常运用以下方式进行沟通：召开会议、面对面的讨论会、参与学校的计划和决策制定、提出合理化建议、家访和集体娱乐、内部出版物、公告和信件、互联网与电子信息等。在数字时代，短信、微博、微信已成为组织内部相互交流沟通的常用形式。

2. 学校与学生沟通

学生是学校比较特殊的公众，既是学校的内部成员，也是学校教育的消费者。这种双重身份，使学生成为学校形象管理和公众管理的中介。学校应根据国家相关法规，以组织和制度形式建立与学生正式的双向沟通机制，确立学生与学校对话、与教师交谈的合理权利，学校还应建立正常的申诉、投诉制度等，给予学生参与学校管理并贡献自己想法和建议的机会。教师是学生成长过程中最重要的影响因素，师生关系是学校与学生关系的重要内容，也是学校公共关系工作的主要内容。教师在课堂内外、教学活动与个人交往等方面，都应充分发挥自身的教育主导作用，与学生建立良好的师生关系，促进学生身心健康成长与发展。

（二）学校外部公共关系的策略

学校外部公众主要指关系学校生存与发展的那些目标公众，包括学生家长、社区、政府、媒体等。学校日常的对外人际交往蕴含着提高公共关系质量、提升学校形象、累积声誉的意义。学校外部公共关系的目标是学校在与学生家长、社区、媒体和政府等公众打交道的过程中，悉心积累声誉，建立学校教书育人的良好印象，最终获得社会的广泛合作与支持。

1. 学校与学生家长的关系管理

学生家长是学校的首要公众和重要公众。学校必须利用一切机会，管理好自己和学生家长的关系，获得他们的理解、信任和支持，从而提升学校的公众形象和社会声誉。学校与学生家长的常见沟通形式有：学校开放日、家长委员会、家长代表参与学校相关活动、家长会等。

2. 学校与社区的关系管理

社区是学校的重要公众，学校应主动创造一个稳固的社区关系，以相互尊重、了解的氛围奠定良好的公共关系基础。学校与社区的关系管理包括：自觉把学校看成社区中的一员，努力做好邻居；积极参加社区公益活动，主动承担责任和义务；在条件允许的情况下，学校向社区开放，争取社区公众对学校的了解、理解与支持，营造稳定的“后院”。学校和社区的沟通应该是双向的、互动的和互利的。社区通过学校的帮助改善社区的文化建设和公共服务，学校以社区利益和需要为中心设计方案，通过提供帮助和支持获得社区资源和公众良好的印象。

3. 学校与媒体和政府的关系管理

（1）学校与媒体的关系管理。

新闻媒体是学校的重要公众之一，也是学校的重要社会资源之一。以学校为本位，建立好与媒体的关系是学校公共关系成就的重要标志。学校与媒体的合作主要包括两个方面：一是以新闻记者的需要为中心，学校为媒体着想，获得媒体好感，累积信任；二是以学校公共关系需要为中心，在获得媒体好感的基础上，考虑如何利用媒体提升学校形象，获得更多媒体公众的好感。

学校可以充分利用媒体对学校的成就进行正面宣传报道，提升学校良好形象。当学校面临问题或危机时，也可以通过媒体客观公正的报道，及时消除威胁，化解危机。

（2）学校与政府的关系管理。

学校需要得到政府的政策支持、经费支持和行政支持。政府在教育方针政策、办学体制、教育法制环境、教育投资体制和学校内部管理体制等方面都对学校有重要影响。政府公众主要包括各级各类政府、各级各类教育行政部门及其成员。学校同教育行政机构及其相关人员的主要沟通渠道是会议或学校的信息资料等。

三、社会团体公共关系

社会团体是指具有共同追求或背景的人们，为实现某种社会愿望或满足某种需要而自愿结合形成的非营利性组织。社会团体也被称为组织，在今天活跃的非政府组织（NGO）也属于这一类。

在现代社会中，社会团体众多，遍及社会各个阶层、各个领域；成员庞大，包括各种职业、行业的人群。这些种类繁多的社会团体大致可分为三种类型：第一类是包括工人团体、农民团体等在内的群众性团体；第二类是包括各种协会、学会（如科技协会、秘书学会等）在内的专业学术团体；第三类是由游泳协会、钓鱼协会等构成的志趣型业余爱好者团体。社会的发展变化使组织面临的公众关系日益复杂，社会团体只有协调好与各类公众的关系，与公众沟通信息、保持联系，才能适应环境的变化，争取到社会各界的理解、支持、帮助与配合，才能保证组织顺利发展。

社会团体的成员分布在各行各业，具有广泛的群众性特点。社会团体因成员众多，能及时地获取来自各方面的信息，经过分析、处理，一方面可将党和政府的方针、政策向各团体成员宣传、推广，另一方面可将公众反映的实际困难和问题、提出的意见和建议传递给党政领导部门，起到沟通上下情况、传播横向信息的桥梁作用，促进和谐社会建设。

社会团体公共关系的主要内容有以下两方面。

（一）对内开展各种形式的公共关系活动，做好内部信息沟通工作

社会团体开展公共关系工作，首先要加强内部公众的沟通与理解，形成内部的强大凝聚力。社会团体内部公共关系活动的形式很多，如：利用团体自己拥有的报纸、杂志以及团体内部交流的墙报、简报，向团体成员传递各种信息，沟通团体成员的感情，团结、教育、帮助老成员，吸引新成员，巩固和壮大组织的队伍；通过成员（代表）大会、学术年会等给成员提供双向沟通的机会，利用会议交流，充分了解成员的想法、需要，并向成员解释组织的信息，使成员与组织相互沟通、相互了解；举办各种有意义的社交活动，密切成员之间、成员与组织之间的联系，培养成员的集体意识及对团体的信赖感。

（二）对外开展公共关系宣传，争取社会的理解与支持

社会团体可以召开新闻发布会，向新闻界提供有关材料，充分利用新闻媒介传播组织形象，提高社会团体的社会地位。经过精心策划，开展公共关系活动，制造新闻事件，是社会团体借助新闻媒介塑造形象的又一方式。社会团体还可以通过兴办社会公益事业、开展社会公益活动引起社会的关注，获得社会公众的好感，赢得社会各界的支持。

本章小结

组织的性质不同，运用公共关系的手法也就不同。企业公共关系注重公众利益优先，关注经济利益，以营造组织环境为目的；政府公共关系偏重于拓宽沟通渠道、完善公共服务等方面；而学校公共关系、医院公共关系和社会团体公共关系则紧密贴近其行业特性。无论怎样，组织都开始尊重公众，把公众作为自身重要的工作内容来考虑，这是社会的一个重大进步。

职业实训

1. 案例剖析

机关大院开放以后……

2017 年 7 月，河北省正定县一些机关单位拆除围墙，让社会车辆免费停放；单位内部

厕所对外免费开放。常山路和恒山路两条主干道沿街的县财政局等 20 多家机关事业单位，敞开大门，抹平道牙，提供车位共 3 000 多个。此举当时就引发热议，许多人点赞，也有人质疑：有的地方群众到机关办事，大门都不容易进。正定这么做，能坚持多久？是不是作秀？

3 个多月过去了，这一新举措落实情况如何？11 月 3 日上午，记者到正定实地探访。

10:00，县财政局。该局办公楼直接临街，楼前有 13 个车位，仅剩 3 个空位。一个年轻人开着牌号为冀 A6CF××的汽车，停在县财政局门口。记者以车主身份问他："这里能停车吗？"年轻人说："随便停，免费。"过了一会儿，又一个年轻人把车停在这里，然后进了对面一家超市。

财政局门口立有一块提示牌：内设厕所 对外开放。记者走进办公楼，以游客名义找厕所。一位保安直接给指明方位。出门时发现，门口有一个水壶，旁边放着纸杯。记者问："这水能喝吗？"保安说："随便喝！"接上一杯，还热乎乎的。

11:10，县委大院。县委、县政府等"四大班子"都在一个院里，门口临街处竖立一块双面提示牌：机关院内 免费停车。张师傅把车开到县委大院门口，3 名保安在值班，没人拦车。汽车开进大门后，一名保安才示意靠边停。

张师傅问："院里能停车吗？"

保安："可以停，你们干吗？"

张师傅："到对面子龙广场玩。"

保安："登记一下，按箭头停好。"张师傅下车，登记了车牌、姓名和手机号。

张师傅："停车限时间吗？"

保安："白天不限时间，免费停，不能过夜。"

我们开车在大院绕了一圈，车位几乎占满，办公楼主楼前还剩三四个空位。其实，县委大院对面子龙广场也有免费停车场，张师傅由此感叹："保安没把咱们支到对面的停车场，没想到，县委大院真让停！"

县委大院门口没看到"内设厕所 对外开放"的提示牌，记者想"考验"一下。

下午 3 时许，记者径直走进大院，对门口一个保安说："厕所在哪里？"保安指着大门内左侧的县政法委办公楼说："一楼就有。"记者进去，很容易就找到了厕所。再出县委大院时发现，对面的子龙广场就有公厕，距此约 600 米。"保安没有把人拒之门外，他们不是在作秀！"

资料来源：张志锋．机关大院开放以后……．人民日报，2017-11-08.

(1) 河北省正定县的这种做法产生了什么样的社会效益？

(2) 你从河北省正定县的这种做法中体会到什么？

2. 职场模拟

（信访接待办工作人员的一天）

信访接待员：又是一天开始，我知道自己责任重大，一定要当好老百姓的服务员，做好公仆工作。

老农：是信访办吧？

信访接待员：是啊，大爷，您好！快请进，请坐下喝点水。

老农：不忙，不麻烦了，我只想说个事。

信访接待员：好，您说。

老农：我家的水塘承包了10年，合同承包期是30年，最近听说不让承包了，村里已经把那块地全部卖给开发商了，你说这怎么办呢？

信访接待员：您先告诉我，您是哪个村的？具体情况怎么样？

…………

（按照基本接待程序继续扮演）

3. 能力训练

（1）试为你所在的小区（或村子）设计1～2项公益事业或取信于民的公共关系活动，要求写成调查报告、策划方案、预算与评估情况等。

（2）请根据所学知识为你所在的学校设计1～2项公共关系宣传活动。

（3）请以义务协警员或义务安全员身份向学校同学宣传安全的重要性，请他们自觉遵守交通规则，注意个人安全，并解答他们的提问（特别重要）。

第九章在线练习

参考文献

1. ［美］弗雷泽·P. 西泰尔. 公共关系实务：第十三版. 潘艳丽，等译. 北京：清华大学出版社，2017.

2. ［日］井之上乔. 公关力——从避免崩溃到有效传播的战略要素. 陆一，等译. 北京：东方出版社，2010.

3. ［美］斯各特·卡特里普，等. 公共关系教程：第八版. 明安香，译. 北京：华夏出版社，2001.

4. ［美］伦纳德·萨菲尔. 强势公关. 梁洨洁，段燕，译. 北京：机械工业出版社，2002.

5. ［美］阿尔·里斯等. 公关第一　广告第二. 罗汉，等译. 上海：上海人民出版社，2004.

6. ［美］克里斯·杰纳斯. 赢取信誉——如何成为优秀的公关专家. 宋庆云，等译. 北京：人民邮电出版社，2003.

7. ［美］菲利普·莱斯礼. 公关圣经. 石芳瑜，等译. 汕头：汕头大学出版社，2004.

8. ［美］艾伦·森特，等. 森特公共关系实务. 谢新洲，等译. 北京：中国人民大学出版社，2009.

9. 明安香. 当代实用公共关系. 北京：经济管理出版社，1991.

10. 于里. 国际公众关系原理与实务. 北京：中国工商出版社，1996.

11. ［美］韦尔伯·施拉姆. 大众传播媒介与社会发展. 金燕宁，等译. 北京：华夏出版社，1990.

12. 廖为建. 公共关系学. 北京：高等教育出版社，2000.

13. 王琪. 公共关系学基础与实务. 西安：西北大学出版社，2003.

14. ［加］马歇尔·麦克卢汉. 人的延伸——媒介通论. 何道宽，译. 成都：四川人民出版社，1992.

15. 陈靖. 公共关系实务操作. 北京：高等教育出版社，2000.

16. 李建荣，王克智．现代公关理论与实践．北京：高等教育出版社，1997.
17. 李道平，等．公共关系学．北京：经济科学出版社，2000.
18. 段文杰．公共关系实例与运作．北京：高等教育出版社，1999.
19. 余明阳，陈先红．CIS教程．北京：中国物资出版社，1995.
20. 汪秀英．公众关系学原理与应用．北京：中国商业出版社，1991.
21. 居延安．公共关系学．上海：复旦大学出版社，2001.
22. 丁军强．公共关系原理与实务．北京：北方交通大学出版社，2002.
23. 杨哲昆．旅游公共关系学．大连：东北财经大学出版社，1999.
24. 张百章．公共关系案例．北京：中国财政经济出版社，1998.
25. 胡锐，等．公共关系策划．杭州：浙江大学出版社，1997.
26. 曹光四，雷金火．公共关系学．北京：中国商业出版社，1997.
27. 张百章，何伟祥．公共关系原理与实务．大连：东北财经大学出版社，2002.
28. 刘用卿，段开军．公共关系学．重庆：重庆大学出版社，2003.
29. 杨晋安．公关广告．西安：西安交通大学出版，1994.
30. 张遒英．公共关系学．上海：同济大学出版社，1999.
31. 周安华，张新胜．公关技巧与实战大观．北京：北京工业大学出版社，1993.
32. 天行．公关艺术．广州：广东旅游出版社，1999.
33. 陈万松．公关与美学．北京：中国经济出版社，1998.
34. 吕维霞．案说公共关系．北京：对外经济贸易大学出版社，2002.
35. 毛经权．新世纪的公共关系——研讨与案例．上海：上海外语教育出版社，2002.
36. 杨俊．新型实用公共关系教程．北京：高等教育出版社，2008.
37. 吴东泰，张亚．实用公共关系学．北京：北京交通大学出版社，2008.
38. 陶应虎，顾晓燕．公共关系原理与实务．北京：清华大学出版社，2006.
39. 龙新明．公共关系原理与实务．北京：中国传媒大学出版社，2008.
40. 陈向阳．第七届最佳公共关系案例．北京：清华大学出版社，2007.
41. 陈向阳．第六届最佳公共关系案例．合肥：安徽人民出版社，2005.
42. ［美］詹姆斯·E. 格鲁尼格，等．卓越公共关系与传播管理．卫五名，等译．北京：北京大学出版社，2008.
43. ［美］乔·马可尼．公共关系实践与案例．赵虹君，等译．北京：电子工业出版社，2008.
44. ［英］安妮·格里高利．公共关系实践．张婧，等译．北京：北京大学出版社，2008.
45. 马成．公关经理第一课．北京：北京大学出版社，2006.
46. 张美清．现代公共关系原理与实务．北京：北京大学出版社，中国林业出版社，2007.
47. ［美］丹·拉铁摩尔，等．公共关系：职业与实践．朱启文，等译．北京：北京大学出版社，2006.

48. 蒋楠. 公共关系四步工作法（修订版）. 杭州：浙江工商大学出版社，2015.
49. 王广伟，李春林. 公关策划经典模式. 北京：经济科学出版社，2004.
50. 大龙，等. 中国式公关. 北京：中信出版社，2006.
51. 张舒哲，刘颖珊. 旅游公共关系. 北京：旅游教育出版社，2006.
52. 赵文明. 公关智慧168. 北京：机械工业出版社，2006.
53. 张亚. 公共关系与实务. 北京：科学出版社，2005.
54. 谢红霞，胡斌红. 中国新公关：组织形象塑造. 北京：经济管理出版社，2004.
55. 崔秀芝. 中国策划经典案例：崔秀芝专辑. 深圳：海天出版社，2006.
56. 周朝霞. 公共关系——原理与实务. 北京：高等教育出版社，2007.
57. 何春晖. 中外公关案例宝典. 杭州：浙江大学出版社，2006.
58. 国家职业资格工作委员会公共关系专业委员会组织. 公关员职业培训与鉴定教材. 上海：复旦大学出版社，1999.
59. 周行，徐飚. 公共关系的魅力——温州民营经济发展中的公共关系研究. 北京：人民日报出版社，2004.
60. 张岩松，张丽英. 实用公共关系. 大连：大连理工大学出版社，2012.
61. 张云. 公共关系：理论、实践与案例. 上海：华东师范大学出版社，2012.
62. 李文柱. 新编公共关系实务. 北京：机械工业出版社，2012.
63. 余明阳. 中国公共关系史1978—2007. 上海：上海交通大学出版社，2007.
64. 吴有富. 中国公共关系20年报告. 上海：上海外语教育出版社，2007.
65. 潘知常. 你也是"新闻发言人". 北京：中国人事出版社，2011.
66. 熊源伟. 公共关系学（修订版）. 合肥：安徽人民出版社，1997.
67. 纪宝成. 市场营销学教程. 3版. 北京：中国人民大学出版社，2002.
68. 丹尼斯·L. 威尔科克斯. 公共传播的革命——公关. 尚京华，等译. 北京：中国人民大学出版社，2019.
69. 陈先红. 现代公共关系学. 2版. 北京：高等教育出版社，2017.
70. [英] 安迪·格林. 公关创造力. 王树国，等译. 北京：北京大学出版社，2008.
71. 武和平. 打开天窗说亮话——新闻发言人眼里的突发事件. 北京：人民出版社，2012.